Web3
互联网的新世界

WEB3: THE NEW WORLD OF THE INTERNET

张雅琪　卫剑钒　刘　勇◎著

中国出版集团
中 译 出 版 社

图书在版编目（CIP）数据

Web3：互联网的新世界 / 张雅琪，卫剑钒，刘勇著
. -- 北京：中译出版社，2023.3
ISBN 978-7-5001-7348-9

Ⅰ. ① W… Ⅱ. ①张… ②卫… ③刘… Ⅲ. ①信息经济－通俗读物 Ⅳ. ① F49-49

中国国家版本馆 CIP 数据核字（2023）第 035017 号

Web3：互联网的新世界

Web3: HULIANWANG DE XINSHIJIE

著　　者：张雅琪　卫剑钒　刘　勇
策划编辑：于　宇　田玉肖
责任编辑：于　宇
文字编辑：田玉肖　李梦琳
营销编辑：马　萱　纪菁菁
出版发行：中译出版社
地　　址：北京市西城区新街口外大街 28 号 102 号楼 4 层
电　　话：（010）68002494（编辑部）
邮　　编：100088
电子邮箱：book@ctph.com.cn
网　　址：http://www.ctph.com.cn

印　　刷：北京盛通印刷股份有限公司
经　　销：新华书店
规　　格：710 mm × 1000 mm　1/16
印　　张：22
字　　数：244 千字
版　　次：2023 年 3 月第 1 版
印　　次：2023 年 3 月第 1 次印刷

ISBN 978-7-5001-7348-9　　　　定价：79.00 元

前 言

技术进步和信息时代的变迁，会如何改变人类社会及生产工作方式？创新究竟来自何处？

2022 年 10 月，香港财经事务及库务局在第七届香港金融科技周上提出，分布式账本和 Web3 有潜力成为未来金融和商贸发展的趋势。2022 年 11 月，新加坡金融管理局与新加坡银行协会联合举办的新加坡金融科技节也以 Web3 作为重要主题。

Web3 究竟有何奥妙？

计算机在 20 世纪 60 年代诞生之初，仅是计划用于战争的机器。然而到了 21 世纪的今天，所有人都可以在家里使用属于自己的个人计算机（PC），通过因特网与全世界的朋友交流。随着智能手机的诞生和 4G、5G 技术的普及，互联网的应用场景得到进一步拓展。毫无疑问，互联网已经成为我们生活中的重要存在。随着技术的进步，人类文化、组织模式和交流方式也发生了改变，这些改变也带来了很多新的机遇。

每一代互联网的进化都十分值得关注。2000 年左右的互联网热潮和 2010 年左右的移动互联网时代见证了诸多创新。而就在今天，属于我们这个时代的新变化也正在涌现。近期，Web3 概念进入了大家的视野，引起了广泛的讨论。

本书使用 Web3（而非 Web3.0）来描述以区块链技术为核心的下一代价值互联网，有以下几个原因：第一,万维网创始人蒂姆·伯纳斯·李（Tim Berners-Lee）曾经提到过 Web3.0 代表语义网，而现在人们所说的 Web3，不再是前些年曾经被提出的语义网；第二，Web3 概念的提出者——以太坊联合创始人加文·伍德（Gavin Wood）在成立 Web3 基金会之后，便不再用 Web3.0 来表示以区块链技术为核心的下一代价值互联网；第三，全球英文媒体的写作指南《美联社写作风格指南》（*AP Stylebook*）将 Web3 定义为"由区块链与加密货币相关技术所驱动的互联网新兴阶段及其前景的总称"（A catchall term for the prospect of a new stage of the internet driven by the cryptocurrency-related technology blockchain）。

为何 Web3 会得到如此多的关注？因为 Web3 提供了全新的经济、技术乃至社会模型的假设和革新机遇，它既是一个新潮的概念，也是区块链技术发展至今所积累的结果。我们见证着非同质化代币（NFT）艺术品蒸蒸日上，见证着去中心化自治组织（DAO）正在逐步参与各行各业的运营，也见证着 Web3 的各项基础设施的悄然崛起。如果我们去探索创新的诞生之地，会发现很多改变世界的技术并非起源于主流环境，而是起源于很小众的文化，很多边缘认知处于公众视野之外，却带来了许多神奇的发明。无论是早期的晶体管，还是如今的计算机，都是人们意料之外的发明。除此之外，在几代互联网迭代变迁的过程中，许多勇敢尝试和宝贵经验都为之后的技术应用和创新应用奠定了坚实的基础。

从区块链的诞生到基于区块链形成的新的价值互联网，即我们所说的 Web3，能否会为未来的技术和产业带来全新的动力？

经济学家卡萝塔·佩蕾丝（Carlota Perez）在《技术革命与金融资本》（*Technological Revolutions and Financial Capital*）中提到，每次技术革命都会带来巨大的财富创造力，倘若我们想要充分发展这种潜力，还需要建立一套完整的制度框架。在Web3的背后，既有诞生于2009年的区块链作为技术支撑，也有新出现的NFT作为新兴生产要素的标记方式，还有DAO作为全新的组织范式，更有基于区块链的游戏方面尝试。这些新鲜有趣的元素叠加组合在一起，创造了全新的叙事和文化。

本书从多个角度讲述了Web3的来龙去脉。首先，从宏观环境和历史角度分析了当年美国信息高速公路计划对互联网商业化的助推，描述了各主要国家和地区对Web3的监管态度。其次，从技术迭代Web3应用和网络安全的底层逻辑角度对区块链技术的发展进行了解析。最后，从商业化和风险投资角度，结合目前NFT的商业化模式、DAO的组织结构形态，以及Web3的开源内涵、世界对可持续环境发展的需求，对Web3的形态进行了阐述。

凡是过往，皆为序章。本书的写作初心是启发读者的思考，我们希望能和大家一起，共同探索Web3以及它背后所代表的创新。科技的美好未来既需要所有人的共同努力，也需要敢于站在浪潮之巅的勇气，更需要兼顾创新与监管的平衡。

特别感谢一流科技（OneFlow）的创始人袁进辉博士，感谢中译出版社，感谢中关村互联网金融研究院，感谢在科技和创新道路上勇于探索的所有人。

张雅琪

2023年2月

目 录

第三章 Web3 生态系统：数字资产重归用户

第四章 NFT 萌芽：价值确权与新型营销

第五章 DAO：人类协作的全新组织范式

第六章 DeFi 萌芽：机会何在

第七章 Web3 安全与传统网络安全

第八章　资本涌入：Web3 市场的叙事经济学

第九章　开源时代与创作者经济的未来

第十章　Web3 的监管与可持续加密协议

第一章

从 Web1.0 到 Web3：互联网的迭代

人类社会的进步与科学技术的发展密切相关。万维网（World Wide Web）诞生于20世纪90年代，迄今已有三十多年的历史。与三十年前相比，人们的交流方式、工作模式以及文化生活都发生了翻天覆地的变化。信息技术（IT）革命为现代经济形态带来了全新的驱动力，而互联网和与之相关的科学技术进一步提高了社会生产力，创建了全新的数字基础设施，重新塑造了生产关系，深刻地影响着人们今天的生产和生活。

值得注意的是，每一代互联网的范式变化，都会成就一批屹立在浪潮之巅的新兴公司和优秀创业者。20世纪70年代，随着新技术时代的到来，个人计算机和商用电脑逐渐兴起，国际商用机器公司（IBM）成为PC时代的先驱。随后，Web1.0和早期互联网的普及，为浏览器和新一代操作系统提供了成长空间，造就了网景（Netscape）、微软（Microsoft）等科技公司。Web2.0社交网络的壮大和移动互联网的发展，又培育了Facebook（2021年10月28日更名为Meta）、谷歌、亚马逊等平台型科技企业。

随后一个时代的“火种”源于2009年，比特币诞生之后，人们开始探索基于区块链技术的原生货币应用。而2014年以太坊的诞生，使得基于比特币的去中心化理念和区块链技术进一步发展，继而出现了以太坊这样的全新可编程金融系统。到了今天，区块链早已超出货币和金融发展范畴，除了以太坊之外，还孕育出 Solana、Cosmos、Polygon 等新型区块链生态，这些生态上也逐渐出现了金融以外的基础设施、游戏、存储、计算等诸多内容，逐渐形成了新型的加密网络，也就是 Web3——以区块链技术为核心的下一代价值互联网。

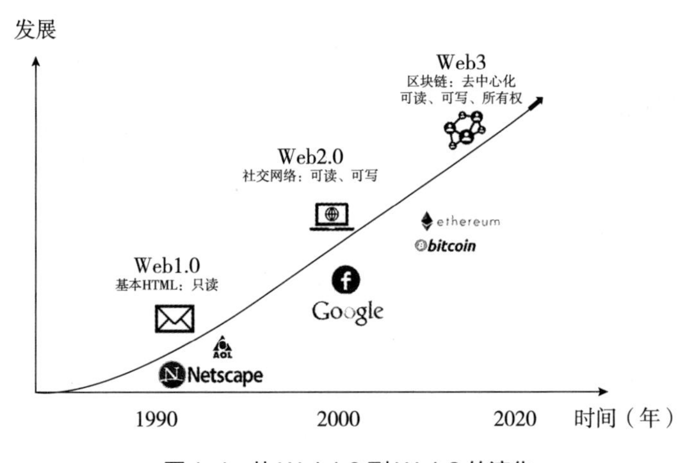

图 1-1　从 Web1.0 到 Web3 的演化

然而，事物的发展始终是前进性和曲折性的统一，所有创新性技术在发展过程中都会伴随着各种各样的评价和声音。还记得数年前，当你第一次听到“区块链”这个词语时，是怎样的场景？很多人也曾困惑过，区块链究竟是一个全新的技术，还是只是概念炒作？它真的代表了未来的趋势吗？无论人们是支持还是反对，都是正常的现象，但有一点可以明确，人们从未停止过对区块链的探索，而近几年区块链和加密文化与人们的生活联系更加紧密了。这种紧密联系表现在哪些方面呢？

首先，人们对各种形式的数字资产的接受程度更高了。例如，根据美国新闻网站 Axios 的数据，2021 年基于区块链技术的 NFT 艺术品销售总额达 177 亿美元，[①] 创下了新纪录。其次，新兴组织模式——DAO 深入各行各业，重新塑造了新的生产关系和分配方式。DAO 使得人们可以作为一个团体，通过智能合约进行集体投票和决策。最后，部分 DeFi（Decentralized Finance，去中心化金融）应用拓展了普惠金融的发展场景，而新兴的区块链游戏（Gamefi，也称链游）也受到了部分玩家的欢迎。

当然，尽管当前很多关于 Web3 的实践处于初级阶段，甚至还存在尚未解决的问题，面临着诸多挑战，但是这些实践背后，更多的是人们对未来发展趋势的探索和信念。我们相信，区块链技术可以重塑当前信息的存储、共享和拥有方式。如今，无论是各大金融机构、各个国家和地区的官方机构，还是创业者，都在不断探索各类区块链应用。区块链技术正逐步从一个小众范围的研究走入主流视线当中。而后，围绕着加密网络和去中心化技术，诞生了通过区块链将数据权归属于用户的理念，这种理念被充分运用在基础设施、存储、游戏、身份认证等领域。也就是说，区块链和去中心化技术不仅应用于金融领域，还可以作为一种全新的技术基础设施，持续赋能人们今天的生产生活，其中蕴含着人们对数据所有权重归个人的理念，以及改变如今互联网被垄断现状的愿望，同时也意味着更多的可能性。

如今，全世界大多数人都在使用互联网，互联网已经渗透到工

① 参考自 https://www.axios.com/2022/03/10/nft-sales-17b-2021-report。

作、学习、生活、社交等各个领域。但是，倘若时光倒流回三十年前，那时人们能够想象到今天互联网用户数量竟然能达到几十亿吗？Web3 这样一个全新的、充满魅力又充满争议的概念横空出世，它是否真的代表下一个时代的发展方向？未来难以预测，但是 Web3 所象征着的是一个充满各种可能性的新世界，它吸引了许多感兴趣的人深入其中，持续、踊跃地进行探索。对站在 21 世纪技术浪潮之上的我们来说，勇于研究这个新世界存在的各种可能性的过程本身，其实是非常有意义的。不过，要理解 Web3 对未来世界的影响，可以先从理解互联网的早期历史开始。

第一节　Web1.0：静态、只读的互联网

Web1.0 是指 20 世纪 90 年代左右至 21 世纪初期的互联网形态，当时大多数网站都是静态页面，只是在 HTML 页面中嵌入了简单的样式。Web1.0 的特性是“只读”，只读指的是这个阶段的互联网是静态的，只能进行信息展示。Web1.0 时代，互联网用户主要是内容的消费者。

如图 1–2 所示，Web1.0 时代的网站的主要特征体现在以下几个方面。

· 静态页面：网站主要以信息展示为主，访问网页的用户无法和网页进行互动。

- 存储方式：和今天很多网站内容存储在数据库中不同，最早的网站数据主要储存在网站文件中。
- 网页设计：以简单的 HTML 页面展示为主。今天的网页设计实践分离了网站的标记和样式，内容和布局根据需求进行组合。而在 Web1.0 时代，大多数样式都内置于页面中。
- 技术实现：Web1.0 时代的网站还没有使用动态编程语言，都是以相对原始的服务器端包含（Server Side Include，简称 SSI）的形式创建页面。

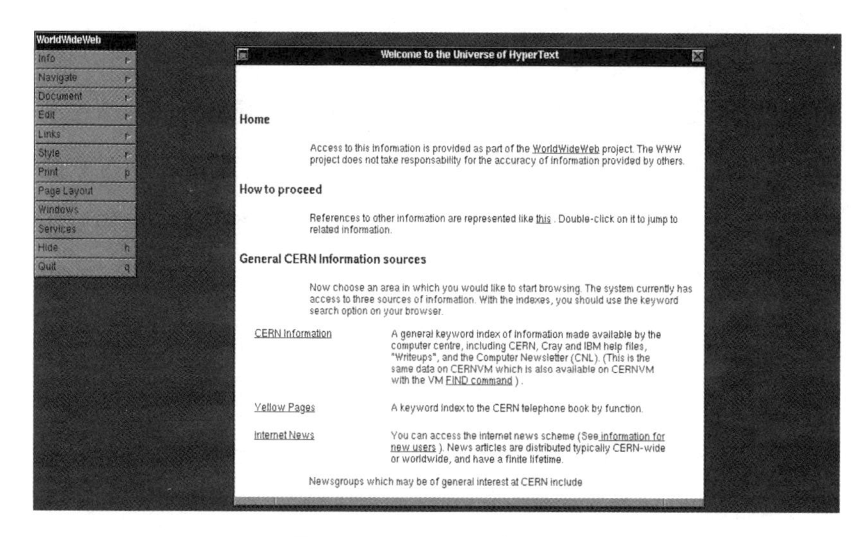

图 1-2　Web1.0 时代的页面

资料来源：https://worldwideweb.cern.ch/browser/。

那么，最早的互联网——Web1.0，又是在怎样的背景下诞生的？

Web1.0 起源于 20 世纪 60 年代。当时，由于战争的需要，美国国防部高级研究计划署（ARPA）想要构建一个能扩展到整个国家的联网系统，计划将不同地点的计算机相连，于是发明了由军方资助的学术研究型网络阿帕网（ARPANET）。不过，早期的计算机没有统一的通信协议标准，无法进行数据传输。1973年，工程师温顿·瑟夫（Vint Cerf）和鲍勃·卡恩（Bob Kahn）开始为阿帕网开发下一代网络标准，这就是传输控制协议/网际协议（Transmission Control Protocol/Internet Protocol，简称TCP/IP）的起源。

一、什么是TCP/IP协议

TCP/IP协议是指一组用于互联网上的网络设备的通信协议。为什么需要通信协议？因为最初全世界不同的电脑运行的操作系统和程序是完全不同的，就像很多国家都有自己的语言，不同国家的人彼此之间完全无法交流。如果人们想要互相交流，就需要使用通用语言。计算机也是一样，如果要实现互联互通，除了用电线和光缆把计算机连接在一起之外，还需要使用通用的标准，让彼此可以通信。TCP/IP协议就起到这样的作用，有了TCP/IP协议，就像不同国家之间有了便于交流的通用语言和共同标准一样，计算机之间就可以自由通信了。

TCP/IP协议为现代互联网的诞生奠定了基础，因为它为不同计算机的通信方式树立了标准。1980年前后，网络发展的资助主体由军方变成了美国国家科学基金会（NSF），直到1994年，宏观环境的变化彻底助推了互联网的商业化腾飞。当时的宏观背景是怎样的？又和互联网的发展有着怎样的关系？

二、克林顿政府的信息高速公路计划

20 世纪 90 年代初，克林顿和艾伯特·戈尔（Albert Gore）竞选时提出建设“国家信息基础设施”。[①] 1993 年，克林顿就任美国总统后，对科学技术政策进行了调整，强调信息技术在国家经济发展中的地位，并授权成立了国家信息基础设施特别小组。1994 年，克林顿政府推行了信息高速公路计划，[②] 旨在建立以光缆为主，高速、四通八达、遍及全国的数字通信网络，从而可以把各个地区、部门、家庭都连接起来，这样人们便可以在家里工作，以及在网上获取各种各样的信息、看电影、存款、取款和购物；学生可以在家里上网课；公司员工可以在网上了解市场动向，开展网上营销等。

当时，美国也在世界贸易组织（WTO）发起了一项协议，暂停对电子传输征收关税，网络空间成为“免税区”。1998 年 10 月，美国颁布《数字千年版权法》（Digital Millennium Copyright Act），旨在保护网络空间的知识产权。2000 年，美国颁布《全球和国家商业电子签名法》（Electronic Signatures in Global and National Commerce Act），赋予在线合同与纸质合同相同的法律效力，客户可以在线完成抵押贷款、签署保险合同或开设经纪账户等。由此，美国信息互联网骨干网的控制权从政府移交给私营部门，也给 Web1.0 时代的公司带来了发展契机。

---

① 参考自 https://www.netvalley.com/silicon_valley/Al_Gore_Pileup_on_the_Information_Superhighway.html。

② 参考自 https://en.wikipedia.org/wiki/Information_superhighway。

三、Web1.0 公司案例

1. 网景

网景是早期开发浏览器的公司之一，创始人马克·安德森（Marc Andreessen）在伊利诺伊大学读书期间开发了名为 Mosaic 的浏览器。1994 年，私人互联网业务开始发展，马克·安德森将 Mosaic 浏览器商业化，成立了网景公司。1995 年，网景正式在美国股市首次公开募股（IPO），股价从发行价格 28 美元迅速飙升至 58.25 美元。

2. 美国在线（AOL）

1957 年，通用汽车公司的三位员工联手创立了一家名为 PlayNet 的公司，主要为电子游戏做主机配套业务。之后，PlayNet 将公司系统授权给另一家名为 Control Video Corporation 的公司（后来更名为 Quantum Computer Services，昆腾电脑公司）。昆腾电脑公司于 1991 年 10 月更名为 America Online，也就是美国在线公司（AOL）。随后，PlayNet 软件的修改版本移植到 PC 上，这就是 AOL 软件的首个版本，AOL 的主营业务也变成了拨号上网。

20 世纪 90 年代，伴随着美国信息高速公路计划和互联网商业化的发展，互联网开始逐步普及。由于 AOL 的业务符合当时市场需求，AOL 一跃成为美国当时最大的网络服务提供商。对早期 Web1.0 时代的用户来说，没有 AOL 就无法上网，因为只有通过 AOL 的软件才能接入互联网。AOL 鼎盛时期的市值超过 2 000 亿美元，提供的服务深入人们日常生活的方方面面，包括电子邮件、互联网连接、在线新闻、聊天等。2000 年，AOL 已成为美国最大的互联网提供商，市值达到 1 250 亿美元。但是，随着从拨号调制解调器逐步过渡到有线宽带，再加上微软、雅虎等巨头也开始发力互联网业务，AOL 的订阅和广告收入渐渐枯竭。到了 2015 年，AOL 被威瑞森电信公司（Verizon）收购后退市，基本退出历史舞台。

3. GeoCities

GeoCities（曾用名 Beverly Hills Internet）成立于 1994 年，也是 Web1.0 时代的著名公司之一。通过 GeoCities，用户可以免费建立个人主页。Web1.0 时代的服务器价格昂贵，尽管当时所有人都可以通过互联网发布可读内容，但是当时的网站托管成本非常高，个人想要建立网站并不容易。以前网站的发布流程是这样的：在早期的编辑器中编辑 HTML 文件，然后通过文件传输协议（File Transfer Protocol，简称 FTP）客户端把自己的网站代码（通常是简单的代码和图像）发布到 Web 服务器上，个人用户按月向 GeoCities 付费，就可以租用网络空间用于网站发布。20 世纪 90 年代末，GeoCities 成为互联网访问第三大网站，是名副其实的“当红炸子鸡”。1999 年，雅虎公司收购 GeoCities。2009 年 10 月 26 日，GeoCities 的服务正式结束，在它停止服务之前，用户编写的网站页面超过 3 800 万个。①

---

① 参考自 https://www.howtogeek.com/692445/remembering-geocities-the-1990s-precursor-to-social-media/。

第二节　Web2.0：可读、可写的动态互联网

Web2.0 是我们今天熟悉的互联网，其特点是“可读、可写”。可读是指用户可以从网上获取信息；可写是指用户除了访问网站上的内容之外，也可以自己贡献和生成内容，例如，用户可以创造内容并将内容上传到 Instagram、Twitter、YouTube、TikTok 等社交网络平台。用户不仅可以自己贡献内容，还可以和其他用户进行互动，这样就形成了新时代的社交场景。Web2.0 的互动性质，加上社交网络的逐步发展，改变了人们的互动方式，催生了新兴的电子商务。移动互联网也属于 Web2.0 时代，创造了安卓、谷歌、苹果等科技巨头。

图 1-3　Web2.0 时代的特质

1999 年，网页交互设计师达西·迪努奇（Darcy DiNucci）在 *Print* 杂志上发表了一篇题为《碎片化的未来》(*Fragmented Future*)

的文章，首次提到了 Web2.0。

DESIGN & NEW MEDIA

FRAGMENTED FUTURE

By Darcy DiNucci

The Web has become an almost iconic cultural reference—ubiquitous and familiar. Even your grandmother can recognize a Web page by its typical brochure-like displays of Times or Arial text, eye-grabbing graphics, and highlighted hyperlinks. What we need to remember, though, is that the Web, as we know it now, is a fleeting thing. Web 1.0. The relationship of Web 1.0 to the Web of tomorrow is roughly the equivalence of Pong to *The Matrix*. Today's Web is essentially a prototype—a proof of concept. This concept of interactive content universally accessible through a standard interface has proved so successful that a new industry is set on transforming it, capitalizing on all its powerful possibilities. The Web we know now, which loads into a browser window in essentially static screenfuls, is only an embryo of the Web to come.

The first glimmerings of Web 2.0 are beginning to appear, and we are just starting to see how that embryo might develop.

Ironically, the defining trait of Web 2.0 will be that it won't have any visible characteristics at all. The Web will be identified only by its underlying DNA structure—TCP/IP (the protocol that controls how files are transported across the Internet), HTTP (the protocol that rules the communication between computers on the Web), and URLs (a method for identifying files). As those technologies define its workings, the Web's outward form—the hardware and software that we use to view it—will multiply. On the front end, the Web will fragment into countless permutations with different looks, behaviors, uses, and hardware hosts. The Web will be understood not as screenfuls of text and graphics but as a transport mechanism, the ether through which interactivity happens. It will still appear on your computer screen, transformed by video and other dynamic media made possible by the speedy connection technologies now coming down the pike. The Web will also appear, in different guises, on your TV set (interactive content woven seamlessly into programming and commercials), your car dashboard (maps, Yellow Pages, and other traveler info), your cell phone (news, stock quotes, flight updates), hand-held game machines (linking players with competitors over the Net), and maybe even your microwave (automatically finding cooking times for products).

The world of myriad, ubiquitous Internet-connected tools, often referred to as Internet appliances, has long been predicted. Until now, though, that world has been described vaguely, indicated by a bit of hand-waving rather than any concrete product specs. Now the first generation of Internet appliances—Web-ready cell phones and personal digital assistants (PDAs)—has begun to appear. And while these devices are still fairly primitive, they do offer some clues to the likely future of the breed.

For designers, the first thing to notice is the different considerations concerning form that are already appearing. The kind of Web page you can display on a cell phone or Palm Pilot is a far cry from the kind you'd create for a computer monitor. The format is not only much smaller (think 2" of screen real estate instead of 17"), but onboard storage is either minimal or nonexistent, and keyboards for alphanumeric information entry are usually missing. In fact, the hardware will be different from device to device; compare the interface of the Palm Pilot with that of the GameBoy, for instance. Do you have a 20-pixel, 200-pixel, or 2000-pixel screen width? Pen entry, joystick, or touch screen? Each device's input and output methods will demand different interface designs.

Besides the hardware differences, designers will have to consider an ever-widening array of connection speed capabilities. Web pages meant to be viewed on full-size monitors or TV screens will soon be able to take advantage of high-bandwidth connections such as cable modems and DSL connections. Mobile appliances such as PDAs rely on much slower connections: The two-way radio planned for the Palm VII, for instance, gets about 10 Kbps. While wireless speeds will likely see gains in the future, the chasm between wired and unwired speeds will likely remain wide, and both connection models will be important.

The lesson is inescapable: Web development—Web design, programming, and production—will split into fragments mirroring the fragmented Web appliance scene.

Continued on page 000

图 1-4　《碎片化的未来》部分截图

资料来源：DiNucci, Darcy. “Fragmented Future”. Print Magazine. April 1999, 53 (4): 221–222.

而真正让 Web2.0 这个词闻名的是知名媒体公司创始人蒂姆 · 奥莱利（Tim O’Reilly）。2004 年，蒂姆 · 奥莱利组织并召开了第一届 Web2.0 大会，指出 Web2.0 是平台互联网，用户不仅仅是内容的消费者，还是内容的创造者。

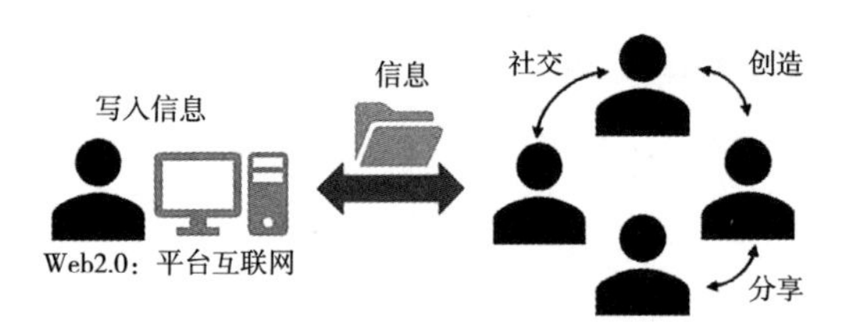

图 1-5　Web2.0：平台互联网

一、Web2.0 商业模式

Web2.0 时代，以平台经营为核心的企业迅速崛起，其重要特性是将相互依赖的不同群体聚集在一起。基于互联网的平台规模极大，连通成本较低，因此 Web2.0 的用户参与或消费产品所获得的效用，会随着用户数量的增加而不断增强。也就是说，在 Web2.0 时代，平台的用户数量越多，对商户的吸引力越大，商户数量也就越多，平台就可以提供更多的资源，对用户的吸引力也越大。

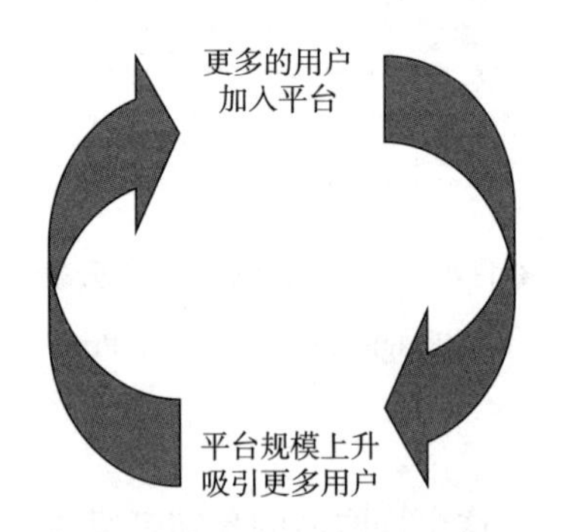

图 1-6　Web2.0 时代的网络效应

Web2.0 的营收模式主要有三种：第一种是订阅制收入，指用户需要在平台上付费注册，或者用户需要付费使用平台的部分特殊功能；第二种是广告收入，主要指其他商户为了获得广告宣传机会，支付给 Web2.0 平台费用，由于网络效应的存在，Web2.0 平台用户数量越多，商户愿意给平台支付的广告费用就越高；[①]第三种是交易收入，是指 Web2.0 平台通过交易活动，以商品、服务或内容换取使用者的费用。

二、谷歌的成功与 Web2.0

谷歌之所以取得巨大的成功，主要是因为它把握住了 Web2.0，特别是移动互联网的机会。2000 年前后，谷歌管理层意识到，互联网的下一波红利将会附加于移动设备之上。于是，谷歌在 2005 年收购了安卓公司，正式进军移动市场。

谷歌的判断中有两点是正确的。第一，搜索引擎的核心使命是收集和整理世界各地的信息；第二，要努力实现最便捷的用户访问场景，使全世界的用户都可以方便地访问收集和整理到的信息。在第一点信息的收集和整理上，当时的谷歌已经做得非常好，但是谷歌在第二点的实现上还面临挑战。

最便捷的用户访问场景和方式到底是什么？什么样的策略可以帮助谷歌和下一代互联网用户产生直接的连接？谷歌认为，下一代互联网用户，正是那些使用手机、平板电脑等移动终端上网的人。基于连接移动互联网用户的考量，谷歌想出了两种可行策略：第一，不开发新的操作系统和生态系统，仅针对目前已有的移动平台

① 于立．互联网经济学与竞争政策 [M]. 北京：商务印书馆，2020.

开发产品；第二，革新整个移动生态系统，孵化全新定义的平台型公司。第一种策略如同让一支已组建好的球队去参加比赛，而第二种策略就是创建一项属于自己的新运动。很明显，谷歌选择不依赖其他平台，决定自己参与制定新的游戏规则，创建一个新的操作系统，附带谷歌自主开发的工具和游戏平台。同时，谷歌的其他策略还包括让硬件制造商在移动设备上使用安卓系统，这种策略为谷歌带来了战略制高点，谷歌可以直接在移动设备上推送各种服务。

软件和操作系统为谷歌创造了新的机会和市场，而谷歌也抓住了移动互联网的机会，逐渐奠定了它在操作系统和搜索引擎中的重要地位。

三、Web2.0 时代的问题

1. 创作者的窘境

Web2.0 社交网络平台如 Instagram、Facebook、Twitter 等，逐渐深入人们的生活中，人们可以很方便地在这些平台上上传自己的照片、观点、独特的回忆和创意内容。“平台”这个词实际上已成为一个时代的所有在线空间的统称，这些空间支撑了今天所有创作者的工作。

但是，在 Web2.0 平台上以任何形式创作和发布内容，都会被平台内设置的连续反馈循环机制所控制（例如点赞、粉丝数量、留言数量，等等）。任何创作者都必须遵从平台的推荐算法和流量控制，因为平台不仅拥有和控制用户数据，还会从创作者发布的内容中获得绝大部分收入。创作者在平台上发布的内容越多，平台的吸引力就越大，平台收益也就越多，而创作者则会被各种服务协议和条款严重束缚，基本上没有任何独立能力。

2. 基础设施垄断

在 Web2.0 时代，大部分关于信息服务的架构都是基础设施的主要组成部分，但是由于消费者和开发者需要免费接入消息传输和社交通信网络等应用，因此掌握信息传输应用的企业，就会逐渐通过免费的服务获取客户，然后逐步实现互联网数据层和分发层的自然垄断。而这些掌握大部分互联网用户的浏览入口的企业，就可以通过广告和搜索等业务获得大量收入。根据统计机构 Statista 的数据，2021 年谷歌公司的广告收入高达 2 094.9 亿美元。[①] 除此之外，很多大型科技公司进一步进行收购和投资，继续巩固自己的商业地位。很多互联网（Web2.0）创新公司必须按照这些科技公司制定的规则前行，几乎不可能离开大平台独立发展。

于是，人们开始希望新的技术能够为社会带来新的机会，解决目前存在的问题，数据所有权可以归用户所有，这就是 Web3 的目标和期望所在。

---

① 参考自 https://www.statista.com/statistics/266249/advertising-revenue-of-google/。

第三节　Web3：可读、可写、所有权归于用户的互联网

一、Web3 是什么

本书提到的 Web3，是以点对点的区块链技术为基础，以去中心化协议和加密货币为载体的新一代互联网生态模式，Web3 的各类网站和应用程序以去中心化的模式互通，数据以去中心化的形式互联。当然，也有学者认为，所有有助于改进目前垄断互联网的技术，以及数据主权归个人所有的技术，都属于 Web3 的范畴。

近年来，区块链技术的普及、以比特币为代表的加密货币的价值上升，以及加密应用的普及，为 Web3 的流行奠定了基础。实质上，Web3 是今天的互联网与加密经济（Crypto Economy）共同碰撞融合所带来的大量去中心化应用（DApp）的普及，它使得很多用户对"所有权"这个概念有了新的认识。在数字世界，货币以数据的形式体现，区块链技术通过去信任化进行数据验证，这样不需要银行和金融中介的存在，就可以进行转账和账目核对。通过全新的分布式系统和点对点的交易模式，Web3 摒弃了 Web2.0 时代的中心网络科技巨头，使得价值从垄断用户数据的科技寡头那里重新回到了用户手中。

Web3 支持分布式基础设施框架，去中心化技术（如分布式账

本、区块链等）使得数据传输和交易更加透明、可验证、不可篡改。去中心化技术与 Web3 集成之后，能缓解 Web2.0 时代数据被巨头垄断的状况。同时，个人隐私将会得到进一步保护，利用用户数据赚钱的情况也将不再出现。这种基于区块链的网络，带着人们希望重塑垄断互联网的愿望，构成了我们所说的 Web3。

Web3 在本质上是开源的，设计和协议是公开的，任何人都可以使用，而且不会限制任何创新形式和内容。以太坊是典型的 Web3 平台，催生了各种 Token 化应用和去中心化应用的创新。但是由于以太坊本身还有一些亟待克服的问题，它也催生了人们对“第二层解决方案”（Layer 2）的探索与创新。

数据归个人所有是 Web3 的一个愿景，这也为下一个互联网时代的创新带来了驱动力。新的平台、公司可以建立在 Web3 基础设施之上，打造更有价值的未来互联网；社区和集体的力量激励人们彼此协作前行；Web3 的可组合性意味着，已经构建好的 Web3 平台也可以通过区块链技术随时接纳新的内容网络。这些特性给下一个时代带来了无限的可能性。

二、Web3 的缘起

1. 从区块链到以太坊

1991 年，科学家 W・斯科特・斯托尔内塔（W. Scott Stornetta）和斯图尔特・哈珀（Stuart Haber）发表了一篇题为《怎样为电子文件添加时间戳》（*How to Time-Stamp a Digital Document*）的论文，主要讲了如何用时间戳的方式标记数字文件，区块链的故事就从这里正式开始。

2009 年金融危机之后，一位化名为中本聪（Satoshi Nakamoto）的计算机专家发明了比特币，其中用到的区块链技术重塑了人们对信息、网络乃至储存的认知。通俗点来说，区块链就是一个用节点组成的网络，所有节点共同维护一个数据库（在比特币世界，它也被称为账本）。基于区块链的交易信息不是由某个公司或者某个数据库来独自保存，而是分布在整个网络中，每当有一笔交易发生，每个人（节点）都会对交易进行验证，并且把交易信息放到全网络节点的交易历史中。

区块链通过密码学的哈希函数（Hash Function）和签名技术，在一定程度上保证了数据的不可篡改性。尽管比特币是为应对金融危机而设计的，但是它带来的区块链技术为之后的新货币体系、新金融体系乃至全新的加密互联网奠定了基础。而后，业内发起了系列讨论，探讨到底能不能创建一种加密网络，而不只是将区块链技术应用于货币。2010 年，域名币（Namecoin）的出现开创了去中心化的域名注册，各式各样的新型加密货币随之出现。这些加密货币都有属于自己的专用网络协议，彼此是相对独立的。

而从某种程度上来说，比特币并不算灵活，可扩展性也相对较弱。例如，每当有人想要新建一个数字资产交易平台，都要重新编写建立一个类似比特币的系统。那么，有没有一个通用的系统可以解决这个问题呢？ 2013 年，出生于加拿大的俄罗斯裔工程师维塔利克·布特林（Vitalik Buterin）发布了以太坊白皮书，创立了以太坊。白皮书提出，通过以太坊，开发者可以构建任意基于共识、可扩展、标准化、特性完备、易于开发和协同的应用。

2014 年，维塔利克在北美比特币大会上宣布以太坊项目正式成立。以太坊的初创理念是，通过通用的去中心化网络，以开源的模式，创建一个开放的区块链平台，任何人都可以编写自己想要编写的应用。以太坊的目标是打造一个可扩展性强、效率高的基础协议，各类分布式应用程序都可以在以太坊中运行。也就是说，以太坊不仅是一种加密货币，更是一种可以供人们开发各类去中心化区块链应用的平台。

以太坊联合创始人加文·伍德将以太坊描述为“世界计算机”，认为以太坊的计算能力是分布式的，不会受任何单一公司控制。之后十余年，各类新兴加密货币进一步发展，去中心化技术逐渐成为各类去中心化应用、去中心化金融主要采用的技术。去中心化理念作为新的价值范式，越来越围绕着去中心化技术和加密生态，构成新的生态系统。这就是 Web3 的缘起。

2. 去中心化技术到底能解决哪些问题

Web3 的去中心化是指将单一的控制决策从集中式实体（个人或公司）转移到分布式网络。第一，去中心化可以降低整个系统对特定个体的依赖程度，因为如果系统过于依赖单一个体，一旦这个个体出现问题，那么就会导致整个系统的故障。第二，在去中心化的网络中，任意成员都可以访问属于所有人的区块链账本，如果区块链账本上的数据被篡改或损坏，网络中的其他成员则不会通过数据的写入。第三，去中心化网络有助于强化数据协同。传统的公司存在数据孤岛的情况，可能会发生数据丢失或数据传输错误。但是，通过去中心化的网络，所有节点都可以实时访问数据的具体情况。

2014 年，加文·伍德发表了一篇名为《去中心化应用：Web3.0 长什么样》（*DApps: What Web3.0 Looks Like*）的博客，首次提到了 Web3 这个概念（当时还叫作 Web3.0，加文·伍德成立 Web3 基金会之后改名为 Web3），针对互联网数据隐私保护问题进行了思考。加文·伍德认为，由于 Web2.0 时代大型科技寡头的垄断，个人信息和数据被掌握在巨头手中，用于谋求利益。这种现象加剧了互联网的不平等，给科技巨头带来了极大的收益，而个人的数据安全无法得到保障，个体失去了对个人数据的控制权。

但是，随着各类加密应用的进一步发展，社会和技术的相互作用模式将改变。为了适应新的发展要求，技术将会被重新设计。Web3 中的通信将会通过加密形式进行，以假名作为接入点，不存在可追踪的地址。而就信息发布而言，由于 Web3 的各个部分的交互方式完全不同，信息的发布模式会有三种类型：如果是完全公开的信息，可以直接发布；如果是已经达成一致的信息，会通过具备共识机制的分类账本发布；如果是私密信息，则会完全保密，以保障信息安全。

从计算机发展的历史来看，目前互联网上的各类技术栈和协议为未来的科技发展奠定了基础。例如，在云计算流行之前，企业的 IT 基础设施建设需要自己采购硬件，租用互联网数据中心（IDC）机房，当时的交换机、机柜和网络配置需要专业的管理和操作。而随着计算能力的提升，企业只要选择租用“计算资源”即可。类似这种渐进式的转变在科技领域时有发生。在 Web2.0 时代，会越来越频繁地出现 Web3 模式的网站和应用，这种趋势将会一直持续，这些 Web3 平台将会逐渐与真正的 Web3 浏览器集成，Web3 时代的浏览器不仅具备端到端的绝对安全性，而且交互也是可信的，用户自己掌握私钥，不需要信任任何第三方，比如交易所、中心化机构等。

3. 如何理解加文·伍德提出的 Web3 四大构成

根据加文·伍德的构想，Web3 的基本构成包括四个方面：加密信息发布系统、动态信息系统、Web3 共识引擎和集成化交互界面。

（1）加密信息发布系统

加密信息发布系统同样具备去中心化的属性。发布信息时，只要获取信息的一个内在地址（即用于加密的哈希值），之后返回信息，由于地址（哈希值）是固有的，因此可以保留信息的正确性。

以比特流（BitTorrent）为例，BitTorrent 由工程师布莱姆·科恩（Bram Cohen）自主开发于 2003 年，是一个点对点（P2P）的去中心化文件分享协议。在使用 BitTorrent 下载文件时，下载文件的用户会同时向其他也在下载文件的用户上传已经下载完毕的数据。BitTorrent 的技术实现形式如下：

第一，BitTorrent 运用 DHT 网络。DHT（Distributed Hash Table，分布式哈希表）是一种分布式的存储方法。在不需要服务器的情况下，每个客户端可以负责一个小范围的路由，并存储小部分数据，从而实现整个 DHT 网络的寻址和存储。

第二，在 BitTorrent 中，每个用户都被称为一个节点。当 BitTorrent 用户想要下载文件时，首先运行 BitTorrent 客户端，就会获得一个种子，这个种子使用的是 DHT 网络。其次，BitTorrent 客户端会在 DHT 网络中进行搜索，每个用户之间会有路由记录，因此，只要一个用户和任何一个 DHT 网络中的其他用户连接，BitTorrent 客户端就会继续寻找更多节点，连入网络。我们使用的 BitTorrent 种子通常都有默认节点，可以协助没有连入网络的用户与网络相连接。

第三，与 BitTorrent 的模式类似，Web3 中的信息发布机制会辅以带有激励性质的框架，例如分布式拒绝服务攻击（Distributed Denial of Service，简称 DDoS）证明和 Token 奖励，以激励用户在 Web3 中进行信息的维护和分享。

（2）动态信息系统

Web3 的通信系统又被称作动态信息系统，主要用于 Web3 中用户之间的通信。在加文·伍德的构想中，动态信息系统是一个通过加密技术，可以对信息传输进行加密的匿名消息传输系统。具体来说，就是通过可以代表每个人身份的公钥对信息进行加密（每个人的以太坊地址就是通过每个人的公钥推导出来的），然后再通过被允许接收信息的特定个体的私钥签名来解密，以保障信息传播过程中的安全和隐私。在传统的 Web2.0 中，人们的信息传输是通过超文本传输协议（HTTP）实现的。而 Web3 支持点对点的实时通信和实时更新，并且这种通信采用自组织模式。

（3）Web3 共识引擎

共识这个概念起源于比特币。比特币是一个去中心化的分布式账本，分布式意味着它有多个节点。在系统中，所有正确的节点对某个决定表示一致同意，称为达成共识。具体来讲，如果在比特币系统中发生了交易，那么每一笔交易在所有的记账节点都是一致的，账本也是一致的。在比特币运行的系统中，区块链由全网所有节点共同维护，如果想要往区块链上新添一个区块，需要全网所有节点达成共识，该区块才可以添加至区块链中。由此，出现了各种基于共识机制而创建应用程序的想法。

而 Web3 中的共识机制不仅仅是参考比特币系统的共识机制。Web3 的第三大构成是共识引擎，它是一种方法，也可以形容为一种社会契约。共识引擎是一套基于共识的交互规则，包含很多类别的契约，它不可撤销，具有网络效应，可以汲取广大用户的共识，按照指定命令执行。如果 Web3 中有用户违背了某项协议，其他协议也会受到影响，从而让参与其中的用户更加谨慎。例如，如果有一个声誉系统，这个系统与用户每天使用的微博、脉脉、领英等有熟人和朋友参与的社交系统相连，用户就会更加在意自己的声誉。Web3 共识引擎可以用于所有可信信息的发布和更改，而传统的互联网依赖于互联网名称与数字地址分配机构（ICANN）等集中化机构的信任，并没有从根本上解决每个个体的共识和信任问题。

（4）集成化交互界面

Web3 的第四大构成是集成化交互界面。它是一个将加密信息发布系统、共识引擎、动态通信机制集合在一起的集成体。可以想象一下，这个集成化交互界面同样有属于它的“浏览器”和“地址栏”，用户可以通过这个界面，访问去中心化的网站和网页。

通过使用一个基于共识的域名解析系统，通用资源标识符

（URI）地址可以被简化为该系统前端的唯一地址（即哈希值）。通过 Web3 信息发布系统，可以将地址进一步扩展为文件和程序的集合，例如，集合是一个包含扩展名为“.html”“.js”“.css”和“.jpg”文件的档案。不过，这个文件集合主要包含分布式应用的静态内容，不包含动态内容。动态内容需要确认出处，根据网络中用户的声誉、账户余额等来最终确认，并通过浏览器中的应用程序接口（API）进行交互。

三、Web3 的特性

Web3 的特性是开放包容、易于参与，并且它是分布式的、具备弹性的。Web3 还具备可组合性和互操作性，基于 Web3 构建的不同平台可以像乐高一样拼凑在一起，形成一个流动的空间。平台上的用户身份可以保持不变，即用户不再需要在不同的平台上创建账户。

1. 社区凝聚力带来的网络效应

Web3 时代，社区的力量是巨大的，通过社区对项目的支持和集体参与，Web3 平台可以获得社区凝聚力所带来的网络效应。数字资产所有权归还给用户，使得社区成员更加具有主人翁意识，所有成员都认为自己是平台的一分子，而不只是简单的参与者，这种更深切的参与感会充分推动社区成员对产品的投入，甚至把社区形象作为自己在网络上的化身，通过共享的平台体验形成一种隐形纽带。

2. 全新运营模式和信任问题的解决

从运营的角度来看，如果 Web3 时代的数据归用户所有，很可能改变未来公司的运营方式。在 Web3 时代，如果平台无法创造真正可以满足用户需求的价值，用户就可以迁移到新的平台。除此之外，Web3 基础设施的构建意味着信任成本的降低，因为区块链上的数字账本是完全透明的。

从创作者的角度来说，随着 Web3 基础设施的增多（这些设施之间不是完全封闭的系统，彼此之间是可以互相操作的），Web3 平台的创意内容也会随之增多。例如，Web3 的艺术平台可以直接与艺术家在链上发布的作品打通，艺术家不需要反复将自己的作品发布到单独的平台。

从 Web2.0 到 Web3 的转变主要是由于底层技术应用的转变。随着治理更趋向以用户为中心，构建者和开发人员的思维方式也会发生转变，区块链上运行的 Web3 应用解决了新互联网时代的信任问题，它们是由建设者和用户所真正拥有的互联网，用 Token 进行激励。

第二章

Web3 初探：区块链、哈希与以太坊

第一节　区块链：跨时代的全新技术[①]

一、区块链为什么是跨时代的技术

区块链技术是一种跨时代的全新技术。为什么这么说？因为区块链技术以前所未有的方式，组合了多种先进技术，解决了长久以来人们未能解决的问题。比如，作为区块链技术的开创者，比特币技术精妙地组合了网络技术、P2P 技术、密码学技术，使得一种全网一致的、去中心化的、工作量证明的、区块式存储的、带完整性保护的、防伪造的、可以解决双花问题的、带自动化脚本的全网交易账本得以实现，这是不折不扣跨时代的发明。

区块链以去中心化的方法，达成了多节点对世界认知和行动的自动化协调一致，这意味着在没有集中式节点的干预下，一群对等节点不仅可以对网络上发生的事件达成共识，还可以对其中的计算达成共识。这使得在计算机世界里，一个由对等权力个体组成的社会，有能力进行自动管理和共同生产。这也意味着，一些管理工作甚至更多的管理工作可以自动化完成。例如传统的薪酬管理，可能需要业务部门、人事部门、财务部门等多部门联合起来，开展评

① 本节由卫剑钒撰写。

估、计算、统计、发放等一系列工作。如果可以将这些工作统统写在区块链的智能合约里，所有工作就都可以自动化完成。

让我们设想一种比较极端的情况，1 000 个同级别的士兵聚到一起，没有任何人是长官，也没有任何人拥有指挥权，现在让他们共同去完成一个艰巨的作战任务，应该如何组织？由于所有士兵权力相同，谁也指挥不了谁，该怎么办？没有人能设想这种可能性。但使用区块链技术有可能做到，虽然现在还远远做不到。

1. 区块链技术使用了全新的数据生成和存储方式

区块链使用一个链着一个、每过一段时间就产生一个的区块来保存数据，这是以前的技术未曾有过的。以往，数据存储在系统内的多个文件（或数据表）中，系统并没有特意考虑数据的不可篡改性，也没有去广播这些数据。而区块链要想在全网去中心化地达成一致，就需要将数据广播到所有节点。为了便于广播，就需要把数据打包起来；为了防篡改和防差错，就需要加上完整性保护。这就催生了数据的区块式生成、广播和存储。

那么，由谁打包？什么时候打包？具体做法依赖于共识。全网节点在一致的逻辑下，收集并广播事件（即交易），由某个节点打包形成区块，然后广播到全网。系统中每个节点都可以验证收到的交易、区块，验证区块链中智能合约（即代码）的计算结果，如果结果正确，就将此区块上链。最终，每个节点都有一份完全一致的经过互相验证的区块链。

由于时间戳也打包在区块中，区块数据就和现实世界建立了强烈的不可篡改的时间关系，使得区块链有了事件追溯的能力。而以前的存储方式，虽然也可以记录时间信息，但并非强制应用在所有数据上，而且也可以较为容易地修改。

2. 区块链保障了去中心化网络中数据的一致性

区块链充分利用哈希算法和公钥密码算法，保障了区块链的强一致性和不可篡改性。哈希算法可以快捷地检测到明文中任何一个比特（bit）的不一致，如果有任何网络传输错误或其他有意或无意的破坏，每个节点都可以很快检测出来。每个区块的哈希值存放在下一个区块，每个区块都可以验证上一个区块是否正确。这种方法不仅可以保证区块的内容正确，还可以保证区块的顺序正确。

如果想篡改一个区块的数据，攻击者需要修改其后所有区块（因为本区块的哈希值放在下一个区块），而且要修改的是全网所有节点存储的区块，能做到这一点的唯一途径就是让共识认可这样的篡改。在比特币的系统中，要做到这一点，就必须做出全网最大工作量的那条链（想篡改越早的数据就越难），才会得到各节点的认可。所以，区块链数据具备难以篡改的特性。

3. 区块链所提供的信任来自密码学

区块链的可信任来自它的不可篡改性和不可伪造性，而这两个特性又来自密码学算法。

简单地说，哈希算法使得区块链数据无法被篡改；公钥算法使得交易无法被伪造（没有保存好私钥则另当别论）。现在给出一个全 0 的 SHA-256 哈希值，有谁能将明文找出来吗？给出一个全 1 的比特币地址，有谁能将对应的私钥求出来吗？这可是动用所有国家的力量都做不到的事（即便考虑到量子计算，在可见的几十年内也是做不到的）。

基于这样的基础，人们有理由相信，在区块链上篡改数据几乎是不可能的，因为所有篡改都无法通过哈希验证。

4. 区块链使得可信的自动计算成为现实

由于区块链还可以保存代码，因此不可篡改的程序就出现了。区块链上各个节点可以运行链上程序并互相验证程序运算的正确性，所以区块链不仅有一致的不可篡改的存储，还有一致的不可篡改的计算。

传统的程序运行在集中化的服务器上（虽然可能是多台服务器，但在本质上是集中的），单一实体可能会操纵计算结果（或者被黑客操纵）。也就是说，计算可能是不可信的。智能合约是运行在整个区块链各个节点上的，没有哪个节点能占据关键位置，也没有哪个节点可以操纵计算，它们按照共识机制实现共同一致的计算。

由于数字化变革使得我们生存的物理世界可以抽象到数字世界上来，因此很多原先需要人工管理的流程、规则、契约、合同，都可以在数字世界自动化地、无差错地被执行，这样就可以节省大量的人力来做更有意义的事。比如在 DeFi 应用中，用户可以将一定价值的加密资产通过智能合约的方式按一定比例进行抵押锁定，并以此获取贷款，当用户将借款偿还之后，抵押品将自动归还到用户的加密资产钱包里。与传统抵押借贷业务相比，这种方式拥有防止资产所有权被篡改、资产可靠性提高、结算易于审计、价值信息透明度高以及业务智能合约可自动执行等优势。

5. 区块链技术可以实现无中心的自我管理

我们都知道，比特币系统挖矿的难度是定期调节的，以保障不管有多少算力，平均都是每 10 分钟出一个区块。按照传统的思路，这种调节应该由一个中心节点（或管理节点）根据当前情况，计算出合适的值，然后通知各节点修改配置文件来完成。

比特币系统可不会这么做，它的做法是：每个节点每过 2 016 个区块，就计算 20 160 分钟（每 10 分钟一个区块所期望花费的时长）与这些区块花费时长的比值，这个比值乘以现有难度，就得到新的难度，如果这 2 016 个区块产生的时间大于 20 160 分钟，则说明现在的难度大了，就按比例把难度调低。由于区块数量和时间戳都是固定的、一致的，所以各节点对这个值的计算结果也必然是一致的。

类似地，区块链可以把系统自我管理、自我调节的内容写进代码，这些代码可以是区块链本身的代码，也可以是链上的智能合约，还可以是其他地方的代码。

从本质上来说，这是在已有共识的基础上产生新的共识。有了这样的能力，人们就可以在没有管理层的情况下，依托互联网开展大规模的合作，并使用其中的 Token 进行权益证明和流通。

6. 区块链可以实现多个对等实体间的数据共享与协作

如果没有一个有实权的机构牵头，多个彼此对等的单位之间想自动化共享数据是不容易的，既面临管理上的困难，也面临技术上的困难。而区块链技术使得各家单位仅仅建设和维护自己的节点，无须成立新机构，就能够以去中心化的方式，实现数据的共享和协作。很多联盟链的原理就是这样，这类共享和协作一旦建立，信息隐藏、实情隐瞒、数据不透明、信息不对称等问题就会得到消减和遏制，从而促进整个社会的进步。

现在，让我们回到前面说的那 1 000 个士兵的问题。在所有士兵都愿意完成任务和信任系统的前提下，每人装备一个单兵设备，上面运行着同样的区块链系统，系统收集信息，传达信息，自动计算，给出战况分析和行动建议，所有士兵在没有长官的情况下，就可实现自我指挥和协同作战，系统还可以根据每个士兵的表现，计算出其应得的 Token，用于奖励发放。

二、区块链与共识

1. 广义的共识机制与狭义的共识机制

从广义上讲，共识就是参与方都认可的逻辑（以及数据）。区块链上的各节点，运行着同样的代码逻辑（虽然可能是不同语言写成的代码），这些逻辑就是共识。同样的逻辑表明同样的算法、同样的通信协议、同样的数据格式、同样的处理规则、同样的运行细节。

如果有人想要改变现有的共识，他必须能让网络中各节点接受他的提议，如果无法做到这一点，他就只能和那些认可他的人开一条新的链。反过来，如果多个节点都认可这个改变（或称升级），这些节点就会在这个升级后的共识上继续玩。而那些不认可这个升级的节点，继续在原先的链上玩。区块链可以设计自我更新机制，用已有的共识产生新的共识，以实现自身的进化。

狭义上的共识，是指各节点都认可什么样的逻辑，确认谁可以打包区块，以及确认一个新的区块能不能被接受。目的是让正确的（即共识认可的）区块可以被产生和添加到链上。

下面列举四种比较经典的共识算法。

第一，PoW（Proof of Work，工作量证明）算法。PoW 算法有多种实现方式，其原理就是各节点抢着解答难题，解题过程需要大量计算，谁先解出难题谁就有权力打包区块，而其他节点可以很容易验证题是否做对了，比如比特币的 Hashcash（哈希现金）就是一种 PoW 算法（算出来的哈希值要求有若干位前导 0）。PoW 算法需要花钱购买算力，虽有浪费资源之嫌，但比较坚实，毕竟算力是实实在在的。

第二，PBFT（Practical Byzantine Fault Tolerance，实用拜占庭容错）算法。PBFT 算法可以保证 (n–1)/3 的容错性，其中 n 为节点总数。也就是说，10 个节点中，即便有 3 个节点变节也没有影响。PBFT 算法的优点是速度快，多用在联盟链中。

第三，PoS（Proof of Stake，权益证明）算法。这是一种用节点权益（比如币数、币天数等）来保障区块正确性的方法，如果一个节点在生成或验证区块时不诚实，就可能会失去自己抵押的权益，诚实节点则会得到相应的奖励。PoS 算法可以有多种实现方法，比如高权益节点有更大概率挖矿成功。在实践上，该类区块链一般在初期采用 PoW 算法，使 Token 相对公平地分配给矿工，后期随着挖矿难度增加，系统转由 PoS 算法维护。

第四，DPoS（Delegated Proof of Stake，委托权益证明）算法。

该算法的优点是速度快，每个节点可以将其持有的股份权益作为选票授予某个节点，获得票数最多且愿意成为代表的前 N 个节点成为超级节点，超级节点按照既定的时间轮流对交易进行打包，变节的超级节点被发现后将会被除名，比如 EOS 区块链有 21 个超级节点和 100 个备用节点。

2. 具体的共识算法

共识最终是要通过代码实现的，这里我们不会深入分析代码，但会给讲一下具体都要做什么。

任何一个节点在收到交易和区块后，都会做共识验证。具体而言，一是对交易进行校验，如果校验不通过，将抛弃此交易；如果校验通过，则对此交易进行广播。二是对区块进行校验，未通过校验的区块将被拒绝。三是对同时挖出的多个区块做选择，选择一个区块作为当前区块链的后续，这也需要一个共识。

对交易的共识验证主要包括：

交易的语法、数据结构、长度大小必须正确；

交易的各种细节必须满足规范；

如果交易中含有计算，其计算结果必须正确；

如果此交易和其他交易有关联，那么相应的逻辑关系必须正确。

对区块的共识验证（以比特币为例）主要包括：

区块的数据结构正确。

区块中难题的答案正确、难度正确；

区块的时间戳只能在一定的误差范围之内；

区块的大小在限制范围之内；

第一个交易是挖矿奖励交易，奖励的金额正确；

区块内的所有交易都通过了交易验证。

对区块的选择共识（以比特币为例）主要包括：

全网唯一的区块链是那条付出最多工作量的分支；

如果出现了多个可以选择的分支，就去计算每个分支的工作量，并选取工作量最大的那个分支。

三、如何从底层实现区块链

区块链说到底是软件。软件当然要通过代码来实现。用什么语言来实现并不是关键。以比特币为例，比特币已经实现了多种语言的比特币客户端，比如 C、C++、JavaScript、Java、Python、Ruby、Go、Rust、C#，等等，这些语言大都可以在代码托管平台 GitHub 上找到。在同一个区块链上，不同节点完全可以使用不同语言，因为它们都能正确处理网络上的交易和区块。

关键是实现什么内容。以比特币为例，比特币至少要实现节点的邻居通信、区块同步、区块校验、交易校验、交易池维护、Merkel 算法、UTXO 维护、地址管理、私钥管理、交易收发、分支处理、数据库管理等内容。至于密码学算法，一般倒不用专门再写，用现成的库就可以了。

如果软件要提供挖矿能力，还需要实现挖矿算法，以及交易打包、区块制作、区块广播等功能。为了方便和外部交互，比特币客户端还会实现一个 JSON-RPC 接口，用来提供相关数据服务。

不同的区块链有不同的共识算法、不同的区块结构和交易结构、不同的密码学算法、不同的架构和功能，所以需要不同的代码来实现。像以太坊这种区块链，由于支持智能合约，就需要实现以太坊虚拟机（Ethereum Virtual Machine，简称 EVM），实现对智能合约代码的保存、合约调用的处理、合约状态的维护、合约日志的记录、合约收据的生成等内容。此外，和比特币不同，以太坊还需要实现 gas 费的管理、nonce 的维护等独特的设计。

显然，区块链的设计越复杂，代码实现的工作量就越大，存在漏洞的可能性就越大，区块链的安全性就越需要被审慎地对待。

第二节　如何理解 Token 与 Token 经济学

除了区块链本身的优势之外，Web3 和区块链还存在一种叫作 Token 的加密数字权益证明。Token 的存在使得权益可以登记、计算和流通。那么，究竟什么是 Token？

Token 可以译作令牌、通证、代币等，具体含义需要结合具体语境。Token 这个词最早源于计算机科学，在计算机身份认证的步骤中，需要一个“令牌”，令牌的作用是一段用于认证身份的密码。

在 Web3 和加密世界，Token 的含义通常是“代币 / 数字货币”，其本质是一段具备唯一性的代码。之后，Token 的唯一性导致它可以代表区块链世界的财产权属，因此衍生出了 Token 经济学（有时也称为通证 / 代币经济学），这里的 Token 其实具有物权、股权等属性，这种属于 Web3 世界的独特属性为 Web3 的经济系统和金融模型提供了重要的创新要素。

在 Web3 世界，去中心化应用的后端通常在区块链上运行，区块链上的数字资产是由智能合约管理的可编程资产，Token 可以为 Web3 的社区经济系统提供动力。针对 Web3 生态的参与者，Token 可以用于项目冷启动，进行社区的所有权和收益分配。在项目运行之后，Token 还可以维持社区运转，协助社区治理。也就是说，Token 可以激励社区成员及利益相关方持续参与价值创造。

一、原生币和 Token 的区别

原生币（Coin）通常指具备自己的专有区块链的加密货币，比如比特币、以太币、莱特币，等等。而 Token 通常指那些没有自己的专有区块链的加密货币，并且 Token 还会在具备原生币的公链基础上发展，例如很多包含 Token 的项目会建立在以太坊生态上。①

① Matt Fortnow, Quharrison Terry. *The NFT HANDBOOK*. Wiley, 2022.

二、Token 为什么重要

一个区块链应用中可以有 Token，也可以没有，关键看是否需要。Token 指的是可以流通的数字权益证明，比如积分、投票权、gas、归属权，等等。如果应用里需要有一个可以流通的权益证明，就要设计一个 Token，然后放进去，反之则不用设计。

但 Web3 应用中通常都是有 Token 的，因为有了 Token，区块链可以实现在去中心化系统内可信的价值传递，比如可以将资产所有权的转移记录下来，而且是以去中心化的、公开的、不可篡改的方式记录下来。这在过去是做不到的。当然，人们也可以在集中式系统中实现价值传递，但集中式系统单点、不够可信、易于篡改，还可能存在不公开、不透明的问题，而且多主体间的自动化程度不够高，但区块链能解决这些问题。

区块链代表了一个全新、开放、分布式、具备流动性的平台，其中的 Token 机制帮助初创 Web3 公司和项目获得冷启动的机会，类似股权众筹模式，全世界的人都可以为自己喜欢的项目投资，参与到它的发展中去，但是需要注意 Token 发行国家的相关法律规定，需要咨询法律顾问了解具体的条款和建议。

Token 扩大了 Web3 项目运营的地域范围，其潜在参与者数量有可能增长几十倍。Token 不仅能够激励 Web3 的加密网络重新分配生产关系，而且其本质上的稀缺性也象征着它拥有价值社区资源的所有权，代表着社区整体的价值潜力。也就是说，Token 既可以推动社区价值的创造，又可以激励对潜在价值进行分配，每个 Token 都是社区创造的价值单位，可以用于激励 Web3 项目商业模式和后续发展。并且，Token 还反映了社区成员的社会影响力和声誉，可以对成员参与社区的活动进行量化。

三、Token 化与 Token 经济学

Token 化是指在 Web3 和加密世界中，将对某物的权利转化为数字所有权的方法。Token 具备流动性、可编程性，是一种不可篡改的所有权证明。Token 可以用于筹款和投资，协助发起并建立生态系统或社区。Token 化也指为某个 Web3 组织创造新的价值单位的过程。Token 可以用于管理组织的商业模式，激励用户与 Web3 项目互动，促进奖励和利益的分配共享。Token 化通过虚拟代币的设计和发行来定义规则，包括 Token 特点、用途和用户的激励系统，之后，数字权益就可以作为数字资产来管理。

Token 经济学指的是研究 Token 设计、分配、供需模型的经济学，包括 Token 经济模型设计、Token 在业务利益相关者之间如何进行分配。Token 经济学还是用于描述加密和 Web3 项目经济模型的术语，指的是对所有可能影响加密货币价值的因素的研究。分析 Token 经济学时，主要研究加密货币的价值来自何处，以及它的未来价格会有怎样的变动等。

在传统的货币银行学中，经济学家通常会将货币供应数据作为研究指标，例如 M1、M2，等等。但是 Token 经济学完全不同，它主要观察的指标是某种 Token 的最大供应量、Token 持有人的激励、项目效用、新的 Token 如何进入流通，等等。

四、为什么需要 Token 经济学

区块链技术为 Web3 的去中心化应用带来了新的激励模式，但是不同的 Token 设计模型会带来不同的结果。那么，我们该如何看待不同的 Token 设计模型呢？Token 经济学与传统经济学有什么区别呢？传统经济学通常关注如何有效分配资源，以及关注物质的稀缺性，关注如何在既定规则下引入变化假设，并观察变化给系统带来的反应。也就是说，传统经济学的创新主要是在预测基础上进行评估。而 Token 经济学的创新是一开始就自己设定规则，根据系统内利益相关者追求的目标来进行分配。值得注意的是，风险投资判断加密项目的一个重要角度就是该项目的 Token 经济模型设计的思路，而从创业者的角度来说，Token 经济模型的设计事关成败。从实际情况而言，确实有很多经济模型不能持续运行，也会给人们带来一定的损失。那么，Token 究竟如何分类？

五、Token 的分类

学者托马斯·欧拉（Thomas Euler）认为，可以从五个角度对 Token 进行分类，包括设计目标、具体效用、法律地位、基本价值和技术层。第一，设计目标。人们通常把 Token 看作加密货币的一种，但 Token 的主要目的是实现某个特定区块链网络的增长。第二，具体效用。一般来说，Token 可以提供两种效用：一是给持有者提供独特的网络、服务功能访问权限；二是允许 Token 持有者能够参与项目的贡献。有的 Token 同时具备这两种效用，有的 Token

不提供任何效用。第三，法律地位。目前来看，研究 Token 的法律意义是极为重要的。但是，对于 Token 在法律层面上的意义，各个国家和地区的法律和监管政策不尽相同，需要在当地的法律框架内行事。第四，基本价值。大多数 Token 创建时就设定了具有等同于货币价值的效应。不过，不同 Token 的价值锚定不尽相同。有的 Token 背后有真实世界资产的锚定（黄金、美元、票据等）；有的 Token 和股票相似，发行的成功取决于 Web3 项目的成功，此类 Token 在多数国家和地区会被视作证券，由当地证券监管部门负责监管；还有的 Token 与区块链网络的价值直接相关，不属于证券类别。第五，技术层。Token 可以在基于 Web3 系统的不同技术层实现，比如在公链上的原生币、作为位于公链生态上加密经济协议的非原生币，以及去中心化应用层面的 Token。[①]

六、如何思考 Token 经济学的框架

1992 年，美国心理学家伯尔赫斯·弗雷德里克·斯金纳（Burrhus Frederic Skinner）在一段视频中使用了"Token Economy"（Token 经济学）一词，将可识别的价值单位和行为的激励模式联系到了一起。

Token 扮演着 Web3 项目中用于激励参与者的要素，也是一种对 Web3 网络进行资源配置的方法，代表着 Web3 中的价值创造和交换机制，需要确保各个节点的有效运作，协调项目中的利益。要

① 参考自 http://www.untitled-inc.com/the-token-classification-framework-a-multi-dimensional-tool-for-understanding-and-classifying-crypto-tokens/。

想 Web3 的项目成功，需要设计好能够持续运行的 Token 经济学。随着时间的推移，Token 经济学可以指导项目的价值增长，提高协议的应用率。那么，在设计 Token 经济学之前，需要考虑哪些要点？

第一，要明确 Token 的战略定位，从整个市场和生态系统的角度研究 Token。例如，针对这个 Web3 项目，主要想提供什么服务？获得什么价值？整个市场中都包括哪些参与方？项目需要解决的首要问题是什么？系统的价值是如何交换的？价值如何流动？

第二，要从用户的角度研究 Token，要明确客户分类。例如，细分的客户到底包括哪些人？项目中的消费者行为是怎样的？对用户来说，价格敏感度如何？

第三，要明确使用场景。例如，这些 Token 或者原生币所属的区块链到底是 Layer 1（一层）还是 Layer 2（二层）？是用在游戏中还是应用中？附加价值到底来自怎样的效用？

（1）Layer 1 与 Layer 2

研究某个 Token 或原生币的第一步，需要判断加密货币所属的区块链到底是 Layer 1 还是 Layer 2，这是一切的基础。

Layer 1 指的是主流公链，比如以太坊、Solana 等，而 Layer 2 通常包括建立在 Layer 1 上的合约层和应用层。例如，以太坊属于 Layer 1，那么建立在以太坊生态之上的协议属于 Layer 2。这种架构关系使得 Layer 1 公链和 Layer 2 协议会相互影响。如果 Layer 1 公链的特性是效率高和安全，那么这种完备的基础设施将会吸引更多的 Layer 2 项目。相反，如果 Layer 2 项目做得很好，它就会对

Layer 1 产生正面影响，吸引更多的生态加入 Layer 1。

由于 Token 和区块链有着直接的关系，因此需要对所在的 Layer 1 区块链的特性、性能进行认真研究，并且要明确 Token 和 Layer 1 区块链的关系。

（2）Token 的效用

这个 Token 在系统中是否具有实用意义？能否在协议或社区内部用于支付？能否参与治理？能否有额外的福利，比如特定访问权？

第四，要弄清楚 Token 的总供应量、流通速度、平均价格水平和交易量。要明确 Token 公开销售的比例，以及 Token 的分配，比如团队、研发、营销、投资人分别能分配到多少 Token。

一切经济活动都离不开对供给和需求的分析，对于 Token 经济学来说，流通供应量（Circulating Supply）和最大供应量（Maximum Available）是非常重要的两个概念。流通供应量是指当前市场上 Token 的数量；最大供应链是指 Token 数量的上限。

因为投资人、开发者、部分特定个人和组织会公开发行获得 Token，因此 Token 的数量需要披露给社区。如果某个 Token 没有最大供应量的限制，就是通货膨胀的模式，有的 Web3 项目会使用销毁 Token 的方式控制通货膨胀。但是，就算销毁 Token 会降低供应量，也不能说明某种 Token 价格一定会上涨，Token 的内在价值主要来自它为用户提供的价值，和供应量未必直接相关。

第五，要考虑这个 Web3 项目应该以怎样的模式运作？如何符合不同地区的监管要求？这里会涉及判断 Token 到底属于实用型 Token 还是证券类 Token。有些 Token 是具备实际用途的，比如 Token 的持有者可以将 Token 用于社区的治理投票，还可以获得专有的服务。而在美国，证券类 Token 的发行需要经过美国证券交易委员会的批准和监管。因此，确认 Token 是否属于证券类 Token 也较为重要。

如何判断一个 Token 是否属于证券类 Token？通常可以用豪威测试（Howey Test）来判断，这个测试可以判断某种交易是否可以构成证券发行。另外，也可以在加密货币评级委员会（Crypto Rating Council）网站上给 Token 打分，网站给出的分数越高，Token 属于证券类别的可能性就越大。

豪威测试的具体标准如下：

- 有金钱 / 资本投入（The Investment of Money）
- 投资于一项共同事业（Common Enterprise）
- 投资人有收益预期，期待获取利润（Expectation of Profit）
- 不直接参与经营，仅仅凭借发起人或第三方的努力（Effort of Others）

近年来，Token 的分配与设计呈现出一些新的趋势。根据投资机构 Variant Fund 的研究，首先，Token 的设计呈现自下而上的趋势，也就是说社区会逐步担任更多 Token 设计的角色。过去，很多 Web3 项目的 Token 设计分配都是由创始团队全部包揽，然后再将这些设计好的 Token 机制传递并应用于社区，这样一来，初始的

Token 设定就很难被改变，只有在后期社区治理过程中进行投票，才能发生改变。而近几年，很多 Token 设计之初就开始考虑社区的参与。例如，有的 Token 预设了可以通过社区调整的设计参数，这种灵活性能够吸引愿意长期参与社区项目的治理者。除此之外，还有很多 Web3 项目正在思考如何改变目前 Token 价格容易大幅度波动的现状，减少投机行为。

当然，Token 也存在各种各样的问题。例如，一些项目只是在白皮书中简单讲解 PoW、PoS 等常见模型，并没有把 Token 经济学写到白皮书里，或者很少去讲清楚 Token 的经济性质。但是，要想社区生态真正繁荣，就需要将生态系统，以及经济模型和社区之间的关系描述清楚。

第三节 万物皆可哈希：防篡改防的是什么[①]

弄明白哈希，就弄明白了关于区块链的一大半知识。关于区块链，大家似乎多少都懂一点，再往细里一问，似乎又都不懂了。例如，为什么要挖矿？挖的到底是什么？很多人就不明白了。

一说起区块链，人们就常常想到防篡改。那么，防篡改是怎么做到的呢？答案是哈希算法。人们所说的挖矿，其实是在挖一个哈希值，而且是一个很稀有的哈希值。

---

① 本节由卫剑钒撰写。

哈希算法也称作哈希函数，记作“HASH（ ）”，将一串数据输入哈希函数，哈希函数就会输出一串数据，这个输出就是哈希值。

HASH（ 输入 ）= 输出

这里说明一下，我们通常说的“哈希”，可能是指“哈希算法”，也可能是指“哈希值”，还有可能是指“做哈希运算”。在不同的语境中，哈希有不同的含义，但一般都不会产生混淆。

以最常见的哈希算法 MD5 为例：

```
MD5 ("weijianfan") = c49262b1117b9fd1d6ebd74aaa016f3e
```

在上面这个例子中，“weijianfan”是输入，后面那串数是输出，即哈希值。

再如：

```
MD5 (" 卫 sir 说 ") = 7751ee40134da4b5a41c09d4111b4b0a
```

对一个特定的哈希函数来说，不管输入多长，输出长度都是固定的。而且只要输入不变，输出是不变的。比如 MD5，输入不限制长度，输出则总是 128 位的二进制，也就是 16 个字节。在上面第一个例子里，c4 就是一个字节，代表了 8 位的二进制，即 11000100。最后的 3e 也是一个字节，即 00111110。

接下来，我们让输入的数据更长一些：

MD5 ("Andreas M. Antonopoulos is a noted technologist and serial entrepreneur who has become one of the most well-known and well-respected figures in bitcoin. An engaging public speaker, teacher, and writer, Andreas makes complex subjects accessible and easy to understand. Andreas advises multiple technology startups and speaks regularly at conferences and community events around the world.") = 5ac503b01e213d4794d92134096ad313

或者换成长一点的汉字：

MD5 (" 安德烈亚斯 · 安东诺普洛斯是一位著名的技术学家和连续创业企业家，比特币界最著名和倍受尊敬的人物之一。身为一名有魅力的公共演说家、教师和作家，他善于把复杂的问题变得简单而易于理解。作为一名顾问，他则为初创者提供建议，并定期在世界各地的会议和活动上发言。") = 90f039293e0b3da5516e251b93434795

可以看到，不管输入多长，输出都是 16 个字节。

哈希还有一个特点，只要输入有任何一点变化，输出都会完全不同，就好像输入是完全不同的。比如把上面这段文字中“一位”里的“一”字删掉：

MD5 (" 安德烈亚斯 · 安东诺洛斯是位著名的技术学家和连续创业企业家，比特币界最著名和倍受尊敬的人物之一。身为一名有魅力的公共演说家、教师和作家，他善于把复杂的问题变得简单而易于理解。作为一名顾问，他则为初创者提供建议，并定期在世界各地的会议和活动上发言。") = 159c9d192e45fbd2eaa0c3f068a78508

在计算机中，所有数据最终都是二进制编码。我们刚才展示的输入是字符串，事实上，MD5 还支持对文件的哈希，包括文本文件、图像文件、视频文件，只要是文件，都可以作为哈希函数的输入。如果你的电脑上有 MD5 工具，你可以试试自己运算一下，比如在 Mac 电脑里，在“终端”中输入 md5 –s“xxx”或者 md5 1.txt，就可以对字符串或者文件进行 md5。

由于输入有任何微小的变化，哈希的输出都截然不同，所以哪怕只是改动了文件中的一个比特，哈希都可以迅速检验出来。判断一个文件是不是被人改动过，算一下哈希值就行，只要哈希值没变，文件就没有被改动过。

这就是防篡改的基础：能迅速发现有没有篡改。

一、什么是稀有的哈希值

虽然每一个哈希值都是独一无二的，但在比特币的矿工看来，他们最想算出来的哈希值，是那种前面有很多位 0 的哈希值。

在统计学上，哈希输出是均匀分布的，基本上，你对任意 16 个不同的输入做哈希，第一位是 0 的概率是 1/2（大概有 8 个），前两位是 0 的概率是 1/4，前三位是 0 的概率是 1/8，前四位都是 0 的概率是 1/16。

我们做个实验看看是不是这样。以下输入都是任意的：

MD5 ("ionnoouyd") = c78a3b60314d11fc9e739aef407989f5

MD5 ("njjiuhbh") = 9aee0690f6002392b2c6fc0d2224adb2

MD5 ("88990933") = b19bf0928fc649d99b1cdf02748ae88e

MD5 ("-sr&&fvbgt") = 24cc429a2636ac1b9092cf3f681bba09

MD5 (" 区块链技术 ") = 649e6048a32c09299e1c952347ccac7e

MD5 ("hashcash is very good") = 8015b497b3a9bd6ca7ba1213a731b1a1

MD5 ("CC0-MIT") = cd08de7f0f219d8e13437c65974f9773

MD5 ("beihaimuchang") = 7cd9a24efce05bbceb01c9020d904294

MD5 ("wqqwrr2") = 1cb1797fb57add01523fbd6e86ca2b73

MD5 ("1123ed") = ae49266f10e08922780afeb664fd61dc

MD5 ("hello world") = 5eb63bbbe01eeed093cb22bb8f5acdc3

MD5 ("niahoa...") = 5d3e60365ff999e68a932da4619a129b

MD5 ("blockchain") = 5510a843bc1b7acb9507a5f71de51b98

MD5 (" 随机发均出版后我给 ") = 18eb95457ec90f1c33fa5914579730d7

MD5 ("93002712") = 0abf0bd1dbb35366c56b26d157686f0f

MD5 ("13811031123") = 940ca3847eec1e99e716975bc7096c8d

前面说过，MD5 输出是 128 位的，上面是用十六进制展示的，比如第一个输出的字节是“c7”，第二个输出的字节是“9a”，用二进制表示就是“11000111”“10011010”。依此方法，上面 16 个哈希输出也就是（点号表示省略了后面的位）：

HASH01： c7………：11000111………………………

HASH02： 9a………：10011010………………………

HASH03： b1……… ：10110001………………………

HASH04： 24……… ：00100100………………………

HASH05： 64……… ：01100100………………………

HASH06： 80……… ：10000000………………………

HASH07： cd……… ：11001101………………………

HASH08： 7c……… ：01111100………………………

HASH09： 1c……… ：00011100………………………

HASH10： ae……… ：10101110………………………

HASH11： 5e……… ：01011110………………………

HASH12： 5d……… ：01011101………………………

HASH13： 55……… ：01010101………………………

HASH14： 18……… ：00011000………………………

HASH15： 0a……… ：00001010………………………

HASH16： 94……… ：10010100………………………

可以数一下第一位、前两位、前三位、前四位是0的哈希个数，是不是和上面说的概率差不多？当然，前四位都是0的HASH15，就可以人为定义它是这里面最稀有的一个。它出现的概率大概是每16个哈希里面出现一个，也就是平均2^4次哈希才出现一个。（注意，这里用^符号表示幂运算，2^4即2^4）

那么，多少次才会出现一个前20位都是0的哈希呢？答案是2^20次，也就是1 048 576次，所以想在电脑上找到它，需要计算一段时间。前20位是0，就是十六进制前5个数为0，大概就是下面这个样子：

00000fc7f1d91e9053995f707a90971d

从稀有程度上讲，它还不是最稀有的，最稀有的哈希是全 0，至今还没有被算出来过。

二、好的哈希算法有什么特点

好的哈希算法包括 MD5、SHA-1、SHA-2、SHA-256、RIPEMD-160 等，它们至少具有两个特点：第一，对于任意两个不同的输入，应该产生不同的输出，这叫抗碰撞；第二，正向计算很容易，反过来从输出倒推输入非常难，只能靠暴力猜，这叫不可逆。

如何形象地理解抗碰撞这个特点呢？

首先，哈希算法的输出必须要有一定的长度，如果长度不够，哈希值肯定会有重复的。假设一个哈希算法的输出只有一位，那么输出不是 0 就是 1，是不是运行两三次就能找到不同输入、相同输出了？如果输出只有两位，那么输出就只有 4 种可能：00、01、10、11，是不是运行四五次就能找到不同输入、相同输出了？所以，MD5 有 128 位这么长，SHA-256 有 256 位这么长。

其次，要保证哈希值是随机、均匀地落在整个输出空间上，哪怕输入有任何一点不同，输出都会全然不同。这样，哈希值就类似一种身份证明（ID），就像是每个输入各异的“指纹”。比如，你把一千万份不同的文件都做了哈希算法，每份文件都获得一个独一无二的哈希值，就可以把这个哈希值当作一个文件的 ID。每个 ID 都指代了一个独一无二的文件，如果遇到 ID 相同的哈希值，就表明遇到了相同的文件。

再次，输出的空间是非常大的。对于像 SHA-256 这样的算法，其输出位数为 256 位，那么可能的值就会有 10^78 个（即 2^256 个），这是多大的数值呢？有人估算过，全地球所有沙子的数量大致是 7 × 10^21 个，还不到 10^22 个。全宇宙星球的数量也大致不过 7 × 10^22 个，还不到 10^23 个。给哈希两个不同的输入，它产生相同输出的概率比下面这个例子中的概率还要小得多：

你在浩瀚宇宙中某个星球上随机选了一粒沙子，另外一个人在完全不受你影响的情况下，也随机在某个星球上随机选了一粒沙子，结果你们选择了同一颗星球中同一粒沙子，然后你们还不约而同地选择了这个沙子中的同一个原子。

接下来看第二个特点：不可逆。一个好的哈希算法，可以在短时间内完成正向计算，但反向计算几乎不可能。比如，我现在有一个比特币私钥，形如：

```
5HvrDrdQ9EpJTcJHXuctU9vUjydzuZ1????????????????DCHa
```

为了保密，我把其中 16 个字符用“?”代替，并给出这个私钥的 MD5 值：

```
630a0cec43d49095027b224ea0f2b317
```

那么，有没有计算机高手能够通过破解 MD5 算法，得到我这个私钥呢？

答案是：按照现在的能力，不能。

计算机高手的做法，只能是不断尝试这 16 个“?”可能的组合，计算其 MD5 值，以期有一天能算出相同的 MD5 值。但这种暴力猜解需要很长时间。以目前的技术，哪怕全世界计算机高手联合起来，也需要至少 5 年时间。

第四节　挖矿与区块的奥妙

2021 年 6 月 13 日 18 时 09 分 30 秒，比特币矿工们挖出一个哈希：

00000000000000000009813c8a3b95e3a75d878419547b7fe4dd71f
9dc71da72

这个哈希是用十六进制表示的，每个 0 其实是二进制的 0000，所以这个哈希的前面部分是 76（即 19 × 4）个二进制的 0。

这个哈希是一个区块的哈希（严格地说，是上个区块头部的哈希）。在比特币区块链里，平均每 10 分钟就会产出一个区块，带有一个前面有若干个 0 的这种哈希。就像我们前面说的，做出一个这样的哈希并不容易，前面有 76 个 0，意味着矿工们大约计算了 2^76 次（可能更多次，也可能更少次，但总体上就是这个量级）。

他们费力计算试图找到这样的哈希，目的是得到这个区块奖励的比特币。从区块的记录上可以看出，挖出这个区块的矿工（可能是很多人一起挖的）得到了 6.54164549 个比特币，其中 6.25 个是系统奖励的，剩下的是手续费。

了解了关于哈希的知识，现在来看看比特币的工作原理。

互联网中若干个节点（即计算机）同时运行比特币软件。这些软件是开源的，谁都可以下载之后运行（本文说的节点是指全节点，全球目前大约有 1 000 个）。

人们如果要发起比特币转账（即交易），就让某个节点在互联网广播转账信息，此交易很快传遍全网各个节点。每个节点都会检查它所收到的交易是否符合逻辑（比如有没有那么多钱用来转账），如果不符合逻辑，就会把这个交易抛弃掉。

平均每隔 10 分钟，网内某个节点就会率先打包一个区块，区块里面含有这段时间的所有交易数据，这个区块会广播到全网，每个节点都会收到该区块（大小为 1M 左右）。但是打包是有条件的，这个区块头部的哈希值必须有多个前置 0（即值较小，小于一个特定的目标值）。

每次收到广播来的区块，各节点都会检验该区块是否符合对区块的要求。如果符合，就把此区块保存下来，即区块上了链。每个全节点都保存着从第一个区块到现在这个区块的数据（如果节点是后来加入网络的，会找其他节点同步以前它没有的区块）。

所有参与挖矿的节点都在抢着打包，因为谁能先正确打包形成区块，谁就能得到比特币奖励。每成功打包一个区块，打包者将会被奖励若干个比特币。最早是奖励 50 个比特币，每 210 000 个区块（大约需要 4 年）奖励减半，所以后来是 25 个、12.5 个，现在是 6.25 个，到 2140 年就会无币可挖，矿工们就只能靠手续费谋利。

一个区块的头部，含有上个区块头部的哈希值。这就可以校验上个区块是否完整、正确。你可以从最新的区块一直追溯到创世区块（第一个区块），确保没有任何数据被改动过。

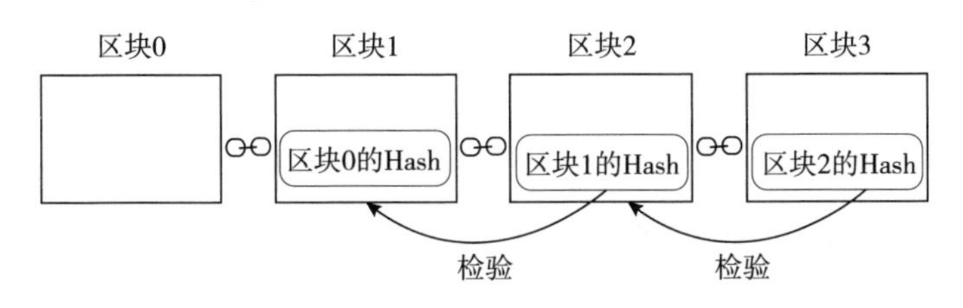

图 2-1 区块链接示意图

除了包含上个区块头部的哈希值，区块头部还含有本区块体内全部交易的 merkle 根，merkle 根可以简单理解为区块内所有交易的哈希值。如果区块体内的某个交易被篡改，验证者可以通过计算 merkle 根，以及和头部的 merkle 根比较，从而发现是否存在篡改。

第五节　从底层理解以太坊[1]

在前文中，我们已经对区块链和哈希的基本运行方式有所了解，接下来了解一下以太坊的运行机制，因为 Web3 使用最广泛的区块链就是以太坊。

一、以太坊的基本原理

以太坊和比特币都是区块链技术，在本质上没有太多不同，两者的区别主要在于：以太坊可以执行链上的代码，即智能合约。

以太坊有很多账户，每个账户都包含以太币（ETH）余额，以太币是一种类似比特币的加密货币。以太坊上还存在很多智能合约（即程序），能够运行并记录程序产生的一些数据。同比特币一样，以太坊由很多节点一起工作，定期产生区块，并通过密码学算法防篡改。

互联网上存在若干个运行着以太坊的计算机（即节点），它们的工作内容都一样：相互发送和接收交易（这些交易就是账户间的以太币转账或者触发智能合约部署、运行）。大约每隔十几秒，就有一个率先挖矿成功的节点，把这一时间段内的交易打包起来形成

① 本节由卫剑钒撰写。

一个区块，然后向所有节点广播。节点收到一个区块后，先验证该区块及其中包含的交易是否合规，如果无误，就执行其中的交易，更新所涉及的账户余额和合约数据，并查验和记录在区块中的相关哈希值是否一致，如果一切均无误，就将此区块链接到前面所有已接收的区块上，形成区块链。这些节点就一直这样进行着交易收发、挖矿、区块广播、区块上链等工作。

由于各个节点都是对等的，所以系统是分布式的、去中心化的、稳健的、易扩展的。挖矿机制使得对数据的篡改非常困难，因为攻击者需要和诚实节点有同等的算力，这是很难做到的。

二、以太坊上的交易和区块

交易（transaction）是指需要以太坊处理的任务，比如以太币转账、智能合约部署、智能合约函数执等。以太坊各节点验证交易的签名无误，而且交易指定的 gas 额度足够之后，就会执行交易。人们通过以太坊客户端发出交易，交易数据按照 RLP 编码，最终形成一个 IP 包在网络上发送。

每个有完整功能的节点（全节点）都运行着一台以太坊虚拟机，都有着自己的数据库（比如底层使用 LevelDB），都可以执行智能合约，存储合约相关数据等。节点之间通过广播来通信。平均而言，每一个节点大约维护了至少 13 个直接相连的节点（即邻居节点），每一个邻居节点都会对收到的交易进行验证。如果无误，就会将该交易广播给它们相连的邻居。[①]

因此，一个交易发出后，就像是水中的波纹一样，在整个网络中迅速传播开，短短几秒钟之内（通常是 6 秒），一个交易就能到达全球范围内所有节点。每个开启了挖矿功能的节点，都收集着尚未被区块包含的交易（一个被挖出的区块中包含一个交易，就代表这个交易上链了）。它们挖矿，打包交易，试图产生一个新的区块。

2022 年 9 月之前，以太坊的共识机制是 PoW 机制，之后采用 PoS 机制，本书主要介绍 PoW 机制。对于 PoW 机制，挖矿节点需要付出大量的计算（外加一些运气），暴力求解哈希难题，谁先算出来，谁就可以做出一个区块并广播出去。其他节点收到区块后，需要验证区块是否正确，如果正确就接受它，并让自己存储的区块链延长一个块。如果自己也正在挖这个区块，就承认失败，开始挖下一块。当然，挖矿成功是有奖励的，以前是奖励 5 个以太币，后来是 3 个，再后来是 2 个。

如果同时有两个节点（甚至更多节点）都挖出区块了，并同时在网络上传播，这就形成了分叉。每个节点会根据相同的算法选择接受哪个区块（即以哪条链为主链），最终只有一个会成为主链上的区块，其他的称为叔块（ommer block）。

考虑到鼓励人们挖矿会提高以太坊的安全性，因此如果一个区块中包含了叔块头，那么挖出该区块的矿工和挖出叔块的矿工都会

---

① 安德烈亚斯 · M. 安东波罗斯，加文 · 伍德 . 精通以太坊：开发智能合约和去中心化应用 [M]. 喻勇，等，译 . 北京：机械工业出版社，2019.

得到奖励。一个区块包含的叔块（最多包含 2 个）必须是往上数六代（含）之内的叔块，更陈旧的叔块将不会被奖励，而且叔块只能被包含一次。

和比特币一样，除了全节点，以太坊也包含一种轻节点（light nodes），轻节点仅下载区块的头部，并不保存整个区块内容，不执行里面的交易，也不挖矿，仅仅是向全节点查询账户余额，生成和发送交易等。很多钱包连轻节点都不是，它们并不下载区块头，只是通过 Web3 Provider 和以太坊交互信息。

三、以太坊的账户

比特币系统中没有账户，只有 UTXO（未花费交易输出），在概念上更接近于现金。以太坊抛弃了 UTXO 思路，专门设计了账户概念，并且成为其技术体系中非常重要的内容。

以太坊的账户分为两种：外部账户和合约账户。外部账户不包含代码，就是一个单纯的地址，记录着它上面有多少钱（即以太币）。合约账户是指智能合约账户，每个在以太坊上部署成功的合约，都是一个合约账户。和外部账户一样，合约账户上也可以有钱。但合约账户还有对应的代码（code），以及一些需要持久保存的数据（storage）。每个外部账户都有一个私钥，合约账户则没有私钥。

外部账户和合约账户在使用上有如下不同：

第一，外部账户给外部账户发送交易，就是外部账户之间的以太币转账。如果向 0x0 这个地址转账，在事实上就是销毁了以太币。

第二，外部账户给合约账户发送交易，附带一些参数，就可以调用智能合约。调用时还可以带以太币，相当于把以太币转给合约账户。

第三，外部账户可以给 0x0 这个地址发送合约部署交易，这要求将编译后的智能合约字节码放在交易的 data 域里。

第四，合约账户不能主动发起一个交易。所有的交易只能由外部账户发起。但合约账户可以发送一个“消息”（message）调用另外一个合约。

下面讲讲账户的状态。

账户状态是指每个账户自身数据的集合，具体而言，账户状态主要通过以下四种数据来体现：

第一，balance。这个数据是最主要的，表示账户有多少钱。

第二，nonce。每个账户拥有一个 nonce 值，每发送一次交易，nonce 值增加 1。网络会因为路径延迟问题而无法保证数据包总是按照发送的顺序收到，所以需要根据 nonce 值来判断何为正确的交易顺序。

第三，codeHash。对于合约账户而言，codeHash 就是合约代码的哈希值。对于外部账户而言，codeHash 是一个空字符串的哈希值，因为外部账户并没有代码。

第四，storageRoot。主要用于合约账户，外部账户的 storage Root 为 0。（有关 storageRoot 的内容将在后文中讲解）

这些状态数据并不存在于区块中，而是存储在每个节点的数据库中。具体而言，这些数据采用了一种被称作 MPT（Merkle Patricia

Tree/Trie）的树状结构来组织，每个账户的数据占据其中一个节点，这个 MPT 树被称为状态 MPT。MPT 最早由艾伦·莱内尔（Alan Reiner）提出并于用 Ripple 协议，它结合了 Merkle 树和 Patricia 树的优点。

nonce 解决了乱序问题，但会带来另一个问题：如果前面的 nonce 交易不成功，后面的交易就不会执行，因为矿工总是按照 nonce 顺序来包含交易的。所以，当交易由于 gas 费较低被堵住了的时候，如果重新发一个带同样 nonce 和更高 gas 费的交易，那么矿工可能就会接受这个交易，而前面那个被堵住的交易，因为有相同的 nonce，就会被抛弃掉。

四、以太坊的 gas 费

每个节点上都运行着一个以太坊虚拟机，它负责运行 EVM 字节码。程序员一般用高级语言如 Solidity 来编写智能合约，通过编译器将它编译成 EVM 字节码，然后通过交易部署到以太坊各节点上。如果运行一个含有死循环的智能合约（比如一个 bug，终于被触发了），那么执行该交易的节点就会停不下来。所以，运行代码需要花钱（也就是 gas 费），钱花完了，不管智能合约运行到哪种程度，都得停下来。此外，gas 这种机制还可以防范有人搞 DDoS 攻击。

在以太坊的设计中，任何交易，不管是计算还是存储，只要消耗节点的资源，就需要支出 gas 费，所需要的 gas 数从几万个（最基本的转账需要 21 000 个 gas）到几十万个、几百万个（比如部署一个合约）不等。每个 gas 是有价格的，比如每个 gas 大约需要几十个 gwei（gwei 是 gas 系统中最常用的计价单位，wei 是以太币的最小单位，1ETH = 10^8wei，1gwei = 10^9wei）。

对于每个交易，发送者都可以设置 gasLimit 和 gasPrice。gasLimit 是发送者愿意花的最大 gas 数量（主要防止各种意外导致的预期外资金损失），gasPrice 是愿意给每个 gas 支付的单价。gasPrice 并不是以太坊统一规定的，而是交易发送者自己报价，矿工们会优先打包 gasPrice 较高的交易。假设发送者设置 gasLimit 为 50 000，gasPrice 为 20gwei，这就表示发送者为了执行此交易，愿意最多支付 0.001 以太币，其计算公式如下：

$$50\,000 \times 20\text{gwei} = 1\,000\,000\,000\,000\,000\text{wei} = 0.001\text{ETH}$$

如果用户确实有这么多余额，以太坊在执行交易时就会先将余额扣下，等用户花费完，多余的费用会被退回，所以 gasLimit 可以设置得高一点，因为如果 gasLimit 设置得低了，可能就会出现这种问题：交易执行一半，发现“gas 不足”，交易处理就会被终止，所有已改变的状态将会被恢复，账户状态就会回到交易前的状态，仿佛这笔交易从来没有发生过。以太坊付出了计算上的消耗，因此，已经花掉的 gas 不会返回给发送者。

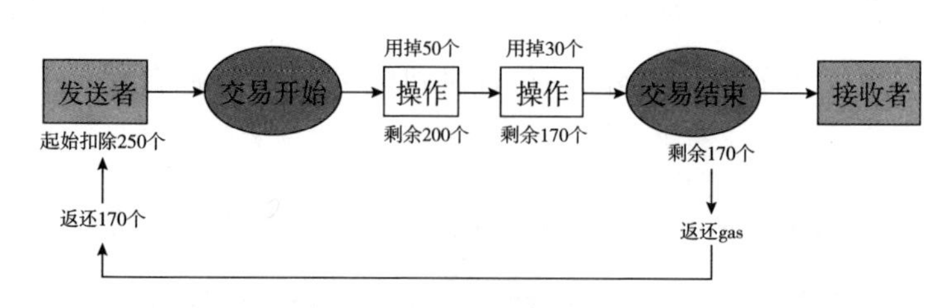

图 2-2　gas 费使用示意图

在图 2-2 中，发送者在发送交易时，将 gasLimit 设为 250 个，交易执行时实际花费 80 个，交易结束时，会将剩余的 170 个 gas 退回给发送者。

前面已经说过，外部账户可以发出交易，合约账户不能主动发起交易。但合约可以被触发来调用另一个合约，它们之间通过“内部交易”（internal transactions）进行通信。这里的内部交易与前面说的交易不同，它们并不从外部发起，只存在于以太坊内部执行环境；内部交易没有 gasLimit。在外部账户发出的交易中，gasLimit 已经设定好了，这个 gasLimit 必须要高到足够将交易以及所有触发的内部交易都执行完，如果一个内部交易不能执行完，该内部交易的执行会被还原，但父执行则未必被还原。

由于 gas 费往往比较高，因此，以太坊上的智能合约通常都比较短小、精悍，仅仅用来执行最基本的任务，比较复杂的操作一般都放到链下（和区块链没有直接关系）。例如，NFT 在链上主要就是记录作品的链接、拥有者地址和作品编号的关联，其他内容基本都在链下。

五、以太坊的状态

以太坊状态是以太坊技术体系中一个很重要的概念，指的是以太坊中所有账户状态的集合。而账户状态指的是一个账户所有数据的集合，前面已经介绍过了，就是那 4 个数据以及相应的 code 和 storage。

以太坊中所有账户的状态都被组织记录在一棵 MPT 树上，即状态 MPT。在 MPT 树上，每个账户占用一个节点，保存相对应的数据，并关联到对应的 code 和 storage。

外部账户没有 storage，但合约账户通常都会有，因为合约大概率会存储一些数据。比如一个 NFT 合约，里面就要记录作品的链接以及每个作品的拥有者地址，这些数据要么部署时被赋值了，要么通过交易改变了初始值。每个合约都会把这些 storage 存在单独的另一颗 MPT 树上（最终存到数据库中），storageRoot 就是这棵 MPT 树的根节点哈希，树中任何数据发生变化，都会导致这个值发生改变。

MPT 是以太坊中最主要的数据结构。MPT 结合了 Merkle 树的特点，任何节点值的修改都会影响到根节点的哈希值，可以方便地实现完整性校验。在 MPT 中，节点增删改查、存储、验证的效率很高，并且可以很容易地更新数据和重新计算根。在一个新的区块中，某个账户的状态发生了改变，只需增加少量节点，并做简单的计算，就可以完成 MPT 更新并计算出区块头中新的 stateRoot，无须改动其他节点。合约中所有数据的默认值为 0，还未分配数值的数据也不用专门存储。

还有一点要弄清楚的是：账户状态、合约、合约数据都不储存在区块中，而是储存在每个节点的数据库里。因为区块里面只有区块头、交易、叔块头，并没有地方储存更多的东西。图 2-3 有助于读者更直观地理解这些概念的关系。

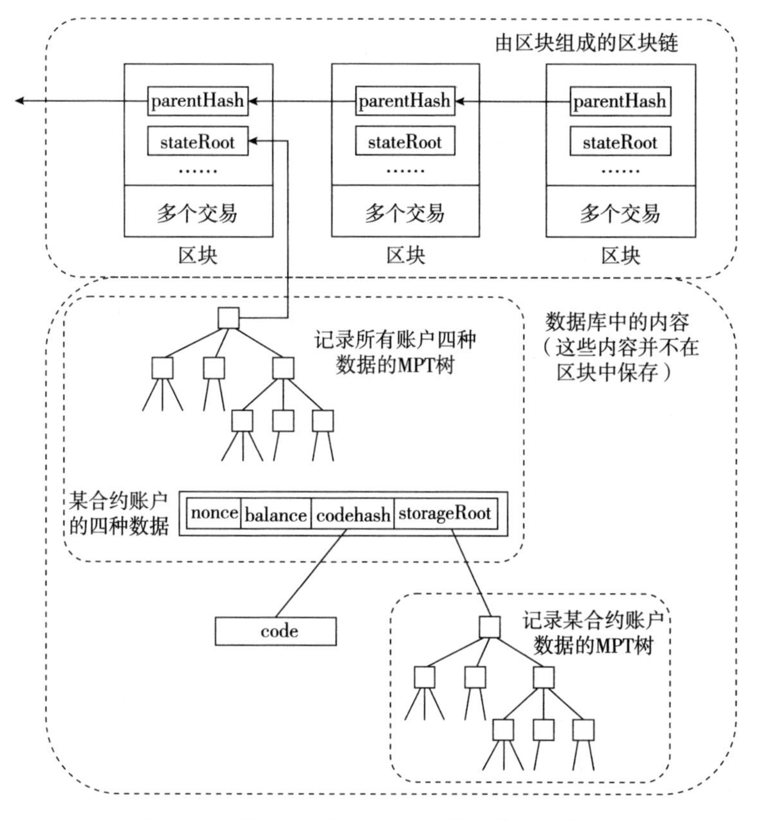

图 2-3　以太坊区块、MPT、账户状态示意图

六、以太坊交易的要素

如果没有交易，以太坊的账户状态就不会发生变化。交易主要包含以下要素：

- nonce：如果是外部账户，nonce 值代表从该账户地址发出交易的序号。
- gasPrice、gasLimit（参见上文“四、以太坊的 gas 费”）。

- from：交易发送者的地址。从签名中也能算出公钥和这个地址。
- to：接收者的地址。如果是部署合约，此值设为 0。
- value：从发送者转移到接收者的以太币数量（单位为 wei）。如果是合约创建交易，value 作为新建合约账户的初始余额。
- v，r，s：发送者对交易的签名（由 3 个部分组成），从签名中可以算出发送者地址。签名由交易发起人制作，而且需要私钥才可以做出来，这可以防止有人伪造交易。
- data：对于转账交易来说，这里的内容为空；对于部署合约交易来说，内容是合约被编译后的字节码和构造函数参数；对于调用合约的交易来说，内容是函数的签名和参数。
- init：这个参数不常见，仅在合约部署时用到这个字段，用于初始化合约账户。它本身是一段代码，并在内存中返回智能合约的字节码。

如果调用客户端 API 发送交易，通常只需要指定 from、to、value、data 等少数参数即可，客户端会自动计算其他值（比如 gas 和签名），然后编码为 RLP 格式的包，并广播发出。

以一个实际交易为例，该交易的上链时间是世界时间 2022 年 4 月 9 日 12 时 20 分 46 秒，根据 etherscan.io 估算，这个交易从被节点看见到上链，大概花了 7 秒。使用 Web3 API 的 get_transaction 方法，把交易哈希作为参数，可以获取这个交易的具体信息（以下为节选）：

```
'chainId': '0x1', // 这就是以太坊链
'from': '0x7eE1d1d9D959Bb516Cb6D22BF38847Bb1FEfC33E',
'to': '0xfd440152723c374F9a153959AA59602B4B09d2fb',
'gas': 129523, // 实际花掉的 gas 数
'gasPrice': 39098326037,
'hash': '0xe0a8a7efb9553ad756e57029b674794cc2515ffc91bc
10f6e7cc4515dd305176', // 该交易的 ID 是根据交易数据哈希出来的
'input':'0xa0712d68000000000000000000000000000000000000000
0000000000000000000000002', // 也就是 data，里面包含函数的签名
0xa0712d68，以及一个参数值 2。注意函数签名并非数字签名，仅仅是函数
名及其参数的哈希值前 4 个字节而已
'nonce': 333,
'r': '0xaae4a59a6c7ed91ee01ce9200ec695d0a42610d1448344f8461315
b1b41922c9',
's': '0x7a46ec0091587c58285d4ad96f639db536c396f15b90add3f2d8f
52785137d7a',
'v': 0,
'value': 20000000000000000 // 0.02ETH
```

如果想看到 RLP 编码后的交易，可以在 etherscan.io 查看该哈希的交易，然后在右上角三个点的地方点击选择“Get Raw Transaction Hex”，得到 RLP 编码的交易。

对于上面这个交易，它的 RLP 编码为：

0x02f8990182014d843b9aca0085116910ee6c8301f9f394fd440152723c
374f9a153959aa59602b4b09d2 fb87470de4df820000a4a0712d68000
00000000000000000000000000000000000000000000000000000000
00002c080a0aae4a59a6c7ed91ee01ce9200ec695d0a42610d1448344
f8461315b1b41922c9a07a46ec0091587c58285d4ad96f639db536c396
f15b90add3f2d8f52785137d7a

这串数会出现在网络 IP 包内。

七、交易和区块的验证

节点收到广播来的交易后，先做一些合规性检查，检查通过后，就将交易放入该节点维护的交易池中。

合规性检查主要包括：

第一，检查交易哈希是否重复。如果在交易池中已经存在相同的交易哈希，则表明该交易是重复交易，应将其丢弃。

第二，验证交易长度（最大长度为 32KB）、转账金额（要看账户是否还有这么多钱）、交易签名、nonce、gasLimit 等值是否合理，如果不合理则将其丢弃。

第三，如果一个账户的两个交易有相同的 nonce 值，则将 gasPrice 高（高于 10%）的交易留下，低的则丢弃。

交易被放到交易池之后，节点就会把它广播出去。挖矿的节点（有些全节点并不挖矿）会从自己的交易池中选取交易、运行交易、更新状态并制作区块，一旦挖矿成功，就会广播这个区块。其他节点收到广播的区块后，检验这个区块以及区块中每个交易在格式和基本要求上是否正确。如果正确，节点执行交易，改变各账户的状态，更新账户 MPT 根，并校验区块头中记录的数据。如果各种校验一致，就接受这个区块，并上链；如果不一致，就拒绝这个区块。

总体而言，区块的验证过程如下：

第一，检查区块头中用 parentHash 引用的上一个区块是否存在、有效。

第二，检查区块的时间戳是否比引用的上一个区块大，而且小于 15 分钟。

第三，检查区块序号、难度值、交易根、叔块根、区块 gas 限额等是否正确。

第四，检查区块的挖矿 PoW 是否有效。

第五，对区块体中的交易列表（比如有 n 个交易）逐一验证和执行，从上一个区块的 stateRoot 开始，每执行完一个交易，以太坊的状态都会有所改变，执行完区块中的所有交易后，再将矿工账户的 balance 做改动，就会得到本区块的状态 S。

第六，检查自己算出来的 stateRoot 是否与区块头中的 stateRoot 相同。

第七，检查自己算出来的 receiptsRoot 是否和区块头中的 receiptsRoot 相同。

第八，检查所有交易执行消耗的 gas 是否和 gasUsed 相同。

第九，检查其他应该检查的细节。

其中第五点中对区块中每个交易的验证和执行的步骤如下：

第一步，从交易的签名中计算出发送者的地址，并从发送者的账户中扣除交易中的 gasLimit、gasPrice 这两个值相乘所得的交易费（如果执行用不了这么多，会退还）。如果账户余额不足，返回错误。

第二步，将发送者账户的 nonce 加 1，记录在该账户的状态中。

第三步，根据交易所消耗的计算和存储，逐步核减 gas 值。

第四步，把发送者在消息 value 字段里面填的金额转移给接收者。如果接收账户还不存在，创建此账户。

第五步，如果接收地址是一个合约地址，除了上面说的价值转移，还会根据消息 data 字段里面的内容运行合约。这会产生合约相关数据的变化，变更该合约的 storage MPT 以及相应的 storageRoot，也就变更了合约账户的状态。

第六步，如果发送者账户没有足够的 gas 或者 gas 耗尽，则撤销所有的动作，但仍然保持交易之前的状态，已经花费的 gas 不退。

第七步，合约执行完毕后，将剩余的 gas 归还给发送者，消耗掉的 gas 归挖块成功的矿工所有。

以上关于区块和交易的验证都通过后，节点就接收该区块，并把区块中包含的交易从自己的交易池中删除。如果后面由于分叉等情况要丢弃该区块，则需要将丢弃区块中的交易重新放入交易池。

八、以太坊区块头部的数据

以太坊区块头部总共包含以下六类数据。

第一类是根哈希数据，包括：

- stateRoot：状态树的根哈希。（整个以太坊，只有这么一棵状态树，存储所有账户的状态）
- transactionsRoot：交易树的根哈希。（每个区块有一棵交易树，存储本区块的交易）
- receiptsRoot：收据树的根哈希。（每个区块有一棵收据树，存储本区块交易的收据）

第二类是区块哈希数据，包括：

- parentHash：父区块头部的哈希值，创世块的 parentHash 是 0。
- ommerHash：又名 Sha3Uncles，当前区块中所包含的所有叔块头部的哈希。

注意：区块的哈希就是区块头部的哈希，是区块头部数据按照 RLP 编码后的哈希值（Keccak256 算法）。

第三类是区块本身相关数据，包括：

- number：区块序号。创世块序号为 0，之后每个区块序号都增加 1，比如 14 589 807。
- timestamp：区块被挖出来的时间戳，比如世界标准时间 2022 年 4 月 15 日 11 时 58 分 09 秒。

第四类是日志相关数据，包括：

- logsBloom：由本区块内交易日志信息生成的 Bloom Filter，用于快速判断所希望查询的日志是否在本区块中。

第五类是 gas 相关数据，包括：

- gasLimit：区块内所有交易所使用的 gas 上限。（注意这个 gasLimit 不是交易中的那个，而是区块中用到的）
- gasUsed：区块中交易实际使用的总 gas 量，比如第 14 589 807 号区块使用了 6 923 108 个 gas。

第六类是挖矿相关数据（适用于 PoW 的状况下），包括：

- beneficiary：又名 Coinbase、miner，是指接收奖励的账户地址，即挖到此区块的矿工的地址。一开始，矿工挖出一个区块会获得 5 个以太币，后来变成了 3 个、2 个。
- extraData：附加数据，可以由矿工随意填写，也可以作为预留字段使用。
- difficulty：指示挖矿难度的值。
- mixHash 和 nonce：这两个值用来证明矿工已经执行了足够的计算，符合挖矿要求。和比特币类似，矿工不断尝试改变 nonce，通过 Ethash 计算，得到中间值 mixHash 和结果 Result，使得 Result 小于 (2^256)/difficulty。（注意区块头里的 nonce 和账户的 nonce 不是一回事）

有人会问，既然 mixHash 能用 nonce 算出来，为什么头部还要放 mixHash 呢？有 nonce 验证 Result 不就行了吗？这是因为，在验证 PoW 时会用到 mixHash，而计算 mixHash 仍需要较大的工作量，为了防止节点因计算此值而被 DDoS 攻击，干脆就把这个值也放在区块头中。这样，验证变得更容易，而攻击者想要开展这类攻击，需要先计算很长时间。

若要直观地看一看区块头，可以使用 Web3 API 中的 eth.getBlock 来查看，比如 14 589 807 号区块的头部信息为：

```
'difficulty': 12932623899912014,
'extraData': '0x617369612d65617374322d34',
'gasLimit': 30058619,
'gasUsed': 6923108,
'logsBloom':'0x153660a048141a02090a302ce4118104501000610a5080
de4100a0031000a4312001205100380151013070820885810002408808
0808d00401130850227668a91080144400420009480091c3801402b684
08184308744506c08823811a08505344a2000020650d5214044100a80
201982005a065218018444940318980018 0c9e013007044030075408 2
80200506085225c405901050a029a920085444250300002104049815
22c02989169c2250998404004cf1b0001224004154e74d381048444c10
02a0c500102402208802004 4f5000a42014211800931 6003d124632601
20018300800c0404001ad008a1924088004420202e280104820430803
80cea4e3',
'miner': '0xEA674fdDe714fd979de3EdF0F56AA9716B898ec8', // 挖出此
```

块的矿工地址

'mixHash': '0x4c555411eaca0ca60b408f87fd661d926b0feaf243

1852d941608d73b2b67f10',

'nonce': '0xf8980562840be27d',

'number': 14589807,

'parentHash': '0x784a8dc9e9d79954222bd2e384f4a3b736f3dfa1e

d7e398 f4a4f4a4cec25c6ce',

'receiptsRoot': '0x2205169fcc0bad3f7be5fac8205e1869af7830f0c77

a174728cef357c2a16f32',

'sha3Uncles': '0x2972ac0aa31b00741bf17e125a3513b59cbcdc6af6c4d

395868e2e0455dd6a89',

'stateRoot': '0x22669a870d805f99996cf3605ab058c4178a444abf917

a32a467abdd2d03596d',

'transactionsRoot':'0x6646c38bda83612a386115f14c887cfb036

a161aa1b51b041dc9da24da4955b0',

'timestamp': 1650023889 //Apr-15-2022 11:58:09 AM + UTC

九、交易的收据

比特币中没有收据的概念，以太坊里面才有这个概念，用来提供合约执行相关的日志信息。

作为一个智能合约平台，每一笔交易执行后（不管成功还是失败），以太坊均会返回一个交易回执信息，即收据（Receipt），类似在银行转账后，可以获得关于这笔转账的电子回单。

用户通过客户端发送交易，上链以后，客户端从以太坊获取收据，然后返回给用户。以太坊上的每笔交易都会产生一个收据，收据里面主要包含：

- Status：表示交易成功与否，1 表示成功，0 表示失败。
- CumulativeGasUsed：到此交易为止（包含本交易），本区块已累计消耗的 gas。
- Logs：本交易产生的日志列表（在 solidity 语言中，用 event 定义一个事件，用 emit 触发它，就可以产生一个日志，一个交易可以产生多个日志）。
- Bloom：日志布隆过滤器，用于快速检测某个事件日志是否存在于本交易的 Logs 中。
- TxHash：本交易的哈希。
- ContractAddress：如果这笔交易是部署新合约，它指的是新合约的地址。
- GasUsed：本交易执行所消耗的 gas 数。
- BlockHash：本交易所在区块的哈希。
- BlockNumber：本交易所在区块的高度。
- TransactionIndex：本交易在区块中的序号（一个区块中有多个交易）。

回执也不储存在区块中，而是储存在各节点的数据库中。在节点中，每个区块都对应着一棵收据 MPT 树，专门存储该区块所有交易的回执。树根就是区块头中的 receiptsRoot。

从以太坊节点软件 Geth 的实现来看，账户、区块、交易、收据这些信息都是读取 MTP 树后以 Map 结构放在缓存中的，MPT 树则是读取数据库内容后在内存中建立。树上每个节点的数据最终都是以 key-value 的形式存入硬盘上的 LevelDB 数据库。

使用 eth.getTransactionReceipt 这个 Web3 API，可以获取某个交易的收据，下面是交易 0x9dc1...5007 的收据：

```
'blockHash': '0x09f3ed2e02f8304b6cd31227100d29ff87b26920cd12f
d16166ee892655a71eb',
'blockNumber': 14602453, // 该交易位于第 14602453 区块中
'contractAddress': None,
'cumulativeGasUsed': 21779267,
'effectiveGasPrice': 13873651479,
'from': '0x71338F15943632Ee9eB07d0bc72dFfcDb1B62401', // 交易的发
起者
'gasUsed': 54317,
'logs': [……这里是该交易产生的 log 列表，在此省略……],
'logsBloom': '0x00000000000000000000000000000000000002000000
00000000000080000000080000000000000000000000000000000040
00000000000000000000000000000000000000040000000000080000
00000000000000000000000000000000000000000000000000000000
80000000000000000000000000000000001000000000000000000000
00004000000000000000000000000000000000000000000000000000
00000000000000000000000000000000000000000000000000000000
```

00000000000200000000000000000000000000000000000000000000000000

04000000000000000000000000000000000000000000000000000000000000

0000000000000000000000', // 本收据所有 log 的 bloom filter

'status': 1, // 交易成功

'to': '0x0cb42d5C9c4661fee5D2ecfcBAD5BCcefa0727a9', // 该交易的目的地址：这是个合约地址

'transactionHash': '0x9dc13c86dd554b2afbce0f890318cd9a4e8b0bdefdde6e0823de3541d7115007', // 本交易的 ID

'transactionIndex': 185, // 这个交易在区块中的位置，该区块总共 186 个交易，这是最后一个（0 到 185）

'type': '0x2' // 交易类型，2 代表 EIP-1559 类型的交易，EIP-1559 是伦敦升级的一部分

在上面的收据示例中，笔者省略了 logs 中的内容，它的完整内容是这样的：

'logs': [

{'address': '0x0cb42d5C9c4661fee5D2ecfcBAD5BCcefa0727a9', // 本 log 是哪个智能合约产生的

'blockHash': '0x09f3ed2e02f8304b6cd31227100d29ff87b26920cd12fd16166ee892655a71eb', // 本 log 所在区块的 hash

'blockNumber': 14602453, // 本 log 所在区块的序号

'logIndex': 398, // 本 log 是所在区块的第 399 个 log（从 0 到 398）

'removed': False, // 如果这个区块最终成为叔块，此值会变为 Ture

```
'topics': ['0xddf252ad1be2c89b69c2b068fc378daa952ba7f163c4a116
28f55a4df523b3ef',
'0x00000000000000000000000071338f15943632ee9eb07d0bc72dffcd
b1b62401',
'0x000000000000000000000000ef6ae800987d334ea1df460ec25d06e
a943a5a 45'], // 本 log 的 topics 列表
'transactionHash': '0x9dc13c86dd554b2afbce0f890318cd9a4e8b0bdef
dde6e0823de3541d7115007', // 本 log 所属交易的 ID
'data': '0x000000000000000000000000000000000000000000000
de0b6b3a7640000', // 不是 topic 的事件参数，都放这里
'transactionIndex': 185} // 本 log 所属交易在区块中的序号
],
```

这个交易只有一个 log，如果有多个 log，则会在 [] 中显示多段这样的内容。需要注意的是，如果在智能合约中触发了事件函数，就会产生日志（比特币中没有日志的概念，而在以太坊中，由于有程序，所以设计了日志，便于记录和查询相关运行数据）。所以，每个交易只有一个收据，在这个收据中，记录了该交易中的所有 log，形成一个 log 集合。

收据里面还有一个用于日志查询的 Bloom 过滤器（即 logs Bloom 字段），用于快速查询某个日志是否在收据中。

十、合约事件的日志

一个合约运行的时候，对发生的某些事件用日志记录下来，便于日后追查。当然，什么时候记日志，记录什么内容，是由程序员决定的，是写在合约里的。在 Solidity 语言中，可以通过 event 和 emit 关键字实现日志功能，使用 event 定义事件函数，然后用 emit 调用该事件函数来产生日志。

在前文的收据示例中，涉及一个智能合约，下面是它的片段：

```
// 这里用 event 定义了事件函数
 event Transfer(address indexed from, address indexed to, uint256
amount);
......
function transfer(address to, uint256 amount) public returns (bool) {
......
  // 下面这句用 emit 触发事件产生日志
  emit Transfer(msg.sender, to, amount);
  return true;
}
```

这个智能合约用来实现 ERC20 Token，每次发生转账时，智能合约都会使用 emit 发出一个 Transfer 事件，产生日志。

为了进一步方便日志查询，以太坊引入了 topic 概念。一个事件最多可以有 4 个 topic，第一个 topic 是“事件签名”（即函数原型的哈希），其余的 topic 是事件函数中带 indexed 修饰的参数（按照规定，带 indexed 的参数最多有 3 个）。

上面所述的 Transfer 事件包含 3 个 topic：第一个 topic，即 topics[0] 是事件签名；topics[1] 是 from 参数在该事件中的值；topics[2] 是 to 参数在该事件中的值。所谓“事件签名”就是对 Transfer 事件函数的原型做哈希计算，即：

```
keccak('Transfer(address,address,uint256)') = 0xddf252ad1be2c89b69
c2b068fc378daa952ba7f163c4a11628f55a4df523b3ef
```

那些没有 indexed 标记的参数，比如上面例子中的 amount 的值，会放在 log 的“data”字段中。另外，需要注意的是，日志里放的是参数的值，而不是参数的名字。

十一、关于 Bloom 过滤器

本部分内容简要介绍一下以太坊是怎么使用 Bloom 过滤器（以下简称 Bloom）的。

简而言之，Bloom 要解决的问题是：如何快速查询一个数据项是否在一个集合中（比如查找一个人名是否在一个花名册中），如果这个集合中有 20 个数据项，这种查找就会比较快，一一对比即可，但如果要在有 1 000 个数据项的集合中一一对比，效率则会很低。

Bloom 使用哈希算法巧妙地解决了这个问题。在以太坊中，

Bloom 的长度是 2 048 位，初始值是 0。每个 log 的相关数据项都用哈希算法登记在 Bloom 中，具体地说，如果要将某个数据加入 Bloom，先对其做哈希，然后将哈希值前 6 个字节中的每两个字节组成一个数，得到 3 个数，这 3 个数分别对 2 048 求余数，用余数对 Bloom 置位，然后完成登记。因为登记使用的是哈希算法，所以 Bloom 方法的特点是 : 如果 Bloom 说数据项在里面，那么它不一定真在里面；如果 Bloom 说数据项不在里面，那么它肯定不在里面。登记完成后，如果要查询一个数据项是否在 log 集合中，就可以按照同样的办法对数据项做哈希，查看 Bloom 的相关位置是否为 1，这样就可以快速作出判断，而无须在 log 集合中一一对比查找。

以太坊把某个交易中的每个日志信息都登记在 Bloom 里，这里的日志信息是指 address（即智能合约的账户地址）和 topics 字段。比如一个交易有 5 个日志，每个日志有 3 个 topic，则会有 5 个 address 和 15 个 topic 加入交易收据的 logsBloom，当然里面可能会有重复项。

每个区块头中都有一个该区块汇总的 logsBloom，它由区块中所有交易收据中 logsBloom 的“或”运算而得。客户端要想在若干个区块中查找某个日志，首先在区块头中的 logsBloom 中查找该区块中是否存在关于某个 topic（比如某个事件签名、某个账户地址等）的交易，如果在某个区块中没有找到，就去下一个区块中找；如果查找存在，则进一步在每个收据的 Bloom 中查找，如果找到，则读取该交易的所有 log，看里面是否有自己想要的。如果 Bloom 说有，但并没有找到，按照 Bloom 的特性，这也很正常，找下一个便是。

综上所述，通过 Bloom 可以快速排除无关的区块和收据，极大地提高了日志查询的效率。

十二、关于以太坊的 Layer 2 技术

基于以太坊，存在很多种 layer 2 技术，目的都是提高每秒可以处理的二层交易数，并获得和以太坊一样的安全性。以太坊本身是 Layer 1，目前（注：笔者撰写此文的时间为 2022 年 5 月）每秒只能处理大约 15 笔交易。Layer 2 技术在二层处理用户发出的二层交易，更新用户在二层的状态，并定期和一层交互（通过一层交易调用 Layer 2 技术在一层的合约），将二层多个交易的相关数据（如二层的状态根）作为一层合约数据保存在一层，以获得一层提供的安全性和去中心化特点。

由于二层交易速度快、费用低，很多原先在一层的去中心化应用已经部署在二层，所以很多人把一层的资产（比如以太币）迁移到二层，当有需要的时候，再把以太币迁移回去。

总体而言，以太坊继承了比特币的去中心化思路、挖矿机制和区块结构，增加了账户概念和智能合约能力，构建了一个去中心化的程序执行和数据保存系统，所以经常被人们称为“世界计算机”。

以太坊经常升级，它有自己的技术路线图，有自己的升级计划，而且和所有事情一样，它也未必真的按照计划来升级。

所以，本书介绍的以太坊技术原理，并不是最初的样子，也不代表以后还是这样。它总是处在变化之中。只不过，基础的东西不太可能改变。

第三章

Web3 生态系统：数字资产重归用户

第一节 Web3 的价值：数字资产与安全感

Web3 和 Web1.0（网页展示）、Web2.0（用户贡献内容）的主要区别就是，在 Web3，用户的数字资产更加安全。也就是说，不经过用户本人同意，任何人都拿不走、改不了用户的数字资产。

而以前，垄断公司对用户的数字资产拥有控制权，毕竟数据在公司那里。从理论上来说，公司想怎么改就怎么改，想怎么删就怎么删，用户是无法干涉的。而且，面对网站上的霸王条款，用户往往是弱者，没有讨价还价的能力，网站利用用户的创作吸引了客户和流量，而用户却不能分享其中的利益，或者只能拿到微薄的回报。从这点来讲，Web3 是具有革命性的：在 Web3 时代，公司不仅不能控制用户的数据，而且也不能控制用户的收益。

为什么网站不再能控制用户的数据了？因为最主要的数据已经不存储在网站的数据库中，而是存储在区块链上。区块链的数据安全性主要包括：一是任何人都更改不了数据，二是没有私钥就无法转移资产。而私钥只在用户手里。

那么，为什么网站愿意把数据放在区块链上？试想一下，如果有两个提供同样功能的网站，一个网站采用传统技术，另一个网站不仅提供可信的数据资产保护，还能让人们获得收益。你认为人们会选择哪个网站？这就是 OpenSea 会脱颖而出的原因。

成立于2017年的OpenSea目前是全球最大的NFT交易平台，支持以太坊和Polygon等区块链，很多知名艺术家和明星都在OpenSea上发行了自己的NFT。2021年，由于元宇宙概念的火热和人们对NFT的关注，OpenSea进入爆发式增长阶段。

通过OpenSea，用户可以上传自己创作的图片，为它标价（list），或等待他人出价（offer）。如果有人购买图片，OpenSea会收取成交价格的2.5%作为手续费，而图片作者除了首次交易获利外，后续这个作品再被出售时（不管多少次），作者仍能每次获得2.5%（这个值可以设置高达10%）的抽成。OpenSea本身的业务逻辑都写成了智能合约放在区块链上，所以数据的安全性由区块链保护，图片所有者的权益由私钥保护，而且所有交易都能在区块链上公开查询。采用传统技术的网站是做不到这些的，虽然OpenSea仍然会有业务逻辑漏洞或者网站技术漏洞，但区块链保护了最重要的东西。

第二节　Web3的去中心化架构[①]

如图3-1所示，左图是传统的架构图，右图是Web3的架构图，Web3架构的前端和传统架构没有太大不同，但是后端变成了以太坊，这说明Web3的最核心数据存储在以太坊上。

---

① 本节由卫剑钒撰写。

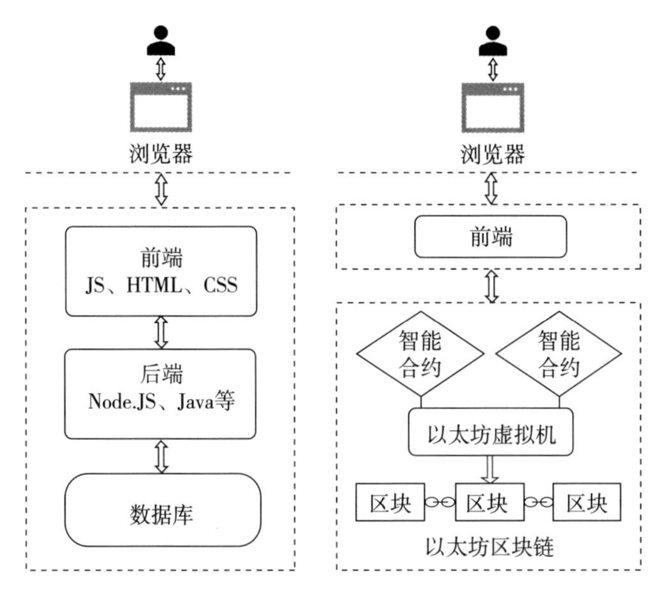

图 3-1　传统架构图与 Web3 架构图

一、如何访问以太坊的数据

以太坊的去中心化指的是很多节点一起维护数据，节点上面不仅有数据，还有代码，代码也就是人们常说的智能合约。每个节点都可以广播交易请求，然后其他节点会执行该交易，并将产生的数据变化（术语叫作状态变化）记录在区块链上。要想使 Web3 应用的前台与区块链互动，就需要通过节点发出交易，为了做到这一点，用户要么是自己维护一个节点，要么间接与其中一个节点互动。

自己搭建节点费时、费力、费存储，所以大多数用户使用第三方如 Infura 或 Alchemy 提供的节点服务，让这些服务帮助用户发出交易。这类服务可以降低用户访问以太坊数据的门槛，用户不需要自己在本地运行以太坊的节点就可以直接接入以太坊。

具体做法是，在 Infura 或者 Alchemy 的网站上注册一个账号，用户会得到一个 provider（以 URL 的形式体现），然后安装 Web3.js 库（或者是 Web3.py 库，这种可以和区块链通信的库都可以被理解为 Web3 API），通过 Web3.js 库和 provider 建立连接，做好交易包之后发给这个连接就可以。之后，provider 会把用户的交易广播到以太坊上，并把结果返回给用户。

通过 Web3 的 API，用户就可以读取区块和交易的具体数据。用户还可以对智能合约的 Event 进行监听，并指定回调函数，一旦发生事件就可自动处理。

二、用户的 Web3 入口：钱包

在 Web3 和区块链术语中，钱包指的是加密钱包，它帮助用户生成私钥，生成地址。用户的私钥是保存在钱包里的，所以进入钱包需要一个口令，否则别人就有可能操纵用户的电脑而拿走私钥。

一个去中心化应用如果涉及改动数据，就需要调用用户的钱包，经过用户确认之后，对交易进行签名，然后将交易发出。另外，钱包也具备 provider 功能，Web3 前端无须连接 Infura 或者 Alchemy 网站，而是直接连接用户的钱包（如 MetaMask），让用户钱包和区块链通信。

现在，你可以在脑海里建立如图 3–2 所示的 Web3 架构：

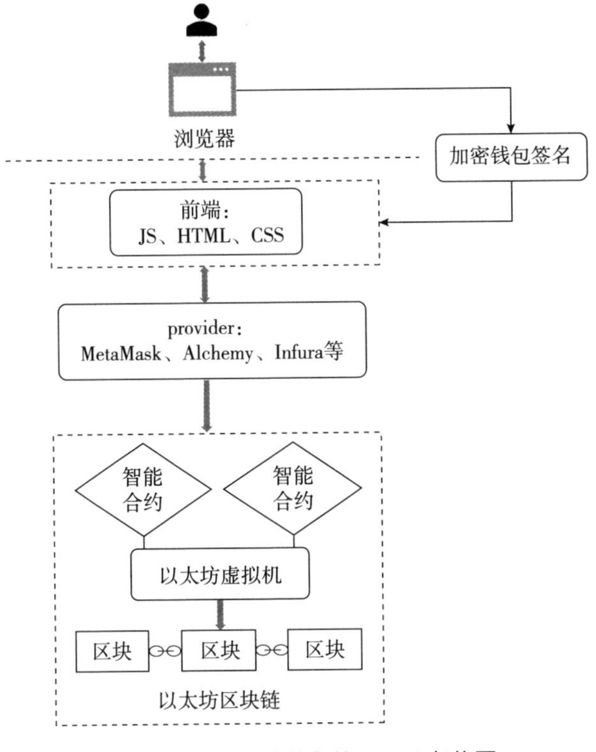

图 3-2 带有加密钱包的 Web3 架构图

三、Web3 去中心化的优势是什么

提倡“去中心化”，意味着人们对现行“中心化”互联网不放心、不信任，也意味着人们对数据安全的极度关心。

中心化的架构下，用户的数据保存在公司那里，万一哪天公司倒闭了怎么办？比如，用户在一个绘图网站上辛辛苦苦做了 1 000 张图，突然有一天收到来自网站的消息：“非常抱歉，您的数据丢失。”怎么办？再比如，用户在一个视频 App 上辛辛苦苦上传了 10 000 个视频，结果某天该公司说：“承蒙厚爱，但非常抱歉，我们后续不再维护此产品，将于两个月后关闭服务。”怎么办？通常来说，用户毫无办法。因为在用户服务协议上，公司对于数据丢失和停止服务，都安排得明明白白的。

比如，某知名 App 在“用户协议”里是这么写的：“您理解并同意，公司为了整体服务运营、平台运营安全的需要，有权视具体情况决定修改、中断、中止或终止本软件及相关服务 / 功能的设置及其范围。”再比如，“您理解并同意，本软件及相关服务可能会受多种因素的影响或干扰，公司不保证软件及相关服务完全适合用户的使用要求；不保证软件及相关服务不受干扰，及时、安全、可靠或不出现错误；不保证软件及相关服务中任何错误都将能得到更正。”由于用户在使用服务时，已经手动勾选同意了，这意味着公司随时可以中止服务而不承担任何责任，公司不保证服务不出现错误，也不保证错误都能得到修复。

公司还可以根据自己的标准删除用户的数据，因为公司在用户协议里已经写明：“如果公司有理由认为您的行为违反或可能违反上述约定的，公司可独立进行判断并处理，且在任何时候有权在不事先通知的情况下终止向您提供服务，并依法追究相关责任。”因此，在 Web2.0 时代的中心化模式下，公司拥有很强势的权力，用户为了使用公司的服务，一般不得不接受公司的条款。

于是，“去中心化”就有了市场。用户的数据不是由一个实体（人）管理，而是由 1 000 个人管理，这 1 000 个人严格按照协议行事，任何人想改动数据，必须经过大多数人的同意才可以。这 1 000 个互相不认识的人共同保护了用户数据的可用性和完整性。这样，数据就不是由一个公司控制的了。如果说还有谁可以控制数据，那就是这 1 000 个人中的大多数人。

但是这 1 000 个人凭什么就要为大家服务呢？

在设计协议时，所有的加密技术都会考虑激励模型，也就是如何让干活的人得到好处。所以，你会看到形形色色的加密货币和 Token。只要遵从区块链的协议，为数据安全做出贡献，就会得到好处。而用户也可以在去中心化应用里做贡献，赚取 Token。所以，在区块链里，所有参与者是共享生态和收益的。

也有人好奇，去中心化真的能做到吗？Infura 和 Alchemy 提供去中心化服务，但它们本身却是中心化的，这是不是很值得思考？网络安全专家、Signal 创始人莫克西·马林斯派克（Moxie Marlinspike）在一篇文章中提出："基本上，所有 DApp 都使用 Infura 或 Alchemy 来与区块链进行交互，没有使用任何东西来验证区块链状态或响应的真实性。这让我感到很惊讶。创建一个去信任的分布式共识机制已经投入了大量的工作、精力和时间，但几乎所有计划访问它的客户都是通过对 Infura 或 Alchemy 这两家公司的完全信任而实现的。"①

不过莫克西很快就借支持者之口回答了这个问题："支持区块链的人们可能会说，哪怕出现这些中心化平台也没关系，因为至少区块链上的数据是完整可用的，假设某天这些平台行为不端，客户可以一键把数据转移到其他地方。"

同样，OpenSea 虽然是 NFT 的龙头平台，但它本身也是中心化的。人们之所以敢信任它，是因为它只是一个前端，前端的中心化

① 参考自 https://moxie.org/2022/01/07/web3-first-impressions.html。

不足为惧，因为这种中心化可以被轻易打破。关键是重要的资产数据要做到去中心化保存。

第三节　Web3 数据的链下存储

前文说到，OpenSea 虽然是中心化的，但 OpenSea 上 NFT 的关键数据都存储在区块链上，这种存储是去中心化的。熟悉 NFT 技术的人会说，现在几乎所有的 NFT 只是把 ID、链接和拥有者地址放在区块链上，但 NFT 艺术品本身还是在链下，这安全吗？

莫克西就点破了这一点："NFT 不是将数据存储在链上，而是包含一个指向数据的 URL。目前市场上很多 NFT，售价高达几十美元，甚至数百万美元，而该 URL 通常只是指向某个运行 Apache 的 VPS。所有能够访问该机器的人，或者未来购买该域名的人，以及任何可以破坏机器的人，都可以随时将 NFT 的图像、标题、描述等更改为他们想要的任何内容，无论他们是否'拥有'该 NFT。"

这里面有个深层原因：在以太坊上存储东西太贵了，所以人们只能存储最重要的数据。像图片、文档、音频、视频这种比较占用存储空间的数据，现在还不能放到区块链上，而是放在传统的 HTTP 链接上或者是更"去中心化"的 IPFS（星际文件系统）上。IPFS 是一个去中心化的存储协议，它使用、借鉴了 BitTorrent（P2P 传输）、Git（版本管理）、DHT（分布式哈希表）等技术。可以说，在文件分布式存储方面，IPFS 集合了一些最先进也最好用的技术。

和 Web1.0、Web2.0 不一样的是，在 IPFS 网络上，文件的 CID（也是一种哈希）决定了它的 URI（链接），也就是说，相同的文件有相同的链接。这和以前是完全不一样的。比如 BAYC（无聊猿游艇俱乐部）之 1 号猿的 IPFS 地址为：ipfs://QmeSjSinHpPnmXmspMjwiXyN6zS4E9zccariGR3jxcaWtq/1。

有了 IPFS 这样的去中心化存储系统，Web3 架构可以如图 3-3 所示。

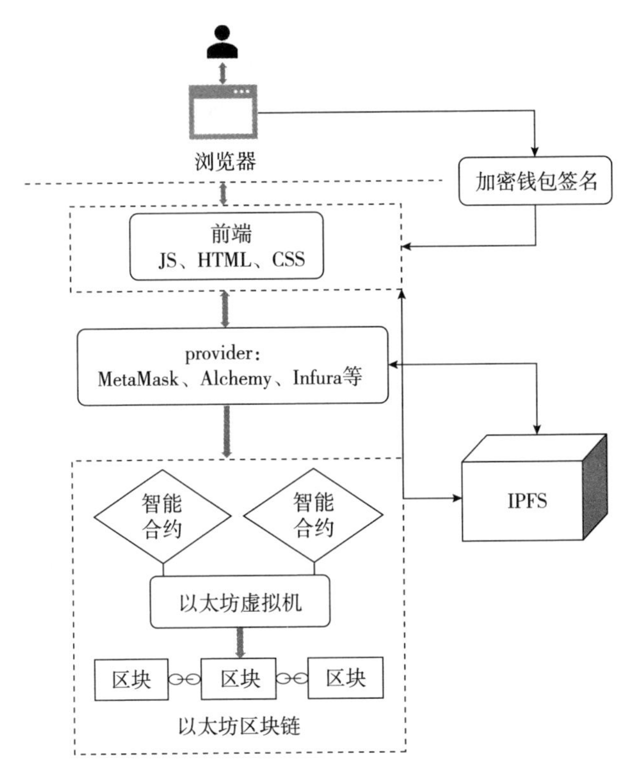

图 3-3 使用 IPFS 作为数据储存的 Web3 架构图

第四节　价格不菲的手续费：gas[①]

一、gas 是什么，价格由谁来定

gas 是指在以太坊上执行操作所需的“燃料”。

以太坊虚拟机相对比特币的好处是“图灵完备”，但这带来一个潜在风险，就是一个程序可能无休止地运行下去，对以太坊而言，这是不能容忍的。所以，运行程序要花费 gas。就好比开车要花油费或电费，油或电用完了，车自然会停下来。

使用以太坊虚拟机执行一个交易，需要若干个 gas，这被称为 gas 数，类似于油的升数、电的度数。而每一个 gas 都是需要花钱的，gas 价格被称为 gasPrice，类似于一升汽油的价格、一度电的价格。而 gas 费就是 gas 数乘以 gas 价格。比如，你想部署一个合约，需要 3 000 000 个 gas，gasPrice 是 200gwei。那么你要花的钱是：

$$3 \times 10^6 \times 200\text{gwei} = 3 \times 10^6 \times 200 \times 10^{-9} = 0.6\text{ETH}$$

gas 的价格不像我们想象中由政府统一定价，也不是由矿工定价。gas 的价格由每个交易发送者指定，在伦敦升级之前，发送者在交易中要指定两个值，一个是 gasLimit（gas 数限额），一个是 gasPrice。谁出的 gasPrice 高，谁的交易就更可能被矿工执行并进入

① 本节由卫剑钒撰写。

区块，矿工显然喜欢 gasPrice 更高的交易。所以，这更像是一场拍卖，想交易的人给出各种 gasPrice，矿工优先选择那些出价高的交易上链。

越复杂的运算，需要消耗的 gas 越多。交易发送者有时候也搞不清自己需要花多少 gas 费来执行操作，所以需要加上一个消耗 gas 的上限，避免自己的钱一不小心被花光了。发送者设置一个 gasLimit，如果没有达到这个限额，会退回剩余的值。

如果 gasLimit 耗尽还未执行完交易，以太坊虚拟机会抛出“异常”，结束代码执行，回退发生的变更。不过，由于矿工们已经干了活，花费了成本，所以已经花掉的 gas 是不退回的。因此，gasLimit 宁可设置得高一点，也不要设置太低，因为高了没关系，没花完的 gas 会退回来；低了的话，一旦 gas 耗尽，不仅想要的操作没有完成，而且消耗的 gas 也不会退回，可谓“鸡飞蛋打一场空”。

例如，张三向李四转移 1ETH（即以太币的转账操作）。张三将 gasLimit 设为 3 万，gasPrice 设为 200gwei。按照以太坊规定，transfer 操作花费 21 000 个 gas，所以实际发生的总费用是：

$$21\ 000 \times 200 = 4\ 200\ 000\text{gwei} = 0.0042\text{ETH}$$

这样，张三发送 1.006ETH，李四获得 1ETH，矿工获得 0.0042 ETH，然后退还张三 0.0018ETH。张三虽然将 gasLimit 设为 3 万，但实际上只花了 2.1 万个 gas，实际支出 1.0042ETH。但如果张三将 gasLimit 设置为 1 万，这个操作就无法完成，而且 10 000 个 gas 也没了，白白损失：

$$10\ 000 \times 200 = 20\ 000\ 000\text{gwei} = 0.002\text{ETH}$$

需要注意的是，除了交易中可以设置 gasLimit，每个 block 也可以设置 gas 的上限（即区块内所有交易的 gas 总数），达到这个上限，就必须出块，不能再往区块里包含（include）新的交易。

二、gas 如何计算和选择

在以太坊虚拟机里，每个运算、操作、存储都需要 gas，比如：

加法操作（ADD）需要 3 个 gas，

乘法操作（MUL）需要 5 个 gas，

减法操作（SUB）需要 3 个 gas，

除法操作（DIV）需要 5 个 gas，

跳转操作（JUMP）需要 8 个 gas，

内存存储操作（MSTORE）需要 3 个 gas，

内存读取操作（MLOAD）需要 3 个 gas，

创建合约（CREATE）需要 32 000 个 gas (if tx.to == null)，

存入存储区（SSTORE）需要 20 000 个 gas（从 0 设为非 0 值），

Keccak256 哈希（SHA3）需要 30gas + 6gas × (size of input in words) + mem_expansion_cost，

交易基本费用为 21 000 个 gas（比如 transfer 就需要这么多 gas），

……

具体的计算可以查询 GitHub 上的 evm-opcodes。[①]

① 具体参见 https://github.com/wolflo/evm-opcodes。

如果你想看看一个合约的函数调用花了多少 gas，你可以去网站 etherscan.io 查询已经发生的这样的交易实际上花了多少 gas。一般而言，在使用钱包时，你不需要亲自指定 gasLimit 和 gasPrice，你只需要选择高、中、低三个等级的费用就可以。如果你想让交易快点执行，就选择高费用；如果你不着急，就选择低费用。

三、以太坊伦敦升级后的 gas 费

2021 年 8 月 5 日，以太坊完成伦敦升级。伦敦升级后，gas 费总额计算仍然是 gasLimit 乘以 gasPrice。但 gasPrice 分为两部分：basefee（基本费用）和 Tip（小费）。其中 basefee 由协议根据区块大小自动计算，这部分会被烧掉，矿工也拿不到。矿工只能拿到 Tip。Tip 就是小费，或者称为优先费用（PriorityFee）。

伦敦升级后，区块的大小是弹性的，目标大小是 15M（即 1 500 万个 gas），上限是 30M（即 3 000 万个 gas）。当区块比 15M 大的时候，gasPrice 就会上升（通过自动调节 basefee），目的是让更多的交易望而却步，这样一来，区块大小就会缩回到 15M；反之，区块小于 15M 时，gasPrice 就会下降，交易就会增多，这样一来，区块大小就总是在目标大小左右浮动。下面是伦敦升级后 gas 费计算的一个示例。

张三给李四转账 1 个 ETH。gasLimit 为 21 000，basefee 为 100gwei，Tip 为 10gwei，经过计算：

$$21\ 000 \times (100 + 10) = 2\ 310\ 000\text{gwei}$$

由此得出 gas 费为 2 310 000gwei，即 0.00231ETH。当张三汇

款时，1.00231ETH 将从张三的账户中扣除。李四将得到 1 个 ETH。基本费用 0.0021ETH 会被烧掉，矿工获得 0.00021ETH 的 Tip。

当然，这些也都由钱包或开发工具帮助用户设置了。basefee 不用设置（钱包也不管），是以太坊通过算法，自动根据上一个 block 的大小和上一个 basefee 计算出来的。

为了让用户更好地控制自己的钱，实际交易中设置的是 maxfee（愿意给出的最大 gasPrice）和 maxpriorityfee（愿意给出的最大 Tip）。maxfee 必须大于 basefee，然后，矿工会按照如下的算法计算 Tip。

$$\text{Tip} = \min(\text{maxpriorityfee}, \text{maxfee} - \text{basefee})$$

如果 maxfee > basefee + Tip，多余的费用就会被矿工退回交易发送者。比如，张三给李四转 1 个 ETH。gasLimit 为 21 000，maxfee 为 150gwei，maxpriorityfee 设为 10gwei。basefee 为 100gwei，所以，

$$\text{Tip} = \min(10, 150-100) = 10\text{gwei}$$

经过计算：

$$21\,000 \times (100 + 10) = 2\,310\,000\text{gwei}$$

由此得出 gas 费为 2 310 000gwei，即 0.00231ETH。当张三汇款时，21 000 × 150 = 1.00315ETH 将从张三的账户中扣除。李四将得到 1 个 ETH。基本费用 0.0021ETH 会被烧掉，矿工获得 0.00021ETH 的 Tip，矿工退回给张三 0.00084ETH（即 21 000 × 40gwei）。

需要注意的是，上面说的 maxfee、basefee、Tip，都是针对每个 gas 的，计算真正费用的时候，还需要乘以 gas 数量。不过，在有些应用或文档中，maxfee、basefee、Tip 指的是已经乘过 gas 数量的，所以有时会让人感到困惑，了解到这点就会心中有数了。

还有一点，如果将 maxfee 和 maxpriorityfee 设置为相同的值，maxfee 就相当于以前的 gasPrice 了。

basefee 是由以太坊的协议自动计算的，该算法将上一个区块的大小与目标大小（15M）进行比较。如果超过目标块大小，下一个块的 basefee 将按照比目标块多出的比例增加，最多将增加 12.5%。比如一个块的大小是 30M，达到了上限，它的大小比目标大小多出一倍，它的 basefee 就是上一个 basefee 的 12.5%。如果区块一直保持在 30M 的大小，每个 basefee 都比上一个高出 12.5%，这就产生了指数级的增长，basefee 高到人们舍不得交易的时候，区块大小自然就会回落。

第五节 分层理解 Web3 生态系统

一、Web3 生态系统的组成

为什么我们会说 Web3 是一个全新的生态系统？如何从宏观上理解 Web3 的整体构成？ Web3 具体的生态组成到底包括哪些部分？它们是怎么整合起来的？图 3–4 可以帮助我们从宏观上把握 Web3 的生态。如图所示，Web3 生态系统的最底层是区块链和协议层，第三层是 Web3 基础设施元件层，第二层是 Web3 应用层，最上层是 Web3 用户入口层。

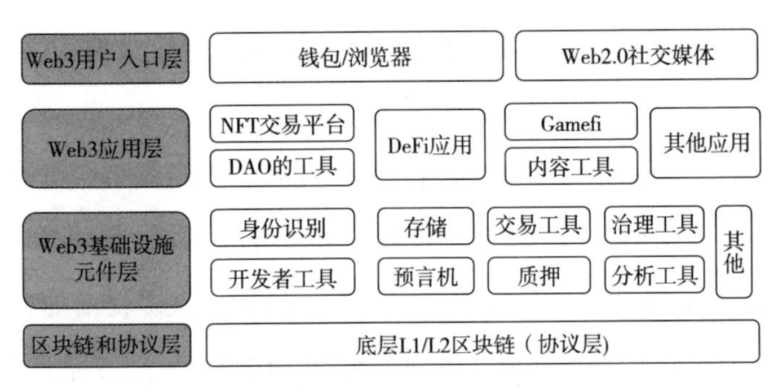

图 3-4　Web3 生态系统图示

1. 区块链和协议层

这一层包括 Layer 1 和 Layer 2 的各种区块链协议，对最底层的区块链的技术特性和属性进行了定义，以太坊就是这一层的典型代表。那么，基于以太坊进行构建的基础设施就带有以太坊的属性和定义，例如智能合约的标准、Token 的模式、交易的性质，等等。当然，除了以太坊，还有很多其他不同的区块链和协议。

（1）Avalanche

Avalanche（雪崩协议）是 2020 年 9 月上线的开源区块链（公链的一种）项目，其特性是想要在不影响去中心化的情况下提高区块链的可扩展性，并且它支持以太坊原生的 Solidity 语言。它的交易速度相对较快，因此很多应用场景是去中心化金融。

（2）Cosmos

Cosmos 上线于 2016 年，它的目标是构建一个“区块链的互联网”，成为能够将各个独立的区块链连接起来的桥梁，让区块链真正成为具备互操作性的网络框架，能够以去中心化的方式相互通信。

（3）Polygon

Polygon 的前身是 Matic Network，于 2017 年 10 月正式推出。创始人是杰恩蒂·卡纳尼（Jaynti Kanani）、桑迪普·奈瓦尔（Sandeep Nailwal）和阿努拉格·阿尔琼（Anurag Arjun），创始团队曾在以太坊生态系统中做出过巨大贡献，创立 Polygon 主要是想解决区块链的可扩展性和可用性问题。2017 年，Matic Network 以 Plasma 方法和 PoS 侧链为特色，努力解决以太坊可扩容问题。随着用户对需求的增长，Matic Network 逐渐发展起来，于 2021 年 2 月更名为 Polygon。

（4）Solana

Solana 也是区块链协议，针对区块链的可扩展性进行了优化，目标是提供一个能够让开发者创建去中心化应用的平台，尽量减少区块链本身的性能缺陷。Solana 源于创始人安纳托利·雅科文科（Anatoly Yakovenko）在 2017 年年底发表的白皮书草稿，文中介绍了 PoH（Proof of History，工作历史证明）机制的去中心化系统。

什么是 PoH？在比特币和以太坊等区块链中，可扩展性的限制之一是交易顺序达成共识所需的时间。Solana 设计的新的时间戳系统被称为 PoH，旨在降低处理块中网络节点的负荷，把时间本身编码进区块链。在传统区块链中，需要对特定区块的挖掘时间达成共识，因此时间戳非常重要，因为需要通知整个网络所有交易都是按特定顺序进行的。PoH 使用了一种名为可验证延迟函数（VDF）加密的新概念，通过单个 CPU 核心应用特定连续步骤来解决，不允许并行处理，这样就可以很容易地定义应用这些步骤所需的时间。

2. Web3 基础设施元件层

Web3 基础设施元件层存在很多建设在底层区块链和协议之上的 Web3 基础设施，包括很多面向开发者的基础设施建设工具，例如开发者工具、API 节点工具、储存、计算、身份识别、预言机、跨链服务，等等。最早的 Web3 基础设施要追溯到去中心化域名系统比特币的 BitDNS。

可以看出，现在的加密行业已经从最早的金融领域应用场景，扩展到了包含网络基础设施的场景中。2011 年，一个叫作 Namecoin 的去中心化应用出现了，目的是启用新的去中心化域名，尽管 Namecoin 并没有成功，但是这一波浪潮启发了很多新的基础设施创业者和开发人员，于是近年来涌现出很多新的 Web3 基础设施，下面我们介绍几个比较有代表性的基础设施。

（1）开发者工具

Web2.0 时代，程序员需要开发工具进行代码编写、数据调用等。在 Web3 时代也是一样的，所有能帮助开发者更好地开发去中心化应用的设施都属于开发者工具，例如软件开发框架、处理 Token 的工具、各种软件包、文档管理，等等。一个典型的例子就是提供区块链开发平台服务的 Alchemy，开发人员和工程师可以利用 Alchemy 的工具和计算类型的基础设施，在各类区块链上构建应用程序。

（2）预言机

预言机是用于连接区块链和真实世界数据的桥梁，通过预言机，用户可以在智能合约中查询 Web2.0 世界的数据；利用预言机链上的 API，用户可以查询链下诸如天气、实时汇率等信息，并将链下数据写入链上。Chainlink 是预言机的典型应用，Chainlink 创立于 2017 年，并于 2019 年正式上线，它是一个去中心化的预言机，旨在成为智能合约平台上的智能合约和外部数据源之间的窗口。通过 Chainlink，智能合约可以访问链外数据。

（3）储存工具

为了实现存储功能，Web3 也构建了去中心化的存储平台，比如 Arweave。Arweave 于 2018 年被正式推出，目标是做一个 Web3 时代的档案馆，它是建立在 blockweave 技术上的数据存储协议，致力于开发一个可以永久储存数据的底层网络，希望能够实现永久、低成本的存储服务。

（4）分析工具

在诸如以太坊这样的区块链上，所有信息和数据都是公开的，这些数据如果用于分析、研究，可以发挥很大的作用。例如，可以通过 Dune Analytics 对以太坊的数据进行查询，而不需要编写专门的脚本。Dune Analytics 的原理是将区块链的原始数据聚合到 SQL 数据库中，然后进行查询。

（5）身份识别

在 Web2.0 时代，用户通常是使用平台给定的方法登录，例如电子邮件地址、手机号码，等等。在 Web3 时代，用户可以通过去中心化标识符（DID）对去中心化世界的数字身份进行验证。DID 要解决的是如何在 Web3 世界证明你的身份是什么，通过这样的身份验证方法，省去了 Web2.0 时代需要多次注册验证的步骤。

（6）跨链服务

在 Web3 系统的最底层有很多不同的区块链，那么，如何满足不同区块链之间的互操作性的需求呢？这里主要靠跨链服务，跨链服务旨在完成两个或多个区块链网络之间的价值和数据转移。例如，单独的区块链如以太坊和 Solana，通常都是各行其道，尽管这些网络可以让用户使用自己单独的区块链，但是，如果不同区块链上的用户想进行数据传输和分享就没那么容易了，跨链服务主要想解决的就是这个问题。

3. Web3 应用层

在 Web3 的基础设施层的上一层，存在很多关于 Web3 的去中心化应用（DApp）。DApp 指的是通过智能合约和提前设定好的规则，就可以在去中心化的区块链基础设施上自主运行应用程序。DApp 和传统 App 的目的是一致的，首先都是为了满足用户的某个需求，或者解决某个固有的问题。DApp 可以提供一些实用性功能。

但是，与传统 App 不一样的是，DApp 不需要人为干预就可以自主运行，而且 DApp 不属于任何一个实体，DApp 向用户分发代表所有权的 Token，这些 Token 根据系统中的编程算法发放给所有用户，通过分布式账本，构建了去中心化的程序模式，比如去中心化模式的内容应用、区块链游戏、去中心化金融、NFT 交易平台，等等。

（1）内容应用——Mirror.xyz

Mirror.xyz 创建于 2020 年，是一个基于以太坊的去中心化的内容写作平台，通过去中心化的模式，创作者可以在 Mirror 上写作，还可以把自己的内容做成 NFT，直接和自己的目标受众联系。Mirror.xyz 还是一个属于 Web3 世界的博客，创作者也可以通过 Mirror 进行众筹。

（2）区块链游戏

区块链游戏是游戏和区块链驱动的金融模式的结合，通常运行在公链上，资产也储存在去中心化的网络中。它的金融模式通常表现在，链游玩家可以通过游戏中的任务、交易等内在机制赚取数字资产，通常这种模式也被称为“Play to Earn”（边玩边赚）。例如，Axie Infinity 是建立以太坊上的区块链游戏，如果玩家想要玩，就需要一个可以和以太坊兼容的数字钱包，然后注册登录。在区块链游戏中，游戏中的装备和经验值会以 NFT 的形式出现，玩家拥有这些 NFT，就可以在二级市场上进行交易，并在游戏之间传递 NFT。

不过值得警惕的是，有部分链游是为了圈钱而设立的，由于通过游戏可以赚取数字资产，可能会有专门玩链游掘金的机器人，这导致需要暂停受影响的链游，去修复机器人和外挂漏洞；还有的链游就是资金盘，并不存在真正的价值不变。

4. Web3 用户入口层

Web3 生态系统的最上层是用户接入 Web3 世界的入口，常见的是加密钱包和区块链浏览器。例如，通过加密钱包验证，用户无须注册邮箱或手机号，只需要验证钱包就可以完成登录。区块链浏览器主要用于查询和浏览关于区块链的信息，通过从区块链中提取各种数据，用户可以查询区块链世界的各种数据。当然，也有一部分 Web3 用户是通过 Web2.0 的社交媒体了解到 Web3 世界的，因此目前这个阶段，我们也把 Web2.0 的社交媒体作为用户入口的一部分。

二、Web3 生态系统的价值流动与网络效应

与 Web2.0 不同，Web3 生态系统的基础设施不是由平台方提供的，而是需要整个生态系统参与开发和构建基础设施。除此之外，Token 提供了一种全新的价值杠杆来帮助项目进行冷启动。例如，Token 可以管理 Web3 的拉新和市场活动，激励参与项目的积极分子，激励早期参与 Web3 项目的工程师，这种激励机制在 Web2.0 生态系统中是不存在的。

Web2.0 生态系统主要由市场层面参与者组成，而 Web3 生态系统不仅需要考虑市场层面的参与者，还需要考虑基础设施层与治理层的参与者。并且，由于 Web3 链上数据都是透明的，所有用户的数据和声誉代表了自己的链上行为，用户的信誉数据在 Web3 上具备可移植性，这就为构建一个更透明的网络奠定了基础。

第六节 Web2.0 公司在 Web3 的布局

企业习惯在早期对基础设施进行布局，而早期进入新的领域，可以在真正进行规模化应用前开始验证各类方案的可行性，并进行小规模实践。科技企业的技术团队和资金都占有一定优势，早期进行尝试，甚至冒着风险进入新市场，对于参与者来说，有可能在后期行业成熟的时候保持自己的领导地位。如果区块链和 Web3 建立一套全新的、可信的身份验证和交易的新标准，商业上也存在真正的价值，那么这种早期的布局和尝试，都可以协助企业在未来价值增长中获得有利的战略地位。

随着 Web3 概念和应用的逐步发展，部分老牌互联网科技公司也看到了属于新时代的潜在机会。为了迎合市场需求，跟上新的科技发展潮流，很多 Web2.0 时代发展起来的公司也开始逐步进入 Web3 领域，开始新的业务尝试。这也为我们提供了很好的观察研究角度，已有业务如何同 Web3 的思想和技术相结合？目前的公司和业务可以借鉴什么？有哪些可以思考的方向？本部分讲解了云计算、电子商务、支付等领域的传统巨头对 Web3 的探索和布局，希望可以给大家提供一些思考的角度。

一、谷歌云、亚马逊云科技与贝宝

1. 谷歌云

继亚马逊推出亚马逊科技（AWS）、微软推出 Azure 之后，谷歌于 2008 年正式推出谷歌云平台（Google Cloud Platform），其前身是 App Engine，使一些公司和用户能够轻松开始工作并发布新的应用程序。2022 年 1 月，谷歌云宣布成立全新的数字资产团队，致力于协助客户在区块链平台进行产品部署、交易、开发等。作为基础设施提供商，谷歌云已经意识到了目前区块链和去中心化网络的兴起，与多年前互联网和开源的兴起有相似之处，区块链和数字资产正在改变世界存储和移动信息的方式以及价值。谷歌的客户主要有两类：第一类是想要进行 Web3 转型的传统公司；第二类是交易所和原生加密公司。谷歌云计划成为传统企业和区块链技术之间的桥梁，也在探索谷歌云客户用加密货币支付的业务实践。谷歌认为，区块链技术正在逐渐走向主流，而很多公司都需要安全、具备可扩展性的基础设施支撑业务的发展。那么，目前与谷歌云合作的 Web3 公司有哪些？

（1）Dapper Labs

成立于 2018 年的 Dapper Labs 是知名的 NFT“以太猫”（Crypto Kitties）的创始团队，发行了以 NBA Top Shot 为主题的 NFT，还开发了 Flow 链。2021 年，Dapper Labs 宣布谷歌云为其合作伙伴，特别强调了谷歌云的清洁、可持续，与 PoW 的区块链相比，Flow 使用的电量减少了数千倍。[①]

（2）Theta Labs

Theta Labs 公司采用“区块链 + 视频”的模式，允许用户在观看视频的同时，可以把视频转发给在观看相似内容的用户，从而获得 Token 奖励。用户也可以自愿将闲置的带宽和计算资源共享给其他用户。2020 年，谷歌云和 Theta Labs 达成合作，为 Theta Labs 提供高性能的网络进行视频传输，通过应用谷歌云的数据库和分析解决方案，Theta Labs 可以覆盖一部分无法访问高速互联网的地区的观众，基于区块链的点对点性质，用户能够通过分布式账本技术共享带宽。因此，谷歌成为 Theta Labs 协议的第五个外部验证者节点。谷歌具备 1 600 多个节点，具备可扩展性，符合 Theta Labs 的需求。例如，通过谷歌云的 BigQuery、Dataflow、Pub / Sub 和 Firestore，Theta Labs 可以对收视率数据进行分析，预测直播活动期间的并发用户数量，还会预测数千个边缘节点的信誉评分，并发现不良行为者或表现不佳等问题。

（3）Hedera

Hedera 是用于构建和部署分散应用及微服务的公共分布式分类账本。2022 年 2 月，谷歌云在官方博客宣布加入 Hedera 理事会，负责运行一个 Hedera 节点。谷歌云在博客中提到，分布式账本可以提高安全性并减少与信息交互有关的摩擦成本，这可能为企业级金

① 参考自 https://www.DAPPerlabs.com/newsroom/google-cloud-on-board-to-drive-next-wave-of-mainstream-nft-adoption-on-flow。

融服务带来效率上的质变。Hedera 表示，谷歌云的易用性、平台性能和网络优势是它们所看重的。谷歌云的地域覆盖范围和高可用性可以协助 Hedera 公共测试网和 Hedera 生态系统的发展。谷歌加入 Hedera 理事会后，可以协助 Hedera 进行战略规划，确保网络协议的可靠、稳定。

谷歌具体是怎么做的？谷歌云为开发者提供专用的节点托管 / 远程程序调用（RPC）节点，用户只要通过点击部署，就可以在谷歌云上部署区块链验证器。除此之外，合作方可以共同参与链上治理，谷歌云高级工程师会对这些环节提供技术支持。通过谷歌的 Web 服务 BigQuery，客户可以查询很多不同区块链的数据集，比如比特币、以太坊、Dash、莱特币、Zcash、Theta、Hedera、IoTeX、Polygon、XRP，等等。谷歌宣布了到 2030 年所有数据中心全天候使用清洁能源的目标，客户可以根据碳足迹数据选择谷歌运行的区域。对很多 Web3 企业来说，区块链的可持续发展和环保是重要因素。此外，谷歌云技术扎实的业务积累可以保证数字资产运行基础设施的稳定性。

2. 亚马逊云科技

2021 年，亚马逊云科技发布了一则招聘通知，想要招聘一位能够同全球金融机构和创新金融科技公司合作，并与交易数字资产、稳定币、NFT 等有关的专家促进云上数字资产承销、交易处理和托管。此外，亚马逊之前也有开发自己内部支付代币的计划（亚马逊币）。[1] 2022 年春天，亚马逊云科技推出了一个元宇宙类型的虚拟游戏，名为 *AWS Cloud Quest*，操作比较简单，用户可以在虚拟游戏里走来走去，亚马逊云科技在虚拟游戏中设置了与云相关的 IT 问题，玩家如果完成模拟题目，还可以获得积分。亚马逊云科技认为，可以通过在这种比较受欢迎的游戏中的互动模式，让用户轻松掌握云计算概念，并轻松地把理论转化为实践。和很多元宇宙游戏相似，用户可以通过学习来获得积分，并且获得新的游戏装备和内容。这个小游戏的推出，也让很多人好奇亚马逊云科技未来是否会尝试进入 NFT 领域。2022 年 10 月，亚马逊与欧洲孵化器 Vestbee 合作举办了 AWS Web3 挑战赛，旨在支持位于欧洲、中东和非洲地区的、用 Web3 技术解决实际业务场景问题的初创企业。这也是亚马逊云科技从孵化 Web3 初创公司的角度进入这个领域的尝试，被选中的初创企业可以参加 AWS Startup Loft Accelerator，亚马逊云科技会指导这些公司的基础设施建设、营销、销售和融资。

3. 贝宝

贝宝（PayPal）是最早进入 Web3 领域的支付公司之一，它将自己定位为传统金融和 Web3 之间的桥梁。2020 年 10 月，贝宝开通了用户购买、出售和持有加密货币的服务。2021 年 3 月底，贝宝宣布支持加密货币结账功能，消费者可以通过贝宝使用加密货币在数百万家在线企业结账。之后，贝宝与 Paxos 信托公司（提供交易和托管服务）达成合作，还收购了加密货币安全创业公司

---

① 参考自 https://www.coindesk.com/business/2021/10/30/amazon-web-services-looks-to-drive-crypto-settlement-and-custody-to-the-cloud/。

Curv。2022年5月，贝宝在世界经济论坛接受媒体采访时表示，计划将所有区块链和加密货币集成到贝宝平台，其中包括央行数字货币（CBDC）。同时，贝宝还在考虑推出自己的稳定币PayPal Coin。2022年6月，贝宝宣布用户可以将自己在贝宝账户的加密货币转账到其他钱包和交易所，而且用户之间互相转账只需要几秒钟的时间。

二、Facebook与英特尔

1. Facebook

2021年10月底，扎克伯格宣布将Facebook更名为Meta，而Facebook的股票缩写也会在2021年12月1日前从FB改为MVRS，从Facebook改名也可以看出其对元宇宙战略的重视。2019年，Facebook推出加密货币Libra，引发了很多人的关注，当时Facebook计划将Libra集成到可互操作的第三方钱包应用程序或Facebook自己开发的Calibra钱包进行消费，而这些钱包会内置于WhatsApp、Messenger等应用中，之后Facebook宣布Libra项目正式结束，又在2022年宣布2021年推出的数字钱包支付项目Novi将于几个月后正式结束。[①]2022年，随着NFT的流行，Meta也一直在测试自己的NFT业务，也就是说，如果Meta进军NFT，之前的技术能力还是可以推动这项业务的。2022年5月，Meta开始在社交平台Instagram上进行NFT测试。根据数字媒体网站Coindesk报道，Meta主要是在其社交平台Facebook上测试基于Polygon和

① 参考自https://techcrunch.com/2022/07/04/meta-novi-pilot-ends/。

以太坊的 NFT，其中有新加的选项卡，可以让用户在 Facebook 个人资料中展示自己的 NFT。

2. 英特尔

英特尔主要针对硬件进行了区块链布局。2017 年，英特尔和微软合作推出 Coco 框架，旨在满足企业区块链的吞吐量、效率和隐私的要求。英特尔拥有良好的硬件安全性能，通过提供可信的执行环境改善区块链解决方案，而微软 Coco 框架通过英特尔 SGX 的可信方案，加速交易吞吐量和加密交易数据，提供符合企业需求的区块链框架。2022 年 2 月，英特尔公司推出一款用于区块链领域（比特币挖矿和 NFT 铸造）的新芯片，以提高加密货币的运行效率，首批客户包括由业内著名网络安全专家杰克·多西（Jack Dorsey）创办的 Square 公司。作为公共数据库类别的账本，区块链可以在计算机网络上保存交易记录，它的崛起也引发了业界对去中心化技术的关注。英特尔认为，芯片是节能“加速器”，旨在加快区块链业务的处理速度，这些都需要大量的计算能力，会消耗大量能源。

三、IBM 与 SAP

1. IBM

1964 年，IBM 公司发布了最早期的商业化大型计算机，推动了计算机事业的迅速发展。20 世纪 70 年代，IBM 逐步成为集计算机科研、生产、销售、技术服务和培训的全业务企业。1981 年，IBM 推出世界上第一台个人电脑。IBM 进军区块链的时间还是比较早的，

2017 年推出了 IBM 区块链平台，成为知名联盟链 Hyperledger 项目的主要贡献者。2019 年，IBM 推出了名为“Trust Your Supplier”（TYS）的区块链供应链追溯项目，联想、诺基亚、施耐德等公司都加入了这个用于跟踪和追溯供应链和物流区块链的联盟。2020 年，新加坡加密托管服务商 Onchain Custodian（安托数字资产托管）发布了最新版本的托管服务，该服务完全基于 IBM 公有云。随着 Web3 的发展，IBM 充分发挥硬件安全和云计算的业务强项，围绕加密数字资产的安全保管，和 Hex Trust、Protego Trust、Propine、Unbound、Onchain Custodian、Metaco 等公司进行合作。

2. SAP

2018 年，SAP 公司推出了帮助企业开发区块链应用的云平台 SAP HANA，旨在创建一个以 SAP 为中心的区块链生态系统，整合企业区块链平台。SAP 云平台区块链目前支持 Hyperledger Fabric 和 MultiChain，设计采用模块化方法，可以同其他区块链平台进行组合，并且 SAP 的区块链还可以将链上和链下的数据相结合，也就是说链上数据与 SAP HANA 的企业级数据库平台整合，通过 SQL 接口与 SAP HANA 相连。2021 年，SAP 在官方网站上首次提到 NFT 概念，并且认为，涉及独立个体或组织之间的法律或商业交易时，过去通常依赖的是可信第三方来验证交易，但随着区块链成为去中心化的安全数字账本，人们的合作方式正在重构。[①] SAP 公司的区块链业务开发人员本杰明·斯托克赫特（Benjamin Stoeckhert）认为：

---

① 参考自 https://news.sap.com/2021/12/blockchain-as-a-megatrend/。

"区块链可以简化公共部门的流程，防止欺诈及腐败，也可以用于公共采购等场景。"

四、Salesforce 与 Shopify

1. Salesforce

Salesforce 公司成立于 1999 年，总部位于美国旧金山，是客户关系管理软件领域的领军企业，主要模式是通过云计算等科技模式建立新的客户关系模式，并致力于让所有软件都上云。Salesforce 于 2004 年正式上市，筹集金额为 1.1 亿美元。2018 年，Salesforce 宣布正在开发区块链产品。2019 年，Salesforce 推出了区块链开发工具。2022 年 6 月，Salesforce 准备推出 NFT 云服务试点运行，主要用于购买和销售这类加密资产的新平台，而这个策略主要来自客户的需求，特别是部分客户对 NFT 的兴趣。NFT 云的主要作用是让销售 NFT 变得更容易，Salesforce 会把各类技术抽象化，然后再标准化，会提供低代码或者不需要客户写代码的服务。当然，在这项策略试点推出后，400 名员工向首席执行官上交了一封抗议信，不同意公司的布局。但是，Salesforce 负责人解释说："更希望协助客户评估是否能以可持续和负责的方式推进 NFT 技术的发展。"

2. Shopify

Shopify 认为，很多品牌都开始通过 NFT 赋能自己的产品，形成新的伙伴关系，这种模式可以使品牌在自己的传统客户群之外有新的收入增长。也就是说，NFT 可以在品牌的社区建设、客户留存和收入增长等方面发挥作用。客户可以通过 Shopify NFT Beta 计划，将持有的 NFT 作为空投的凭证，通过 NFT 可以独家访问 Discord 等社区。通过 Shopify，客户可以直接浏览商店，将 NFT 添加到购物车，也可以通过 Shopify Payments、信用卡或者加密货币付款。订单完成后，客户会收到一封电子邮件，其中有一个获取 NFT 的链接，通过点击链接连接加密货币钱包，等到 NFT 被铸成之后，便可以直接存储到钱包中。从商户的角度来看，通过 Shopify NFT Beta 计划，商户可以在 Shopify 上直接根据指示建造商店。

Shopify 不仅想要给更多不熟悉加密货币的用户提供购买 NFT 的机会，还看重创作者和用户之间通过 NFT 互动的价值，使创作者可以将作品货币化。2021 年，Shopify 宣布符合条件的卖家可以通过 Shopify 销售 NFT，其中 NBA 芝加哥公牛队在 Shopify 上开设了一家在线商店，推出了包括 NBA 总冠军戒指在内的数字艺术品 NFT。也就是说，公牛队球迷直接用信用卡或借记卡就可以购买 NBA NFT。推出当天，该 NFT 在 90 秒内全部售罄。

五、索尼与三星

1. 索尼

游戏、音乐和教育是日本索尼（SONY）公司的王牌业务。出于对版权的重视，索尼于 2017 年就率先用区块链技术探索教育领域的应用，推出一个基于 Hyperledger Fabric 的技术试点平台，教育机构可以在加密安全的分布式区块链网络上对个人的学术记录进行存储和共享，由于区块链的防篡改特性，教育机构和公司可以访问申请人或学生可验证的学术记录。在音乐领域，索尼开始探索用区块链技术解决不同音乐样本的版权问题，如果作曲家或个人音乐家的样本被其他制作工作室使用，可以获得补偿。

2. 三星

区块链领域一直与芯片、手机息息相关，因为加密货币挖矿需要芯片，而手机可以继承 Web3 的移动应用，所以韩国智能手机和半导体厂商三星（SAMSUNG）在比较早的时候就进入了加密领域。2017 年，三星的 ASCI 芯片在比特币牛市得到了矿工的追捧，于是在 2018 年，三星公司开始专门设计为加密货币挖矿的芯片。

第七节　Web3 手机开始进军移动端

2022 年 2 月，手机品牌 HTC 在世界移动通信大会上提出了计划集成 Web3 功能。2022 年 6 月 23 日，Solana 宣布正在研发 Solana 手机并将其命名为“Saga”，由 Solana 创始团队 Solana Labs 参与研发并推出。

为什么 HTC 要制定自己的 Web3 战略？为什么 Solana 要进军移动端？这背后代表着什么？移动互联网为什么这么重要？

一、席卷世界的移动互联网

根据皮尤研究中心的数据，从 2009 年到 2013 年，使用移动互联网的用户数量翻了一番。2013 年，技术分析师本尼迪克特·埃文斯（Benedict Evans）发表了一篇名为《移动设备吞噬一切》（*Mobile Is Eating the World*）的文章，研究移动互联网对未来生活的改变。2021 年，根据 Statista 的数据，2021 年全球超过 90% 的人使用移动设备上网，移动互联网用户数量约为 43.2 亿。

移动互联网带来的革命，意味着信息技术的大规模增长。随着移动技术的发展，我们目睹了生活、生产力和娱乐方式的深刻变革。从个人电脑到智能手机的过渡，本质上是平台的转变，象征着互联网和人们交互方式的转变。移动互联网建立在已有的计算设施基础上，更快速的网络和更开放的系统带来全新的应用场景。与台式电脑不同，手机便于携带，无论是拍照、定位还是付款，手机的便捷性让人们和互联网的交互变得更容易。此外，曾经只有拥有专业摄像设备的摄影师才可以拍照片，而随着智能手机的发展，所有人都可以成为摄影师。今天的移动互联网用户数量有 40 多亿，如果 Web3 的用户可以达到今天整个移动互联网的用户数量级，将会怎样呢？

二、从个人电脑到手机

手机占据了人们大部分的时间和注意力，因为所有人都可以随身携带，而个人电脑主要还是放在桌面上使用，也就是说，个人电脑的应用场景比手机少很多。智能手机带来的多样化应用场景增强了和用户之间的互动性，因为照片、支付信息、跑步里程等都是个人电脑无法及时掌握的信息。

20 世纪 90 年代至 21 世纪初，建立在个人电脑基础之上的 Web1.0 主要由 Web 浏览器、鼠标、键盘等元素组成。而基于智能手机，人们和网络的交互方式更加丰富，比如通知推送、触屏、移动支付，等等。在移动互联网时代，出现了各式各样的新型社交程序，很多无法在个人电脑上得到发展的程序能够在智能手机上蓬勃发展，比如跑步 App、相机、带有传感器的各类应用，等等。

目前，我们所使用的多数 Web3 应用基本上都在网页端运行，移动端的应用较少。但是，全世界使用移动互联网和智能手机上网的用户数量占比超过 90%，特别是在发展中国家，大多数用户更习惯使用移动设备访问各类应用。如果想要进一步提升 Web3 的用户基数，就需要开发基于移动端的 Web3 应用，这对吸引新用户、教育新用户与持续扩大用户基数来说非常重要。

基于移动端的 Web3 应用有哪些应用潜力？第一，会产生全新的社交模式，比如能够将地图和 NFT 空投结合起来的创意应用，以及基于城市和定位系统的 DAO。第二，可以做出更多基于地理定位的 Web 创意应用。例如，能否把地图和 NFT 的空投结合起来？能否打造基于城市和定位系统的 DAO？这样的交叉创新可能会产生全新的应用模式。第三，利用地理定位的要素，创新 Web3 游戏。鉴于之前《精灵宝可梦 GO》（*Pokemon GO*）游戏的大火，可以推出基于增强现实（AR）和虚拟现实（VR）的 Web3 游戏。目前，已经有 Web3 AR 游戏公司致力于构建移动端的 AR 游戏应用，玩家可以通过 NFT 化身和 AR 设备，在现实世界中漫游。例如，Web3 AR 游戏公司 Jadu 的玩家可以在自己家的卧室或后院移动使用自己的 NFT 角色，背景是现实中的场景。最后，实现线上和线下相结合。例如，基于 NFT 可以为每个人分配一个唯一的 ID，以及基于移动互联网的优势，可以创造一个新的疫苗接种系统。所有接种过疫苗的人都可以获得一个独一无二的 NFT，世界上任何国家和地区都可以通过这个 NFT 来验证疫苗接种状况。目前，圣马力诺正在尝试通过区块链技术开发基于新型冠状病毒感染的免疫护照。

三、Web3 应用于移动端的案例

1. Nothing 和 Polygon

2022 年 7 月，手机初创公司 Nothing 与 Polygon 合作，即将发布首款智能手机 Nothing Phone (1)。Nothing Phone (1) 会自带 NFT 元素，届时还会举行名为"Nothing Community"的 Nothing Phone (1) 官方发布会。

2. Solana

Solana 认为，移动端仍然是扩大当前 Web3 用户基数的核心。因为 2020 年，68.1% 的网络流量是通过移动设备实现的，以印度为代表的新兴市场的人口中使用个人电脑上网的人数非常少，人们主要是通过移动端来访问互联网。截至 2021 年，70% 的移动手机是在安卓操作系统上运行的。因此，考虑到用户分布的广泛性，Solana 采取了相对稳健的策略，仍旧基于安卓系统，以 OSOM 手机为原型进行改装。如果 Solana 的手机可以结合移动互联网和安卓系统的庞大用户基数，很可能重新塑造移动互联网的应用场景。

同时，Solana 的手机还会内置专业的加密货币钱包功能以及可供 Web3 程序开发的“Solana Mobile Stack”（SMS）。如果在移动端这样更便捷的场景中为用户提供更好的功能和体验进行交易，就可以将移动支付的便捷性与 Web3 支付方式结合起来，创造真正的无缝支付体验。

但是，在大多数国家，Solana 想要和传统智能手机巨头对抗还是非常不容易的。如果这次 Solana 推出的手机可以实现产品与市场的契合，可能会让很多掌握苹果和安卓 App 商店命脉的巨头重新思考 Web3 的重要性。从 Solana 本身的链上数据来看，2022 年 6 月的活跃用户数量比 2021 年 12 月增长了 44%，每日活跃的应用数量比 2021 年 12 月增长了 169%。

3. HTC

2019 年，HTC 推出了区块链手机 Exodus S1。和普通的苹果手机或安卓手机相比，区块链手机的设计会更加强调区块链技术、加密货币和去中心化应用。区块链手机不仅加强了安全性，保护加密货币和私钥，有些还可以支持运行一个节点，或者通过移动设备挖矿。2022 年 2 月，HTC Vive 在世界移动通信大会上推出了品牌数字元宇宙 Viverse，大会参会者可以通过平板电脑、PC、智能手机的浏览器进入 Viverse。HTC 还提到了和 Web3、NFT 的集成，支持 Web3 登录，可以通过 Vive Connect 进入 Viverse 的数字世界，并且 HTC 也强调了自己的 NFT 平台支持，包括 VIVE Arts NFT 平台和

VIVE Bytes，而 HTC 的 Vive Flow 是第一款支持加密钱包的 VR 设备，用户可以通过智能手机配套应用程序使用 WalletConnect，从而对自己的 NFT 和数字资产进行存储和管理。

第四章

NFT 萌芽：价值确权与新型营销

2021 年 5 月，著名拍卖行佳士得（Christie's）举办了一场拍卖会，拍卖了 9 个加密朋克（Cryptopunk）NFT，拍卖成交价格总共为 1 696 万美元，刷新了人们的认知。很多人感到疑惑，这 9 个数字作品看起来就是 9 张图片，为什么能卖出那么高的价格呢？这次拍卖也引发了很多人对 NFT 的关注。NFT 到底是什么？它和 Web3 的关系是怎样的？

第一节　买 NFT，买的是什么[①]

随着 Web3 的发展，NFT 逐步变成了一个流行词汇，它的快速发展也给市场带来了很多机会。

NFT（Non-Fungible Token）通常被译作非同质化通证，或者非同质化代币，有时也会被译为不可替换代币 / 通证。NFT 的本质是一种由区块链技术支持的、具有独特性的数字资产。那么，什么是

---

① 本节由卫剑钒撰写。

非同质化？

常规的加密货币是可以互相交换的，比如，你手里的一个比特币和我手里的一个比特币，它们是完全等同的；再比如，你手里有一枚 1 元钱的硬币，我也有一枚，它们可以任意交换。但是，具备非同质化属性的东西（例如 NFT）是不可以自由交换的，比如两颗宝石，它们的净度、切工、大小等都是完全独特的存在，任意两颗宝石都无法随意替换。NFT 也是一样，不能自由交换，这是由它的内在属性决定的。当然，NFT 不仅包括我们今天看到的头像图片，以及拍卖出去的价值连城的画作，它还包括游戏装备、区块链域名、音乐、小说、数字版权等。

那么，买一个 NFT，到底是买的什么？

买了 NFT，其实就相当于购买了一个数字资产或作品的拥有权（即所有权），这个拥有权会记录在区块链上。有人会问，拥有权记录在区块链上，是指购买者的名字、身份证号码以及作品本身都会记录在区块链上吗？

目前看来，并不会，区块链上只是记录了你的地址、NFT 作品的编号，以及 NFT 作品的链接。“地址”指的是区块链地址，比如 0x40468d172cE354d3fAdAb06D0FA53eDdB2F3AA45。“NFT 作品的编号”指的是你买的这个具体 NFT 所在系列中的编号。例如，有一个叫作“加密朋克Ⅱ”（CryptoPunksII）的 NFT，包含 10 000 个形态各异的朋克形象，编号从 10 000 到 19 999，你买了编号为 10 838 的那个 NFT。需要注意的是，NFT 有两种含义，比如“加密朋克Ⅱ”可以指一个 NFT，也可以指一套 NFT 作品，包含 10 000 个朋克，每个朋克都是一个具体的 NFT。“NFT 作品的链接”是指这个 NFT 作品的元数据（metadata）的链接，比如 https://punks.s3.amazonaws.com/md/10838，最后面的 10 838 正是这套 NFT 中某个作品的编号。打开这个元数据链接，显示是该 10 838 号作品的元数据：


```
{
    "name": "CryptoPunk #10838",
    "description": "These are Brand new 10000 crypto punks, They are completely different from the 10000 punks in CryptoPunks. Crypto PunksII begins at #10000, None of any 2 punks from CryptoPunks and CryptoPunksII are the same.",
    "image": "https://punks.s3.amazonaws.com/2/punk0838.png",
    "attributes": [
        {
            "trait_type": "face",
            "value": "Female 3"
        },
        {
            "trait_type": "mouth",
            "value": "Hot Lipstick"
        },
        {
            "trait_type": "hat/hair",
            "value": "Wild White Hair"
```

```
            },
            {
                "trait_type": "eyes",
                "value": "Big Shades"
            }
        ]
}
```

除了该NFT的名字（name）、描述（description）和图像（image）链接外，其他信息主要是属性值（attributes），比如这个朋克的脸型是“女性3号”，嘴唇是“大红色”，头发是“白色”，眼部是“大墨镜”。至于这个朋克到底是什么样子，要去看看元数据中的图像链接：https://punks.s3.amazonaws.com/2/punk0838.png。打开这个链接，便可以看到这个NFT图像。

该NFT的属性以及作品本身都不在区块链上，区块链上只是保存了拥有者的区块链地址、作品编号和元数据链接。之所以不将作品（图像、音乐、视频等）放在以太坊上，是因为作品通常比较大，放在区块链上占太多空间，要花费的gas也比较多。正如加密朋克所描述的：“朋克的实际图像太大，无法存储在区块链上，因此我们对所有朋克的集合图像进行了散列哈希，并将其哈希值嵌入智能合约中。您可以通过计算朋克集合图像的SHA-256散列，并将其与合同中存储的哈希进行比较，来验证以太坊合同管理的朋克是真正的官方加密朋克。”

作品放在链接里，虽然节省了以太坊的空间，但会带来一个问题：链接失效了怎么办？这个担心很正常，而且确实也发生过 NFT 链接失效的事情。此外，链接里面的内容是可以更改的，比如我卖给你的时候是鱼的形象，后来我把链接里的内容改成了狗，那你是拥有那条鱼还是那只狗的形象？这考验的是发行者的诚信。

那么，NFT 的变革性意义是什么呢？

以前，数字世界的图片、图像、音乐等文件，经常被随意拷贝，从技术上无法辨别哪个才是真正的数字作品，比如你买了一张电子图像，但别人可以免费拷贝，而你还无法证明自己拥有的那个是真的。而 NFT 利用区块链技术，可以对数字资产的所有权进行确认，即把某个 NFT 作品的拥有者信息记录在区块链上，通过区块链的不可篡改性实现确权。例如，一家公司推出了 10 000 个限量包，每个包都有不同的编号，你买了第 23 号包，并留下了你家地址。那么，你家地址、23 号、包的链接就会记录在这家公司的账本上，以前是记在纸质账本上的，后来记录在信息系统的数据库中，现在则记录在区块链上。如果有人说他才拥有第 23 号包，而不是你，你们可以当面核查区块链账本，找到账本上记录的地址，谁能打开该地址的门，谁就是真正的拥有者。

那么，买一个 NFT 和在淘宝上买数字商品相比，有什么不同之处？至少有三点不同：第一，NFT 是纯数字产品，交易高度自动化，而且所有交易不可篡改，是你的就不会是别人的了，而 Web2.0 平台的很多交易环节中都有人的参与。第二，没有人能够在后台控制，没有内幕、没有暗箱操作，一切数据都透明化。而 Web2.0 平台后台的代码和数据是不会给客户看的。第三，智能合约的存在实现了很多创新，比如每次转让 NFT 作品，通过智能合约执行使得原作者都可以得到事先设置好的分成比例。

关于透明性和不可操纵性，加密朋克表示："我们编写了存在于区块链上的代码，任何人都可以使用它与世界上另一个人交易朋克。这个系统的一个有趣的地方是，我们不再控制运行加密朋克的代码！一旦我们将其发布到区块链上，它就永久嵌入那里，任何人都无法再修改。这对我们作为开发人员来说很可怕，因为我们担心有漏洞。但不能修改代码这点是非常强大的，用户可以验证确实只有 10 000 个朋克，验证我们无法从用户那里窃取任何一个朋克，并确保我们所声称的都是真实的。加密朋克被创造后就运行在以太坊网络上，代码掌控所有权。此后，我们不再拥有创造上或是所有权上的控制权了。"

第二节　如何铸造一个 NFT

如何把一个艺术品放到区块链上呢？答案是：铸造（mint）。

所谓铸造，就是在区块链上记录拥有者的区块链地址、作品编号和作品链接这三个要素。

常见的铸造方法有两种：一是通过 NFT 交易平台提供的功能来铸造 NFT；二是通过写区块链智能合约来铸造 NFT。这两种方法在本质上没有什么区别。先铸造给谁也分两种情况：一是先铸造给作者自己，然后通过交易转移到其他人的地址；二是由用户在购买 NFT 时直接铸造给用户本人。这两种在本质上没有什么区别。

第一种铸造方法，即通过交易平台页面铸造比较简单。以 OpenSea 为例，用户通过钱包软件（主要提供以太坊地址和私钥管理、签名及交易消息发送等功能）登录以后，点击平台上的“Create”，然后一步步按照平台的提示来做就可以了，比较简单。

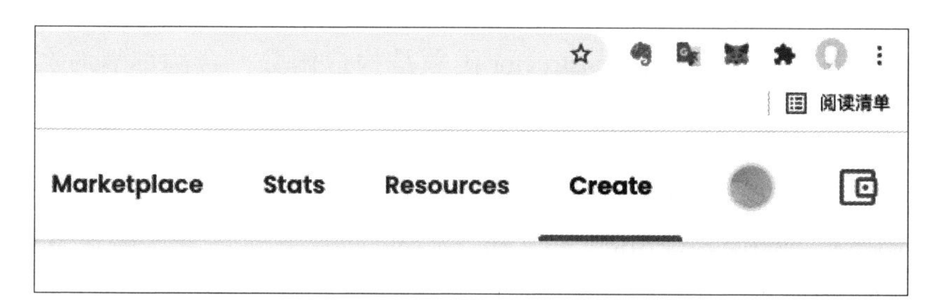

图 4-1　OpenSea 上的“Create”选项

第二种铸造方法也不难，主要是写区块链智能合约。下面这段代码（Solidity 语言）就可以完成铸造：

```
contract newNFT is NFTokenMetadata, Ownable{

 constructor() {
  nftName = "MY FIRST NFT";
  nftSymbol = "MFN";
 }

 function mint(address _to, uint256 _tokenId, string calldata _uri)external
onlyOwner {
  super._mint(_to, _tokenId);
```

```
    super._setTokenUri(_tokenId, _uri);
  }

}
```

在这段代码中，constructor 函数是构造函数，合约部署时会自动调用此函数，确定该 NFT 的名字“MY FIRST NFT”和简写“MFN”。部署完成后，调用合约的 mint 函数接口就可以铸造（mint 函数再去调用基合约的 _mint 和 _setTokenUri 函数），铸造时在 _to 参数中填入区块链地址，_tokenId 填入 NFT 的 ID 号，_uri 填入元数据链接，其中含有 image 项，image 链接指向真正的作品。

合约本身也有一个地址，把这个地址导入 OpenSea 中，OpenSea 通过读取 tokenURI，就可以获取 NFT 的元数据，并最终显示 NFT 图像。而支持 NFT 展示的钱包，会通过 NFT 合约地址和编号，将拥有者地址下的收藏品展示出来。

如果你把 NFT 从你的钱包转给别人，从技术角度来看，这个编号的 NFT 的拥有者地址从你的地址变成另一个人的地址。从最终用户界面来看，你的钱包里没有这个 NFT 了，而另一个人的钱包里，多了一个 NFT。

第三节　NFT 和版权的关系

有人说：“加密朋克、无聊猿这种头像，我买不起。不过，不买的话，难道我就不能用吗？”归根结底，这是一个版权（即著作权）问题，如果你未经授权而使用他人的作品，有可能就会侵犯到他人的合法权益。

从技术上讲，证明一个人是否拥有某个 NFT 很容易，在区块链上查询一下就可以。因为在区块链上，一切都是透明的，如果你真的拥有一个 NFT，你是可以证明的，如果你并不拥有，你也是真的无法证明。

从发行者的角度来看，如果发行者要把某位画家的画做成 NFT，需要获得哪些授权？用版权中的专业术语来说，发行者至少要获得该作品的“复制权”和“发行权”。也就是说，只有得到了作品的复制权许可，才能把作品复制到网上；只有得到了发行权许可，才能把作品进行公开售卖。

根据《中华人民共和国著作权法》（以下简称《著作权法》），复制权，即以印刷、复印、拓印、录音、录像、翻录、翻拍、数字化等方式将作品制作一份或者多份的权利；发行权，即以出售或者赠与方式向公众提供作品的原件或者复制件的权利。

对 NFT 买家而言，如果买了一个 NFT，买家获得了哪些权利呢？

第一，复制、观赏、展示权。你可以把 NFT 在你的电脑、硬盘、U 盘上复制若干份。你可以随时观赏，也可以展示给他人看。（在《著作权法》中大致对应复制权和展览权）

第二，独享权。你买了一个 NFT，别人就不会再拥有了，就像 10 000 个限量款的包，每个包都有编号，你买了第 23 号，别人就买不到了。

第三，转让权。你买了一个 NFT 之后，还可以将它再卖出，也可以免费送给别人。

对于那些复制他人 NFT 头像的人，虽然他得到了这个头像，也可以（可能是不合规的）复制、观赏和展示，但他无法独享，也不会拥有转让能力，因为他没有移动这个 NFT 所需的私钥。所以，如果你买了一个无聊猿头像，但发现有人复制并做成了他自己的头像，不用愤怒，因为你手上那个才是真品，你能卖到钱，而他不能。

所以，NFT 并不是用技术防范别人复制、下载、使用，而是用技术明确了所有权。NFT 的突破性之处在于它给出了一种通用、安全、便利的交易方式，使得用户可以方便地购买一个作品的独享权和转让权。它使得物理世界的“物权”体系在互联网上得以通过技术实现，在一定程度上解决了数字世界中数字资产的归属和支配问题。

至于你买了一个 NFT，能不能得到该作品的改编权（制作衍生品）乃至商业授权，要看发行者有没有明确说明。如果发行者明确说可以，你就可以用这些图像做贴纸、T 恤等周边商品并出售；有些发行者明确表明不可商用，那你就没有这些权利；如果发行者什么也没有说，你想要商用，就得联系发行者问清楚。

第四节　NFT 智能合约都做了什么[①]

从技术层面讲，NFT 是通过智能合约实现的，通过智能合约，最终实现 NFT 的基本功能，比如确权、转移、付费，等等。

但智能合约应该怎么写？它应该实现哪些功能？本文接下来将介绍 ERC721 标准的 NFT 智能合约写法，该标准是 NFT 使用最普遍的合约标准。

一、写 NFT 合约要实现哪些功能

假如你想设计并发行一套“虎虎生威”NFT，它包含 10 000 个老虎头像 NFT，在写合约之前，你首先要考虑合约提供哪些功能。

一般而言，一个 NFT 智能合约，至少要实现以下几个功能：

（1）“铸造”功能

NFT 是非同质化代币，也就是一种“币”（Token），既然是“币”，就要铸造。

---

① 本节由卫剑钒撰写。

（2）转移功能

要能让拥有者把一个 Token 转移给另外一个人。

（3）查询功能

要能查询某个 Token 在谁手里、一个人有多少 Token 等。

（4）元数据功能

元数据指的是一个事物的各种属性，比如一个人的元数据就是他的姓名、性别、年龄、肤色、身份证号码、职业、民族、照片等属性信息。一个 NFT 的元数据就是每个 Token 的元数据，比如在“虎虎生威”NFT 中，有 10 000 个 Token，每个 Token 都有它的元数据，用来记录老虎头像各种属性的信息，包括老虎的发型、肤色、性别、年龄、姿态、编号，以及存储这个老虎图像的链接。一般来说，由于图片比较大，所以图片本身都不放在以太坊上，而是放在 web 上或者 IPFS 上，链上只是存储了一个链接信息。

合约有了元数据功能，就会提供一个查询函数（tokenURI），人们就可以通过该函数，获取某个 Token 的元数据链接，然后读取元数据，并最终取得图像。

（5）合约元数据功能

如果你想把 NFT 放在 OpenSea 上作为一个收藏集（Collection），就要让 OpenSea 能获取关于收藏集的一些基本设置，合约元数据就是用来提供这些设置信息的。

（6）其他功能

其他一些特殊功能，包括 NFT 制作销售团队分账功能（团队成员按一定的比例获取收益）、白名单预售功能（只有白名单里的人才能在预售阶段铸造）等。

二、怎么写合约

合约程序一般并不复杂，大多在 200~300 行左右。ERC721 标准的实现可以使用现成的代码，比如使用 OpenZeppelin（以下简称 OZ）的时候，继承 OZ 的合约即可。如下所示：

```
import "@openzeppelin/contracts/token/ERC721/extensions/ER
C721Enumerable.sol";
......
contract MyNFT is Ownable, ERC721Enumerable, PaymentSplitter {
......
```

（1）Mint 功能实现

虽然可以直接调用 OZ 的 ERC721.sol 的 _safeMint 函数来实现铸造，但最好外面再封装一层，写自己的铸造函数。比如，对于“虎虎生威”NFT，你可以写一个 huhu_mint，里面调用 OZ 的 _safeMint。封装一层的好处是，你可以在封装函数中实现自己想要的功能，比如规定铸造 NFT 的价格，以及每个地址可以铸造的数量等。

（2）转移功能实现

转移功能不用自己写，直接用OZ的ERC721.sol中transferFrom函数、safeTransferFrom函数即可。

（3）查询功能实现

查询功能直接用OZ的ERC721.sol及ERC721Enumerable.sol即可。ERC721提供的查询主要包括balanceOf函数和ownerOf函数。balanceOf函数查询某个地址持有的Token数量，ownerOf函数查询某个Token的持有者地址。ERC721Enumerable提供三种功能：最重要的一个功能是totalSupply函数，通过调用它返回目前已经铸造出来的NFT的个数；第二个功能是tokenByIndex函数，用来查询第index个Token的ID是多少，这里的index指的是第几个被铸造的Token，ID指的就是tokenID，是NFT的编号，index未必等于tokenID，因为第一个被铸造出来的编号未必是1，而可能是10 001。通过这个函数和totalSupply函数，就可以遍历所有铸造出来的Token；第三个功能是tokenOfOwnerByIndex函数，给它一个地址和一个编号index，你就能知道该地址拥有的第index个Token的ID，再结合balanceOf函数，你就可以遍历一个地址拥有的所有Token的ID。

（4）元数据功能实现

OZ提供了IERC721 Metadata接口，其功能是在ERC721.sol中实现的，主要实现了name、symbol和tokenURI函数，调用后分别返回 NFT 名、NFT 的缩写符号、Token 元数据的链接。尤其需要注意 tokenURI 函数，给它一个 tokenID，它返回该 Token 元数据所在的 URI。

你还需要自己实现一个外部可见的函数，用来设置 baseURI（注意使用 onlyOwner）。这样，如果原先的存储不可用了，就可以换一个地方存储。然后，重写 _baseURI 这个 ERC721.sol 中的内部函数，使之可以返回正确的根目录 URI。

```
function setBaseURI(string memory _newBaseURI) public onlyOwner {
  baseURI = _newBaseURI;
}
function _baseURI() internal view virtual override returns (string memo
ry) {
  return baseURI;
}
```

比如对于 BAYC 这个 NFT，它的 baseURI 在：ipfs://QmeSjSinHpPnmXmspMjwiXyN6zS4E9zccariGR3jxcaWtq/，第 23 号猿猴的 tokenURI 就在：ipfs://QmeSjSinHpPnmXmspMjwiXyN6zS4E9zccariGR3jxcaWtq/23。读取其中的内容，就是：

```
{image:ipfs://QmadJd1GgsSgXn7RtrcL8FePionDyf4eQEsREcvd
qh6eQe,attributes:[{trait_type:Mouth,value:Bored Pipe},{trait_
type:Background,value:Aquamarine},{trait_type:Fur,value:Trippy},{trait_
```

```
type:Eyes,value:Bored},{trait_type:Hat,value:Beanie}]}
```

（5）合约元数据功能实现

实现一个 contractURI 函数，告诉 OpenSea 你的 NFT 收藏集的元数据，比如收藏集的名字、描述、背景图、外部链接等。如下所示：

```
{
"name": " 虎虎生威 ",
"description": " 在 2022 年农历虎年发行的专门逗你玩的 NFT",
"image": "https://weisir.com/huhu.png",
"external_link": "https://weisir.com/huhu",
"seller_fee_basis_points": 100, # Indicates a 1% seller fee.
"fee_recipient": "0xA97F337c39cccE66adfeCB2BF99C1DdC54C2D
721"
}
```

（6）其他功能实现

可以使用 OZ 提供的 PaymentSplitter.sol 实现分账功能。白名单预售功能比较简单，可以自己写。需要注意，每个符合 ERC721 的智能合约必须同时符合 ERC721 和 ERC165，ERC165 告诉外界自己支持哪些接口，外界通过调用 supportsInterface 函数获悉一个合约是否支持 ERC721。如果你的合约被设计成能够接受 NFT 转账，则需要实现 ERC721 TokenReceiver 接口。

三、其他考虑

鉴于过去很多惨痛的教训，NFT 智能合约要能够防止重入攻击。OZ 有个 nonReentrant 修饰符专门解决这个问题，对于涉及转账交易的函数，加上此修饰符即可。

这个修饰符是在 ReentrancyGuard.sol 中实现的，引入该文件即可使用该修饰符。

```
import "@openzeppelin/contracts/security/ReentrancyGuard.sol";
```

有一点需要注意，OpenSea 上展现的 NFT 都是铸造好的。对于一个拥有自己的智能合约的 NFT 来说，铸造过程并不是在 OpenSea 上完成的，而是通过自有途径完成。你只有将 NFT 铸造出来了，才能在 OpenSea 上展示出来。通常，你需要自己做一个网页，通过 web3.js，让用户自己来铸造（花用户的 gas 费）。当然，你也可以自己铸造所有的 Token，不过，这需要花自己的 gas 费。

四、ERC721 的简单介绍

了解 ERC721 的接口函数，有助于你更好地理解 NFT 的运行机制。这些函数主要包括：

balanceOf 函数：参数 owner，它返回由 owner 持有的 Token 的数量。

ownerOf 函数：参数 TokenId，它返回该 Token 的持有者地址。

transferFrom 函数：包括 from、to、TokenId 三个参数。持有者或被授权人调用后，把第 TokenId 号 Token 从 from 转给 to。

safeTransferFrom 函数：实现可靠的转移，尤其是当 to 为一个合约地址时，调用 to 地址上这个合约的 onERC721Received 函数，如果该合约没有这个函数或返回值不对，则回退转移，避免 Token 丢失。

approve 函数：包括地址 to 和 TokenId 两个参数。TokenID 的持有者调用此函数，授权 to 可以转移此 Token。比如张三授权了一个 Token 给李四，李四就可以用 transferFrom 函数转走该 Token。（如果持有者授权一个 Token 给地址 0，就取消了原先的授权。）

setApprovalForAll 函数：包括地址 operator 和布尔值 approved 两个参数。通过此函数，张三可以授予李四（operator）获取自己所有 NFT 的控制权（approved 为 True），也可以通过设为 False 的 approved 收回此授权。

getApproved 函数：参数 TokenId，调用此函数，可以得知某 Token 的持有者将 Token 授权给谁。

isApprovedForAll 函数：包括 owner 和 operator 两个参数。调用此函数，可以查询 owner 是否把自己的所有 Token 都授权给 operator。

以上就是 ERC721 的接口函数，当然，要发行一个 NFT，只有这些接口函数是不够的，还需要实现前面提到的那些功能。

第五节　NFT 的分片与 DeFi 的结合

NFT 还发展出一些金融方面的属性，比如分片（Sharding）、同 DeFi 的结合，等等。

在分片方面，以 ShardingDAO 平台为例，创作者可以将 NFT 在逻辑上拆分成若干碎片（shard），事实上是将一个 NFT 分解成一种新的 ERC20 Token，然后让消费者使用其他较为通行的 Token 来认购（有点类似股票发行）。认购完成后，NFT 分解的所有碎片中有 90% 将分给碎片认购者，5% 分配给 Shards 创建者，其余 5% 分配给平台。这些同质化 Token 还可以在二级市场开启自由交易，这样一来，NFT 的收藏门槛会被大幅降低，原本只能一人拥有的 NFT 可以被多个小藏家共同拥有。而且，持有相同 NFT 碎片的用户可以自发形成 DAO 社区，共同讨论 NFT 去向。

在同 DeFi 的结合方面，以 NFTfi 平台为例，如果一个 NFT 持有者缺钱，想借款，可以将自己的 NFT 抵押到 NFTfi，来获取其他用户提供的贷款（如 wETH 和 DAI）。该 NFT 被锁在 NFTfi 的智能合约中，直至借款人还清贷款和利息。如果借款人没有在到期日之前还清，该 NFT 资产将转给贷款人。NFTfi 不会向借款人收取任何费用，仅收取贷款人在成功完成交易后所获利息的 5%。

此外，还有一种叫作 NFT 基金的玩法（比如 NFTX），类似于指数基金，目的是让不具备艺术品投资能力的人，也能参与到 NFT

投资中。

总之，这些都是 NFT 的金融化玩法。NFT 代表了数字资产和知识产权的数字化和金融化。通过区块链技术，NFT 将所有权经济带回互联网，作品创作者可以确立、出售和分割作品的所有权。从更长远来看，NFT 有望与基于区块链的核心金融原语相互作用，并可能日益成为元宇宙和其他数字经济平台货币化的基石。

NFT 是大家最容易接触区块链产品的机会。从创作者角度而言，个人经济成为可能，创作者以前卖自己的东西还是比较费劲的，至少需要一些销售作品的渠道，直接售卖是不太容易的。区块链的“去中介”能力，使得创作者可以自己铸造和销售作品，虽然现在还要借助交易平台，但以后中心化的交易平台可能会消失。

第六节　作为市场策略的 NFT：价值与 IP

一、NFT 的价值：感性价值 VS 实用价值 VS 奢侈品

当前常见的 NFT，很多都与奢侈品有相似之处，它们的存在与社会中的价值认同高度相关，当然，也有 NFT 戳中了卖家的情感，或者是具有某种类似于共同群体的象征，因此会引起关注。需要注意的是，品牌隐含的情感价值也是非常重要的资产，例如传统公司和品牌 IP 相关的无形资产，都在资产负债表中占据非常重要的地位，更有可能带来风靡全球的潮流。

在人类历史中，有很多收藏品都留下过辉煌的足迹。无论是在线下的古董和集邮市场，还是在亿贝网（eBay）或者其他二手物品交易平台，都可以看到很多绝版漫画书、邮票、球星卡、游戏王卡片等，我们提到的这些收藏品其实都是纸制品，但是它们却能卖出非常高的价格。据新闻报道，2021 年夏天，一张由 KONAMI 公司开发的集卡游戏《游戏王 OCG》推出的 20 周年纪念版“青眼白龙”纯金卡牌在拍卖网站的价格飙升到 8 000 万元，而这张游戏卡的官方定价是 1 万元人民币左右。[①] 尽管 8 000 万元的拍卖行为可能是围观的人故意抬价，不一定能代表真实且公允的价值，但这从侧面体现了收藏品确实具备较高的关注度。而收藏品的价值就是源于社会中存在热爱收集自己钟爱物品的人群。这些收藏品可以体现爱好者的品位，也可以作为某个圈层的象征，还可以是文化属性的表现，这些理念也适用于 NFT。

二、IP 形象设计

对于大部分 NFT 来说，设计是不可或缺的，我们看到的很多 NFT，起初都是融合了艺术家的情感和理念的平面图，而后经过工程师编写智能合约和上链，才形成了最终大家所看到的 NFT。

这里要普及一个词：IP（Intellectual Property，知识产权）。各种智力创造如发明、外观设计、文学和艺术作品，以及在商业中使用的标志、名称、图像，都可被认为是某一个人或组织所拥有的 IP。

---

① 参考自 https://baijiahao.baidu.com/s?id=1703348948568712941&wfr=spider&for=pc。

潮流玩具、NFT 和影视作品中的 IP，通常指适合二次或多次改编开发的影视文学、游戏、动漫、平面设计等。能穿越多个形态，并且可以虚构的作品，就成为我们每天所说的 IP。IP 可以是一个故事情节、一个人物、一幅漫画，甚至只是一个名称或符号。

IP 形象是很多 NFT 的灵魂，因为消费者首先是通过 NFT 的形象接触到某个 NFT，通过和形象的情感共鸣以及个人的偏好来选择 NFT。有的 NFT 形象没有实质内容，只是单一的形象 IP。还有的 NFT 形象有内容设定和世界观支撑，收藏者比较了解主角的精神内核、故事背景、未来设定，也会因为形象的内心人格、人设而被吸引。

三、现象级 NFT：无聊猿游艇俱乐部

2021 年 5 月，发生了一件有趣的事情，很多人把社交网络上的头像换成了猴子的形象。这些猴子神态各异，有的戴着眼镜或墨镜，有的在吹泡泡，有的表情很严肃，这些猴子的出品方叫作无聊猿游艇俱乐部（Bored Ape Yacht Club），又称为 BAYC，发行方为 Yuga Labs，这只猴子叫作无聊猿。

《无聊猿游艇俱乐部》是 2021 年 4 月推出的 NFT（数字藏品）项目，共包括 10 000 只长相、着装、造型各异的无聊猿，起初发售价格为 185 美元，之后交易价格一路飙升。2022 年初，知名加拿大歌手贾斯汀·比伯购买无聊猿的价格已经达到了 129 万美元。无聊猿 NFT 的出品方首批 NFT 的营收超过 200 万美元，而后交易额超过 1 亿美元，无聊猿项目一跃成为 2021 年最受瞩目的 NFT 项目。

但无聊猿 NFT 为什么会这么火？

（1）形象设定

无聊猿的画面和设定在 NFT 行业刚起步期间是具备革新意义的。因为在无聊猿 NFT 推出之前，多数 NFT 是像素图像，画风比较简单，分辨率也较低。无聊猿的形象构造在当时属于画风非常精细的。并且，无聊猿具备自己的世界观设定，它的定位不仅是一些图像和 NFT，其创始人本身是 20 世纪八九十年代朋克摇滚、嘻哈文化的爱好者，希望给无聊猿创造一种“小众且隐秘”的文化氛围，这种氛围加上猴子们戏谑有趣的外形，形成了加密圈独特的文化圈层。

（2）情感价值和审美认同

根据无聊猿游艇俱乐部创始人的说法，互联网上用户和社区参与感表现得并不明显，而人们确实需要能够表达自己身份的象征，NFT 可以帮助解决身份象征的问题。有时候 NFT 的形象会和自己的内心产生共鸣。例如，无聊猿看起来不羁的外表和夸张的表情，实际上非常小众，有点像数字时代的高级手表或稀有运动鞋。如果人们把无聊猿作为自己的头像，就变成了在互联网上一眼就可以看到的数字身份象征，这种象征也是用户内心的自我表达。

（3）品牌和宣传策略

无聊猿的传播和宣发主要是从推特平台开始的，而知名大 V 和明星带货，会使得大家对无聊猿 NFT 的关注度进一步提升。如果某个明星把头像换成了无聊猿 NFT，那么媒体会马上进行报道，而公众会很快关注到这个 NFT。2022 年春天，无聊猿发行方将无聊猿的下一个发展旅程设定为无聊猿元宇宙。无聊猿的发行方 Yuga Labs 对《无聊猿游艇俱乐部》整个 IP 的期望，是希望能够打造一家 Web3 生活方式的公司，希望所以用户都可以很快体验并成为无聊猿品牌体验的一部分，构建持久品牌，而不只是一波炒作。

（4）社交属性

首先，共同喜欢 IP 人物的用户，会形成属于自己的圈层文化，大家因为喜欢共同风格的 NFT 聚在一起，会认为自己是这个团体的一部分。在在线社交平台上，无聊猿 NFT 的持有者和喜欢无聊猿的粉丝们会进行交流，比如哪个无聊猿 NFT 卖出了、和哪个品牌联名了，等等。这种讨论在本质上是泛互联网内带有俱乐部属性和以无聊猿 IP 为核心的凝聚现象隐形联系。其次，如果某个无聊猿 NFT 被高价卖出，或者有知名人士、企业购买了无聊猿作为品牌形象，那么，整体品牌的价值感就会进一步提高。此外，持有无聊猿 NFT 的成员其实也具备了进入加密核心圈子的机会，大家可以互相交流，畅谈生意，彼此合作。

（5）赚钱效应

NFT 的发放模式类似抽盲盒，很多时候，抽取的 NFT 在开图之前都是隐藏的，如果得到一枚特别款，例如带有镭射眼或者形态稀有的无聊猿 NFT，就可以通过卖出这个稀有款 NFT 而获得巨大的利润。有的加密爱好者会一次性购买数百个 NFT，然后在价格上涨时卖掉囤积的 NFT，但需要注意的是，市场上需要存在对 NFT

的需求才能卖出，否则失去了流动性。

英国作家马尔科姆·格拉德威尔在《引爆点》（*The Tipping Point*）一书中提出，文化的引爆需要三个要素：个别人物法则、附着力因素和环境威力法则。个别人物法则就是人格魅力体，主要指信息传播需要关键角色，包括内行、联系员和推销员；附着力因素就是指流行物本身需要具备的要素，需要让人留下深刻印象；环境威力法则就是指微小外部的环境变化可以决定是否流行。从附着力角度来看，无聊猿的设计非常大胆、新颖且极具辨识力；从环境威力角度来分析，无聊猿游艇俱乐部从一开始就做好了充分的宣传和叙事准备，比如推特、加密社区、知名网红大 V，在 2021 年加密领域火热的氛围之下，正确的时间和正确的地点完美契合，为无聊猿的成功赋予了巨大的推动力，这也是后续品牌推出 NFT 策略需要借鉴的部分。

第七节　NFT 内容营销：传统品牌大举进入 NFT 领域

在如今的 NFT 市场中，巴宝莉、古驰、路易威登等知名品牌，以及星巴克、迈凯伦、世嘉等知名公司都开始选择进入 NFT 领域；苏富比、佳士得等知名拍卖公司也都在拍卖中加入了 NFT 拍卖的环节。

为什么会这样？很多品牌看中的是 NFT 可以作为品牌内容营销

的新模式。具体地说，NFT 可以为品牌创造新的用户生成内容（简称 UGC），特别是赋能全新 UGC 的故事性。对中小企业来说，NFT 是不错的内容营销方式，可以在新的文化圈层传播自己品牌的故事和信息。同时，NFT 还可以为品牌带来年轻化和新颖的形象，在社交媒体很容易获得年轻人和 Z 世代的关注和追捧，从而提高了参与度和用户忠诚度。品牌利用 NFT 的数字资产确权属性和可以证明所有权的功能，保护品牌内容的原创性和真实性，吸引新一代消费群体的关注。

一、拥抱 NFT 文化的知名品牌：古驰、路易威登

古驰于 1921 年在意大利佛罗伦萨成立，近年开始和各种知名 IP 联名合作，逐步向年轻化发展。2021 年 5 月，古驰发布了第一个与 NFT 相关的产品——一部时长为四分钟的电影 *Aria*。作为数字艺术家 Lady PheOnix 组织活动义卖的一部分，该数字影片被艺术拍卖行佳士得以 25 000 美元售出，拍卖的所有收益将捐给联合国儿童基金会美国办事处。2022 年 3 月，古驰推出了“新东京”（New Tokyo）NFT 项目，包括数字配件、箱包、运动鞋等穿戴型 NFT。同时，古驰还推出了名为 Wagmi-San 的虚拟人，引起了广大粉丝的关注。2022 年夏天，古驰宣布与 NFT 平台 SuperRare[①] 建立合作伙伴关系，双方推出线上艺术空间 Vault Art Space。通过 Vault Art Space，人们可以购买当代艺术家的数字作品进行收藏。

---

① SuperRare 成立于 2017，是一个加密艺术平台，功能涵盖画廊、拍卖行、博物馆、社交、商务等。

2021 年 8 月，时尚品牌路易威登推出名为 *LOUIS: THE GAME* 的手机游戏，游戏内置了 30 个 NFT，记录了路易威登时装品牌的吉祥物 Vivienne 的成长旅程。

二、运动品牌发力 NFT：耐克、阿迪达斯

稀缺的球鞋和 NFT 的本质属性非常相似，都是围绕着收藏、社会圈层而产生的现象。早在 2021 年 12 月，耐克收购了数字运动品牌 RTKFT。成立于 2020 年的数字运动品牌 RTKFT 旨在把体育、游戏和运动装备结合起来。2021 年初，RTFKT 与加密艺术家合作，在社交平台 Snapchat 上推出了虚拟试穿运动鞋的服务，之后通过虚拟拍卖的方式对运动鞋进行数字拍卖，售出了约 600 双 NFT 虚拟鞋，成功拍到鞋子的人，可以同时得到实体鞋和数字鞋。耐克公司希望通过本次收购加速耐克的数字化转型，使耐克可以将体育、创意、游戏和文化相结合，为运动爱好者和创作者服务。耐克的下一步计划是，通过投资 RTFKT 品牌和服务，持续发展创意社区，并提高公司的数字化水平。2022 年 4 月，根据《纽约时报》报道，耐克公司发布了由 20 000 个 NFT 组成的虚拟运动鞋系列，名为 Cryptokicks。其中一枚虚拟鞋 NFT 由知名艺术家村上隆设计，之后被以 13.4 万美元的价格买下。

2021 年 12 月，阿迪达斯开始进军 NFT，发布了名为“Into the Metaverse”的系列 NFT，买家可以购买限量版 NFT 帽衫和运动服。阿迪达斯还与无聊猿进行了 NFT 领域的合作。2022 年末，阿迪达斯又推出了数字时尚 NFT 系列，这个系列是由 16 件夹克组成

的限量版。阿迪达斯三叶草工作室的副总裁表示，阿迪达斯将探索 Web3 的所有可能的效用、平台和体验，为品牌的可穿戴设备释放新的可能性，同时还会关注社区成员，为品牌社区提供真正的价值。[①] 2022 年 11 月，阿迪达斯在 2022 年世界杯的宣传片中加入了 NFT 元素，吸引了很多人的关注。

三、美妆与消费品：欧莱雅、星巴克

根据 Coindesk 的报道，美妆巨头欧莱雅于 2022 年 2 月进行了 NFT 和元宇宙类别的商标申请，品牌包括旗下的科颜氏、美宝莲等。文件显示，科颜氏提交的申请文件包括虚拟香水和元宇宙等虚拟空间中的头发护理和美容身体护理项目。早在 2021 年，欧莱雅就推出了 NFT 数字藏品系列，在 OpenSea 平台出售。2021 年，欧莱雅推出了新的口红系列“Reds of Worth”，作为整个新品发布的一部分，这套 NFT 共包括五件不同的作品，每件作品的灵感来自口红的色号，由女性数字艺术家设计。

根据 TechCrunch 的报道，在星巴克 2022 年第二季度财报发布之际，这家老牌咖啡企业发布了自己的 NFT 计划。2022 年 12 月初，星巴克奥德赛（Starbucks Odyssey）正式推出，这是星巴克的品牌忠诚计划和 NFT 社区，希望品牌粉丝能够获得更广泛、更多样化的奖励，例如举办一些互动活动，星巴克会员在完成活动后便可以获得旅程 NFT（Journey Stamps）。星巴克认为，第三类场所的本质其

---

① 参考自 https://www.voguebusiness.com/technology/adidas-releases-digital-fashion-for-nft-holders。

实与品牌紧密的情感联系和归属感息息相关。除此之外，星巴克的社区文化也做得比较好，一直在构建强联系的社区文化，这种社区文化和 NFT 的内涵是有联系的。

星巴克致力于构建协作和共享的咖啡社区，一切都围绕咖啡开始，而星巴克也积累了很多与咖啡有关的文化，包括艺术品、书籍等。因此，星巴克提到了对 NFT 的期待，想要创建全新的数字生态系统，与星巴克目前的数字平台互补。

第八节　生成式人工智能驱动 Web3：NFT 与 AIGC

一、生成式人工智能的前世今生

2022 年 11 月，人工智能公司 OpenAI 开发了名为 ChatGPT 的聊天机器人，供全网用户免费试用，掀起了一波热潮。ChatGPT 的模型由 OpenAI 公司训练，在 ChatGPT 的界面中，用户可以采用对话的形式，和语言模型进行互动。这样一来，ChatGPT 就可以回答用户后续问题，根据上下文的理解对问题进行分析，并拒绝用户不适当的请求。2022 年 8 月，在美国科罗拉多州举办的艺术博览会上，游戏设计师杰森・艾伦（Jason Allen）通过人工智能绘画工具 Midjourney 生成的作品《太空歌剧院》获得了数字艺术类别冠军。人工智能的绘画能力令人惊叹，引发了很多人的关注。几十年前，科幻小说作家对机器的未来进行了展望，描绘出了可以像人类一样思考、自主学习，甚至具备情感的机器人。随着科技的进步，人工智能技术走出了小说，开始在真实生活中被广泛应用，而许多艺术家受到象征未来主义技术的影响，发现了科技可以扩展创作元素的潜力，也开始运用计算机和数字技术进行创作。

生成式人工智能（Generative Artificial Intelligence）也被称为AICG（AI Generated Content，人工智能生成内容），其原理是训练深度神经网络，使之能够生成自然形态的输出。生成式人工智能需要大量的数据作为输入，并让网络学习从这些数据中提取特征。一旦网络训练完成，它就能够生成新的数据，这些数据看起来和真实数据没有区别。这项技术的历史可以追溯到2014年，研究员伊恩·古德费洛（Ian Goodfellow）在辞退了OpenAI的工作后重回谷歌公司，组建了一个专门探讨“生成模型”的研究小组，这个小组主要用来打造可以创造性地生成真实世界的图片、照片、音像等元素的系统，之后，生成对抗网络（Generative Adversarial Networks，简称GANs）诞生，标志着通往人工智能的创造之路正式打开。

那么，如何理解生成对抗网络？生成对抗网络主要通过训练两个神经网络来生成新的数据，这两个神经网络一个是生成器（generator），可以根据输入的随机噪声来生成新的数据；另一个是判别器（discriminator），作用是判断一个数据是否真实，即是否来自原始数据集。通过训练这两个网络，生成器可以学会如何生成真实的数据，而判别器可以学会如何区分真实数据和生成数据。生成对抗网络的训练特点是博弈对抗，可以用下面这样一个通俗的例子来类比。

如果你是一名围棋棋手，计划在下次比赛中得到正式上场的机会。这样，每次训练赛之后你都要去找教练，提出自己想要上场比赛的要求，但是教练会对你的表现进行评估，并把你的下棋表现和其他选手进行比较，之后发现你的水平不足以去参加正式比赛。于是，你就继续训练下围棋，教练不断地通过你的练习成果进行评估，通过不断的训练棋艺，最终教练把你和所有选手的表现都进行综合评估（因为你的棋艺在进步，别人的棋艺也在进步），等到综合评估的结果通过了教练的考核，你就可以正式上场了。

通过这种不断的训练和评估，生成式人工智能可以生成自然形态的输出，如文本、图像和声音。生成式人工智能发明之初，主要用于图像生成，即生成类似于真实图像的数据。随着研究的深入，人们发现也可以将它用于生成文本和声音，这给许多领域带来了重大影响，比如自然语言处理和计算机视觉领域。

二、数字艺术的发展历程

1967 年，30 位工程师和科学家与 10 位当代艺术家联手展示了科技在艺术中的应用。1968 年，伦敦当代艺术研究所举办了名为“控制论的偶然性”（Cybernetic Serendipity）的早期计算机艺术展览。同年，计算机艺术协会成立，旨在促进计算机在艺术作品中的使用。在整个 20 世纪 60 年代和 70 年代，很多数字艺术创作都依赖于数学应用，通过早期的算法和数学来产生抽象艺术。对于早期的数字艺术来说，人们需要了解数字艺术的媒介——计算机的运行方式，因此，很多早期的数字艺术家都是计算机程序员。1984 年，一个结构性的转变发生了，这不仅会改变创造计算机艺术的方式，更重要的是会改变创造它的人。

20世纪80年代，苹果公司发布了重要产品Macintosh电脑（Mac），这台电脑的主要优势是图形用户界面（GUI），可以通过图标和窗口呈现计算，这样一来，普通人就能够与计算机互动，Mac 用户只需 195 美元就可以购买 MacPaint，创建自己的数字艺术品。个人电脑（PC）的出现降低了数字艺术创作的门槛，之后专门为创作数字艺术而开发的标志性软件开始不断涌现，比如 1988 年的 Adobe Photoshop、1990 年的 Corel Painter，等等。

软件的出现使得数字艺术的创作更加容易，更多艺术家开始使用软件工具，并且组建社区，分享经验。1997 年，奥斯汀数字艺术博物馆开始走在展示和推广数字创作的前列。

20 世纪末至 21 世纪初，新兴数字艺术社区、电影界各种惊人的数字视觉效果、电子游戏中浩瀚的虚拟世界不断流行，数字艺术渐渐深入人们的生活。2008 年之后，随着区块链技术逐渐被广泛应用，NFT 出现。结合多年来人们对数字艺术的关注和赛博朋克世界的向往，NFT 顿时吸引了很多人的目光。

三、生成式艺术与 NFT

人工智能在 Web3 领域的重要性正在不断增强，纵观技术发展史，类似的现象时有发生。不同的趋势有时候能够相互叠加，持续推动彼此市场份额的扩大，例如社交网络、移动互联网和云计算的发展，其中每一种技术都推动了另外两种趋势的进一步发展。生成式艺术是一种利用生成式人工智能技术创作艺术作品的方式，能够生成自然形态的输出，包括文本、图像和声音，因此，它可以用来创作各种不同类型的艺术作品。生成式艺术作品通常由电脑程序生成，但艺术家也可以通过指定输入数据和约束条件来控制作品的形态和内容，这就使得生成式艺术具有高度的可定制性，并且可以生成独一无二的作品。

生成式艺术开始影响 NFT 领域，计算能力的提升也推动了项目的创新和引人注目的收藏品的诞生。著名土耳其数字艺术家雷菲克·阿纳多尔（Refik Anadol）使用人工智能技术，结合建筑学、平面设计和计算机科学等领域的知识，将著名建筑物《巴特罗之家》映射成为数字艺术作品，并且制作成了 NFT。阿纳多尔也在时刻思考如何把自己的艺术实践与计算机结合在一起。位于伊斯坦布尔 SALT Galata 艺术馆的浸入式艺术装置“梦想档案馆”（Archive Dreaming），是雷菲克·阿纳多尔与谷歌公司合作完成的。档案馆通过 SALT Galata 艺术馆的 170 万个文档作为数据源以及计算机编程，实时渲染出 170 万张图像，创造出惊人的数据可视化艺术作品，其整个视觉系统通过计算机科学与数据可视化转化为沉浸式艺术空间。

人工智能技术和 NFT 的结合使得人们可以拥有独一无二的数字艺术作品，而 NFT 还可以验证作品是否唯一，这就给未来创造了很多新的可能性。

第五章

DAO：人类协作的全新组织范式

数据显示，DAO 的数量从 2021 年 5 月的 700 个增加到 2022 年 6 月的 6 000 个，数量同比增长 757%。[1] 那么，DAO 的重要意义何在？它可以解决哪些问题？

像公司这类我们熟悉的组织形式，通常都是等级制管理机构，长期以来都是指导人类工作活动的重要手段，但是，中心化的管理也存在一定的问题，因为在这类管理模式中，只有少数人负责管理，因此很多组织做出的决策并不透明，并且中心化的管理通常会过度强调少数人决策的目标，比如时刻想要实现股东利益最大化等商业目标，从而很容易忽略如可持续发展、保持 ESG（环境、社会和公司治理）平衡等其他也需要考虑的重要目标。

DAO 的出现，为 Web3 的运行提供了新型治理结构。从历史来看，组织的出现主要是为了处理新出现的业务，协调经济和社会方面的互动方式。随着人类社会数字化的进一步提升，在线商业合作和业务发展成为常见形式。

Web3 中的关键要素——区块链，逐渐成为新兴分布式系统的技术基础，其中蕴含的去中心化思想可能会改变人和事物之间的交

---

① 参考自 https://nairametrics.com/2022/06/10/the-number-of-daos-have-increased-by-700-in-12-months/。

易方式，这种改变也为新的治理模式和协调模式创造了条件，于是，在区块链解决了人与人之间的信任问题后，新的组织形态也随之出现，这就是DAO出现的契机。

因为人们意识到传统的集中式管理的局限性，部分喜欢探索的先驱就开始想办法把开放协议和标准引入组织管理中，希望让全世界的人都可以通过DAO的模式进行合作，发挥生产力最大化的优势。纵观历史，组织的力量在推动社会进步的过程中发挥了重要作用，那么，DAO是否会真正走向主流社会，成为一种普遍的组织模式呢？它的优势在哪里？它有哪些具体的实际应用？它还存在哪些亟待解决的问题和挑战？

第一节　DAO是什么，如何运行

一、DAO与传统组织的区别

1. 什么是DAO

DAO是基于区块链核心思想理念，通过某个达成共识的群体自发生成的共创、共建、共治、共享的协同行为而衍生出来的组织形态。DAO是由计算机代码和智能合约负责运营的新型组织，没有传统组织的中心化管理者，通过预先设定好的规则和智能合约来自动处理组织内部业务，组织激励主要靠Token和社区共同运营。接下来，为了让大家更清晰地理解DAO的具体含义，我们把DAO

（Decentralized Autonomous Organization，去中心化自治组织）这个词语中的每个词都单独拿出来解释一下：

- 去中心化（Decentralized）：指组织所依赖的技术，主要是区块链和智能合约，而之前传统公司等中心化组织主要依赖法律文件和章程。
- 自治（Autonomous）：指组织团体有能力行使必要的运营和监管职能，不需要外部机构的干预。
- 组织（Organization）：人们可以在组织中进行合作，从而实现个人所不可能实现的目标。

从某种程度来看，DAO 也是一个具备技术性质的新型的、由集体所有的社会组织系统和治理系统。技术专家通过这种模式，研究如何能够通过区块链技术和智能合约进行组织管理，实现决策自动化，重新改造目前组织的生产关系。DAO 的每个成员都可以通过组织前置的目标和治理结构参与集体决策。我们目前看到的 DAO，通常是通过不同的目标把社区成员聚集在一起，有的 DAO 的主题是艺术家联合会，致力于做出一个作品集；有的 DAO 是风险投资 DAO，靠团队的力量去投资一些不错的创业项目；还有慈善 DAO、音乐 DAO，等等。

2. DAO 和传统组织的区别

如今常见的中心化组织模式，通常有着明确的等级制度，成员需要遵守组织的既定规则进行协作。例如，公司就是典型的中心化组织代表，公司的董事会和高层管理者负责制定、更改章程和规则。每个公司的创始团队都会在公司创立之初设定好公司的愿景、使命、商业模式等。

而对于DAO来说，不存在董事会，没有高层管理者，也没有所谓的“员工”，所有规则都写在了区块链智能合约中的代码上。组织内的所有成员可以集体投票进行决策，通常是本着平等、公开的原则，而不是由少数人管理全部的业务。对于DAO来说，透明是其最重要的特性，利用区块链不可更改的时间戳，所有DAO的行动都会记录在不可篡改的区块链账本上。

表5-1　中心化组织和DAO的区别

中心化组织	DAO
特定成员进行组织内部决策	所有成员都以投票方式进行决策
合同受到相应管辖国家地区的法律保护	通过集体决定的智能合约管理
自上而下、层级管理	每个成员都是平等的

去中心化系统的显著特征主要是信息传播效率更高，治理方式更加灵活。从信息传播的模式来看，DAO的系统中不存在类似传统公司的中央信息和等级系统，相反，信息是分布在整个系统中运行的。外部信息和知识会从去中心化系统中实时产生信息的地方进入，因此，信息流通的效率会高于等级分明的传统组织。由于DAO对新鲜信息动态反馈的速度会更快一些，因此，DAO的进化能力会更加具备优势。传统公司制的权力架构中，治理遵循等级化的树状结构，比如任命和管理要求需要层层传递。但是，在DAO中，通过平等的权力架构，成员可以更好地进行专业能力互补。如果合理地运营DAO，尤其是具备优质的信息分配和反馈模式的DAO，就

可以高效地进行生产力的布局。

3. DAO 的运行模式

首先，DAO 的社区会选出一些成员，负责制定一个章程。当然，章程的会议、讨论内容都会被记录在公开的文档上，所有组织内部成员都可以清晰地看到相关讨论过程。之后，通过社区集体投票，决定是否通过属于这个 DAO 的章程和规则。接下来，根据讨论出来的规则，推选出的成员会将规则抽象成计算机代码，部署到智能合约上，当合约满足相关条件时便会自动运行，任何人都无法干涉。

第二节　DAO 的缘起与实例

DAO 的缘起

早期，人们常用 DAC（Decentralized Autonomous Corporation，去中心化自治公司）这个词，自 2016 年之后，DAO 的概念开始被广泛使用。有学者认为，第一个 DAO 就是比特币，因为比特币网络的管理和运行是通过链上共识完成的。以太坊创始人维塔利克在 2014 年首次提到了 DAO 的概念：DAO 是一个活跃在互联网、完全自治的主体，不过也高度依赖雇佣模式来执行某些机器无法完成的任务。2014 年，以太坊基金会成立。以太坊基金会是一个非公司性质的非营利组织，旨在支持以太坊和相关技术的发展，不会对以太坊有任何控制，只会通过以太坊生态系统支持这类项目，向以太坊社区内的项目和实体提供类似财务与非财务方面的支持，推动整个生态系统的发展。

2016 年，首个 DAO 在以太坊上创立，名字叫作 The DAO。The DAO 是由一家叫作 Slock.it 的德国公司发起的，本质上是以去中心化模式运营的基金，最开始是用众筹模式运营的。所有人都可以参与 The DAO 的众筹，购买 The DAO 的代币之后，就有权提交投资建议并且投票，如果某个投资建议的提案获得一定数量的投票，智能合约会自动为选出来的项目提供资金。短短一个月内，The DAO 就成功众筹了总价值超过 1.5 亿美元的以太币，参与人数超过 10 000 人。但是，2016 年 6 月，在 The DAO 刚刚运营不到两个月的时候，就有黑客利用代码中的漏洞，盗取了价值 7 000 万美元的以太币，这件事给 The DAO 的发展造成了严重打击，并且引起了以太坊社区的严重分裂，而以太坊基金会同意了社区多数人的建议，决定将所有被黑的资金归还给投资者，而以太坊因此次事件也发生了硬分叉。尽管 The DAO 并没有成功，但是它的出现让人们开始探索这种新的组织模式，也为后面的 Aragon、DAOStack、Colony 等 DAO 及用于创建 DAO 的工具的出现奠定了基础。

2018 年，DAO 搭建平台出现，旨在设计 DAO 的权限，通过投票安全地连接各种模块，建立交易交付系统，并理清分布式决策过程中出现的问题，其中一个典型的案例就是 Aragon DAO。

1. Aragon 是什么，它是做什么的

Aragon 是一个用来创建 DAO 的工具，如果想要创立一个 DAO，可以使用 Aragon 模板定义社区边界。Aragon 还为 DAO 提供 Token 化的金融工具，用户可以使用 Aragon 的工具进行 DAO 的管理，比如利用表单、Token 传输、投票、分配角色、会计、众筹等功能。Aragon 还包含去中心化解决争端的机制，旨在解决 DAO 运营时出现的问题，比如组织内部的争端等。Aragon 的代币叫作 ANT，持有者可以根据系统所要遵守的基本规则，对案件和争端进行投票。除此之外，Aragon 还包括满足组织需求的模块化系统，即在 Aragon 平台上还可以创建不同的新功能。

2019 年起，DAO 开始迅速发展，出现了像 dOrg 这样获得美国法律许可的 DAO。dOrg 是专门研究与 DAO 相关的区块链开发平台，通过建立并研究开源工具，推动 DAO 生态系统的发展。2019 年，dOrg 正式宣布它是美国法律规定的首个合法成立的 DAO。在将 DAO 的代码部署到以太坊上之后，dOrg 在佛蒙特州成立了以区块链业务为主营业务的有限责任公司，这样 DAO 就具有了正式的法律地位，可以和其他公司签订协议，为参与者提供责任保护。

在 2020 年的“DeFi 之夏”（DeFi Summer），流动性挖矿出现，同时出现了以 DeFi 为核心的 DAO，比如 Uniswap 等。而随着 2021 年 NFT 的流行，出现了一些基于 NFT 的 DAO，而风险投资在 Web3 领域的爆火也产生了一些风险投资 DAO。

2. Y Combinator 的 Orange DAO

随着人们对 Web3 的兴趣和关注度逐步提升，风险投资 DAO 也成为全新的投资模式，特别是在投资加密赛道，成为发现优质创业项目、达成交易的新模式。创业公司孵化器 Y Combinator（简称 YC）的 Orange DAO 就是一个典型代表。Orange DAO 的官方章程中写道："Orange DAO 致力于帮助加密赛道的初创公司申请风险投资，帮助这些创业者加入 Y Combinator，协助提升他们的领导力，并且进行招聘和业务指导。"2021 年秋天成立的 Orange DAO 的标志是一个巨大的橘子，含义为"多汁而充沛的回报"，发起人是几名 YC 校友，旨在建立一个可以为加密初创公司提供支持的风险投资组织。截至目前，Orange DAO 已经吸引了上千名 YC 校友。通过校友的资深创业经历和广泛的人脉，Orange DAO 可以通过投资创业项目提供创业培训，也可以帮助迭代产品，是一种全新的项目孵化方式。

第三节　DAO 的优势、设计与衡量

我们发现，2016 年左右出现的早期 DAO 具备典型的运营优势。首先，它易于操作，覆盖面广，参与者只要购买 Token 就可以成为 DAO 的成员，个人到组织的数字资产转移几乎是在瞬间发生的，这种参与感不会受到传统金融机构延时的限制。除此之外，DAO 的成

员范围可以覆盖全世界任何国家、任何地区，人们可以通过加密网络汇集资金，完成共同的目标和梦想。其次，在 DAO 的发展过程中，得到的反馈信息是更加广泛的。DAO 的发展高度依赖成员的参与，而作为一个整体的平等化组织，DAO 更容易整合更广泛利益相关者的信息和反馈，通过算法系统和区块链，DAO 在获得更多优质反馈之后，可以更好地进化成长，避免传统组织结构的封闭性。

一、DAO 为新兴市场带来机遇

部分欠发达地区长期存在合同执行效率极低、通货膨胀严重、金融体系不完善等现象。对于新兴市场的创业者来说，DAO 可以为这些创业者提供新的创业方向。例如，非洲或拉美地区的创业者，可以通过 DAO 的模式，创立一个不受本国市场限制的组织模型，从而涉足本国以外的市场。对于这些创业者来说，DAO 的创立成本比传统公司低很多，并且创立 DAO 不需要等待漫长的文书处理时间，而且 DAO 所具备的功能和传统的创业公司是相同的。

二、DAO 的设计和衡量

成立一个 DAO，要思考以下几个要点：

- 构建 DAO 的目标是什么？
- 是否需要使用现成建立 DAO 的工具？
- 哪些决策需要由社区集体做出？

· 如何管理 DAO 的“国库”（资金）？

· 成员如何获得治理 Token？怎样赚取治理 Token？

同 NFT 相比，DAO 的参与过程稍显复杂。因为无论是谁，只要设置好自己的加密钱包，就可以直接在 NFT 交易市场浏览、买卖。但是，DAO 不一样，人们在加入一个组织之前，会考量更多的因素。

用户使用传统互联网平台的步骤通常是先创建账户，再验证电子邮件或手机号码等。对于 DAO 来说，用户需要考虑和关注的问题更加宽泛。对于 DAO 的运营来说，引导组织向着既定规范发展是非常重要的，特别是成员的提案和投票都需要满足相关质量标准和规范。但是，监测成员按照既定准则参与 DAO 的活动并不是一件容易的事情，当然有很多组织将责任和规范委托给链下解决，但是，如果想通过链上解决组织治理问题呢？

依赖链外管家会影响链上治理机制。然而，如果我们不设计正式的结构来支持自愿的管理人，并制定公平的补偿和问责规则，管理人可能会简单地将社区分流到其他组织结构中。很显然，更好的解决方案是实施链上管理。但是怎么做呢？

如果 DAO 是社区拥有的组织，也许我们可以按照传统在线社区的管理人的模式来塑造我们的链上管理人——主持人。根据康奈尔大学互联网法学教授詹姆斯·格里梅尔曼（James Grimmelmann）的观点，管理可以被定义为“构建参与社区的治理机制，以促进合作并防止滥用”。与此相呼应，卡内基梅隆大学人机交互研究所的研究人员采访了 Twitch、Reddit 和 Facebook 上的社区志愿者版主，发现“如果有工具，用户可以非常有效地进行自我管理”。社区平台提供算法工具（如 Reddit 的 AutoModerator）来过滤客观的内容侵权行为，如果成员有一次违反 DAO 规范但不造成严重影响的行为，管理人通常不会将其从社区移除。当然，这些管理人的行为也和维护 DAO 成员的责任心以及管理经验等有关。

第四节　DAO 面临的问题与挑战

DAO 还处于早期探索阶段，无论是从技术上还是法律上都存在一些问题，值得人们持续去探索。

一、智能合约可以解决一切问题吗

刚接触到区块链的时候，大家通常会接触到“无需信任”这个词，但究竟什么是“无需信任”？所谓区块链中的无信任或者无需信任，本质上指的是对底层代码的信任，这种对代码的信任甚至超越了对人的信任。但是，智能合约的底层代码仍然是由开发者编写的，也就是说，DAO 的所有成员都需要相信开发者编写的智能合约框架不存在任何问题，以免错误的智能合约代码给组织的运行造成不可挽回的后果。例如，之前很多项目的合约本身存在代码漏洞，导致整个项目完全失败。

二、DAO 发起方的权力趋向集中化

如何保障真正的去中心化治理？大家对 DAO 的认知是，这类组织模式不应该存在董事会和高管这样的机构，但我们需要承认，所有的 DAO 都需要有人负责发起，也会有早期开发者开发组织可以运营的初始代码框架。而通过实践，大家会发现，在 DAO 的创始初期，靠集体决策来冷启动是非常困难的。原因何在？由于不存在责任人，决策效率会非常低。而能够承担责任的少数创始成员来承担产品及社区的搭建，效率会更高。但是，这种模式无疑会赋予部分成员巨大的权力。比方说，DAO 的创建和智能合约息息相关，而且和软件绑定得非常紧，那么能够理解代码和合约的成员在认知上会比那些不理解的成员要高，懂代码的成员在 DAO 的智能合约业务上就会具有更高的影响力。

三、DAO 与传统商业的互动仍存在挑战

从传统商业行为和法律定义来看，公司是一种企业组织形式，也是以盈利为目的的社团法人，包括有限责任公司和股份有限公司。那么，如果 DAO 想作为一个实体，和公司这样的法人组织进行业务往来，也需要具备与其相匹配的法律地位。

目前，公司已经具备了相对完善的法律框架，无论是合同签订，还是公司需要肩负的法律责任和需要履行的义务，但目前 DAO 并没有一个完善的法律框架。DAO 越来越流行，但法律框架尚且不完善，这就给实际业务带来很大的挑战。例如，DAO 很难像传统企业一样，

签订完善的合同，尽管DAO可以通过治理提案或者授权某个个人代表进行业务合作和洽谈，但是个人很难自动享有在公司才能够享有的有限责任。

四、对DAO的监管缺乏清晰度

2018年7月，佛蒙特州成为美国首个允许创建“区块链有限责任公司”的州。尽管法律中没有明确提到“DAO”，但DAO的组织模型也会适用于佛蒙特州对基于区块链公司的要求。2021年7月，美国怀俄明州颁布了全国首个提及DAO的律法《怀俄明州去中心化自治组织补编》（Wyoming Decentralized Autonomous Organization Supplement），2022年3月进行了再次修订。但即便是这样，无论是美国其他州还是世界其他国家和地区，对DAO的监管条款仍然没有普及，这为DAO的运营及合规提出了挑战。

第五节　宪法DAO：用DAO购买宪法①

2021年11月18日，苏富比拍卖会对1787年定稿的美国宪法第一版印刷本进行了拍卖，但是，由于一个区块链爱好者DAO的参与，这次拍卖立刻成为一件颇为轰动的大事件。

---

①　本节由卫剑钒撰写。

这个 DAO 在一周的时间内吸引了 17 437 名用户参与，成功募集了价值 4 700 万美元的加密资产参与竞拍。

一、从一个玩笑开始的实践

互联网上很多事情发展之初只是来自一句玩笑话。有个区块链爱好者看到有一篇文章提到美国宪法准备拍卖，开玩笑说："如果有一帮区块链爱好者想竞拍美国宪法，他们会怎么做呢？"然后就开始了一场线上会议，一半人是抱着开玩笑的态度，另一半人却真的想要实践这件事。在线上会议结束时，大家就决定："OK，让我们正式开始吧！"于是这 30 人就组成了"宪法 DAO"（Constitution DAO）的核心成员。

说到这里，先介绍一下要拍卖的美国宪法。1787 年，美国费城在长达三四个月的制宪会议上，经过大量的争辩和协商，最终形成了首版宪法（于 1789 年 3 月 4 日才正式生效）。有了这部宪法，美国成为一个由各个拥有主权的州组成的联邦国家，同时有一个联邦政府来为联邦的运作服务。

制宪会议结束后，被确认的宪法文本一共印刷了 500 份，让代表们带回各州，留存到现在的有 13 份，其中只有两份在私人手里。更为有趣的是，这部宪法现在仍然是有效的宪法。自美国宪法诞生后，两百多年来没有修改过一个字，所有改动都通过修正案体现（现在一共有二十七条修正案）。

1988 年，这份宪法首次出现在公开拍卖会上，S. 霍华德・戈德曼（S. Howard Goldman）用 16.5 万美元从苏富比购买了它。1997 年，霍华德去世，他的遗孀多萝西·戈德曼（Dorothy Goldman）成了这份宪法的监护人。2021 年 11 月 18 日，苏富比为这件拍卖品举办了一场专门的拍卖会，拍卖所得将捐给以多萝西·戈德曼命名的慈善基金会。

很快，宪法 DAO 注册了域名 ConstitutionDAO.com，并搭建了网站。2021 年 11 月 12 日，网站上线，只有一个号召捐款的页面。

显然，要购买宪法，募集到足够的资金是最重要的。那么需要多少钱？宪法 DAO 一开始认为，至少需要 2 000 万美元，后来认为不够，又提高到 3 500 万美元。到拍卖日截止时，他们一共收到了 11 601 个以太币，当时每个以太币的市价大约是 4 000 多美元，所以总金额大约是 4 700 万美元。

要人们愿意把以太币打给宪法 DAO，需要解决捐助者的两个心理障碍。首先，人们能把钱打进去，还能在竞拍失败时把钱取回来，而且整个过程要公开透明；其次，能防范核心成员卷款跑路。

显然，在所有现存技术中，用区块链打消这个疑虑是再合适不过的。首先，使用区块链技术，一切都透明公开，而且有智能合约在，一个人的钱不会被其他人拿走（除非智能合约有漏洞）。其次，智能合约可以由多人来控制，一个人卷款跑路很可能发生，两三个人合谋卷款就不太容易发生，而更多人（比如十个人）一起合谋卷款就几乎不可能发生。这就极大地增强了人们对自己资金安全的信心。

从 11 月 12 日发起宪法 DAO 的拍卖，离拍卖日（11 月 18 日）只有不到一周时间，现写智能合约来得及吗？来是来得及，但是没必要，早已有现成的 Web3 工具可供使用，何必自己去写。所以，宪法 DAO 的网站只有一个页面，其他事情都由专门的 Web3 工具来做。

二、用 Web3 工具赋能 DAO

宪法 DAO 主要使用了两个 Web3 工具：Juicebox 和 Gnosis。Juicebox 是一套部署在以太坊上的智能合约，可实现资金的募集和代币的发行；Gnosis 通过智能合约，实现了多签（multisig），即一个交易需要多个地址的签名才能执行，就像一个企业内部需要多个领导签名才能汇款一样。

我们先看看第一个工具：Juicebox。宪法 DAO 使用 Juicebox 来集资和提供代币。Juicebox 其实就是众筹工具，和以前各类众筹网站（如 Kickstarter）的区别是，它使用区块链技术，任何人都可以在 Juicebox 上创建一个项目来筹钱，筹的是以太币，同时为捐助者提供一种新的 Token。比如，宪法 DAO 通过 Juicebox 获取的捐助是以太币，发行的是 PEOPLE Token。一个人捐助 0.01 个以太币，就会得到 10 000 个 PEOPLE。以太币和 PEOPLE 一开始都存放在 Juicebox 的智能合约上，需要的时候，筹资方（项目方）可以提走（withdraw）以太币，捐助方可以提走（claim）PEOPLE。

根据宪法 DAO 的 FAQ 文档，如果拍到宪法，捐助者并不会获得宪法的拥有权，而是获得对这个文物的治理权，每个人按照自己拥有的 PEOPLE 份额，投票决定如何保管宪法，以及在何处（比如哪个博物馆）展示、如何展示、展示多久等。如果竞拍失败，项目解散，用户可以用 PEOPLE 赎回（redeem）以太币，兑换比例为

1∶1 000 000。

此外，PEOPLE 还有其二级市场。2022 年 11 月，PEOPLE 在二级市场上的兑换比例远高于 1∶1 000 000。这是很有意思的，因为 PEOPLE 现在已经没有什么实际用途了（宪法 DAO 已经解散），但人们还是在交易，仅仅因为它曾经是宪法 DAO 的 Token。

现在看第二个 Web3 工具：Gnosis Safe。Gnosis Safe 通过多签技术，可以解决项目方卷款跑路的问题。在 Juicebox 上绑定的项目方地址是一个 Gnosis Safe 钱包地址，它使用多签技术实现多人控制。这完全可以类比为一个保险箱需要同时插入多把钥匙并且同时转动才能打开，其设置是 N/M，若设成 5/8，就是指保险箱的管理员有 8 人，其中 5 人同时使用钥匙，才能打开保险箱。

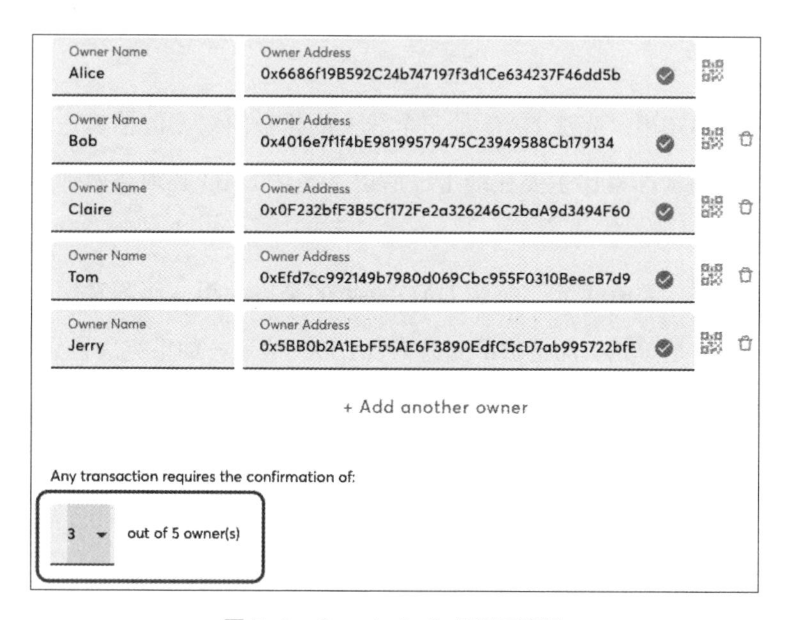

图 5-1　Gnosis Safe 设置示意图

图 5–1 为 Gnosis Safe 的设置页面，设置了 5 位管理者，同时设置了“3 out of 5”，即 3/5，也就是说，此地址发出的任何交易都需要至少 3 位管理员签名。

宪法 DAO 的保险箱设置是 9/13，即获得该组织 13 名核心成员中任意 9 人的签名，才能转移资金。一开始，这 13 名成员是匿名的（为人身安全起见）。但匿名带来一个问题，谁知道这些地址背后是几个人呢？一个人也可以有多个地址，所以社区对此并不满意。于是，宪法 DAO 的核心成员开始着手解决此问题，令人惊讶的是，在被询问到是否愿意公开自己的身份时，这 13 个人均表示愿意，于是，宪法 DAO 公开了这些签名者的真实身份。

三、DAO 如何与现实连接

我们知道，宪法 DAO 是完全线上的松散组织。但拍卖是苏富比组织的，苏富比主要在线下，所以，宪法 DAO 必须要做到以下三点。

第一，要有美元。宪法 DAO 募集的是以太币，而苏富比拍卖行需要的是美元。加密货币交易平台 FTX[①] 表示，如果宪法 DAO 竞拍成功，会帮助它将以太币兑换成美元，因为在拍卖前，苏富比是要求验资的。查询 Etherscan 网站可以看到，在拍卖前，宪法 DAO 先是把 Gnosis Safe 里的以太币转给一个中转地址，然后很快转给了 FTX。

---

① 一年后，也就是 2022 年 11 月，FTX 因资不抵债宣布进入破产程序。

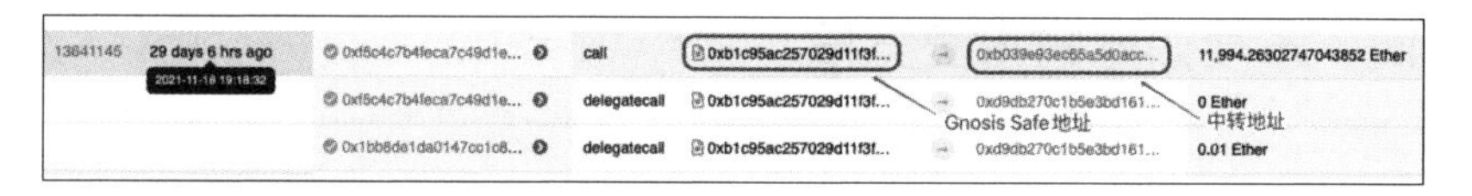

图 5-2　上万个以太币从保险箱转移到中转地址示意图

	Txn Hash	Method	Block	Age	From		To	Value	Txn Fee
	0xad83a14e3d6de56c41...	Transfer	13641248	29 days 5 hrs ago	0xb039e93ec65a5d0acc...	OUT	Blockfolio	38.9540284 Ether	0.004641
	0xa20efa46f53a91f1bab...	Transfer	13641154	29 days 5 hrs ago	0xb039e93ec65a5d0acc...	OUT	Blockfolio	11,994.25866493043852 Ether	0.00436254
	0x389b5dcb5fa56569b7...	Transfer	13640885	29 days 6 hrs ago	0xb039e93ec65a5d0acc...	OUT	Blockfolio	0.99466285 Ether	0.00533716

中转地址　FTX 的地址　2021-11-18 19:38:45

图 5-3　上万个以太币从中转地址转移到 FTX 示意图

第二，拍卖当天需要有人去现场出价。在拍卖当天，非营利组织 Endaoment 派人代表宪法 DAO 参加拍卖会并在现场出价。Endaoment 是一个美国 501(c)(3) 免税公共慈善机构，专注于以最低费用将捐赠资金从捐助者转移到非营利组织，其技术基础设施建立在以太坊上。

第三，竞拍成功后，要能保管好宪法。Endaoment 表示，在竞拍成功后，可以先代为保管宪法，然后在宪法 DAO 准备好后（比如做好安全防盗措施等），找时间交接。

有人提出过，如果竞拍成功，就将这份宪法烧掉，让它永远保留在区块链上，这样就可以省掉线下的种种麻烦。这并非异想天开，2021 年 3 月，有一个加密团队花 9.5 万美元买了艺术家班克斯（Banksy）的作品《白痴》（*Mornos*），扫描后将其烧毁并将整个过程通过视频进行直播。然后，该团队将扫描件做成 NFT，挂在 OpenSea 上拍卖出了 38 万美元的高价。

如果烧掉这部宪法，就不用考虑如何保管它，要做的就是把它扫描上链，做成 NFT，并且有可能卖出更高价格，如此一来，下次拍卖，就不用通过苏富比了。但这个想法过于激进，以至于团队并没有采纳。

四、未能如愿的拍卖竞投

2021 年 11 月 18 日，拍卖如期开始，而且过程异常激烈。宪法 DAO（由 Endaoment 派人代表）和对冲基金城堡投资（Citadel）创始人肯·格里芬（Ken Griffin）委托的代表相执不下，当价格抬高到 4 000 万美元时，宪法 DAO 决定放弃。最终，肯·格里芬成功以 4 100 万美元的落槌价拍得，加上佣金等费用后总成交价达 4 320 万美元。宪法 DAO 并不是没有这么多钱，放弃的原因在于，如果高于 4 000 万美元，即使拍下了，剩余的资金也不足以支付文物的保管费和运输费。

宪法 DAO 的核心成员之一约拿（Jonah）接受采访时说："我们一群人最终聚集在纽约一起观看拍卖会，这太令人兴奋了。在内部，我们知道代表我们投标的人是谁，但显然，直到拍卖结果出来，我们才能公布。拍卖期间，当数字攀升时，我觉得我紧张得要吐了。如果我们赢了，我可能会哭。这是一次非常紧张的经历，特别是在这疯狂的一周之后。"

竞拍失败后，以太币很快从 FTX 被转回到保险箱中，然后又转回到 Juicebox 合约中。宪法 DAO 的网站上，告诉人们如何从 Juicebox 合约中提走（claim）PEOPLE 或者赎回（redeem）以太币。当然，这些操作都需要用户自己花 gas 费。那时以太坊上的 gas 费确实太高了，小额捐助者的赎回就显得很不值得。比如，张三捐助了 100 美元，但当时 gas 费可能就花了 100 多美元，现在还要再交 100 多美元的 gas 费，才能赎回自己捐赠的 100 美元。

五、这场拍卖的意义何在

表面上看，这就是一次并不新鲜的众筹事件，但是，这是使用了 Web3 技术进行的众筹。传统的众筹技术能达到同样的效果吗？笔者觉得不太可能。

宪法 DAO 声明："这个项目是一个里程碑式的事件，向全世界展示了一群网友可以利用 Web3 的力量去面对一个看似不可逾越的目标，在不可能的截止时间内取得令人难以置信的成果。我们真诚地希望这个项目能够激发他人的灵感，利用 Web3 的力量对世界产生积极影响。"

约拿评论道："这种经历中最有价值的部分，是博物馆和我们交谈的内容，这些博物馆现在想了解更多。他们看到我们在一周之内筹集了 4 700 多万美元，感慨道：'我们至少需要六个月来筹集这笔钱，你是怎么做到的？'很明显，事情正在发生变化，他们现在对 DAO、集体所有权以及我们在做的事情非常好奇。"

仅仅为了竞拍宪法文物，一些籍籍无名的青年在没有任何权威和信任背书的情况下，在一周内向 17 437 人（其中 5% 的人是首次使用加密货币钱包）募集到几千万美元的巨资，这是人类以前的技术做不到的。DAO、Web3 这些区块链技术，使得人类在组织形态和金融形态方面有了新的进步。

当然，DAO 也面临着难题，所有去中心化组织都面临着这样的难题：如何让一群"乌合之众"齐心协力办事？仅仅靠每个人美好的愿望以及兴趣，就能产生"最优"或者"次优"，抑或是"并不差"的结果吗？

第六章

DeFi 萌芽：机会何在

金融支付机构一直在市场中占据非常重要的地位，随着金融系统的复杂度提升和生态不断扩大，金融支付机构凝聚的价值也在不断增长。根据麦肯锡全球支付报告的数据，2020 年全球支付行业收入总额为 1.9 万亿美元，预计 2025 年可以达到 2.5 万亿美元左右。[①] 但是，2008 年金融危机导致人们更关注传统机构出现的问题，比如效率低下、结构性问题和安全问题，而 DeFi 的创新点在于具备重构当今传统金融运行机制的潜能，因为这些传统中介机构长期垄断了金融领域的资本和经济资源，DeFi 可以将高昂的、属于金融机构的收益分配给创建和参与维护当前市场中的所有用户。

从现金到移动支付的演变推动货币的交易载体发生变化。智能手机的逐步普及，使得无现金支付迅速流行，人们曾经熟悉的现金交易正在逐渐消失。除此之外，新一代年轻人成长于移动设备迅速发展的时代，这代表着下一个消费时代的主流人群对电子支付的接受度更高。比特币的出现时机正好契合了金融危机后期人们对现行金融体制的反思，吸引了诸多关注，许多人认为去中心化的支付系

① 参考自 https://www.mckinsey.com/industries/financial-services/our-insights/the-2021-mckinsey-global-payments-report。

统可能会颠覆传统金融体系。

根据欧洲央行的数据，DeFi 的市场规模在 2021 年呈指数级增长，衡量 DeFi 规模的主要指标是 DeFi 协议中的所有数字资产的总和（即总锁定价值，简称 TVL），DeFi 的 TVL 从 2021 年 1 月的 180 亿欧元增长到 2021 年 12 月底的 2 400 多亿欧元。[①]

第一节　DeFi 是什么，以及与传统金融的区别

DeFi 这个词是在 2018 年 8 月以太坊开发者和创业者之间的聊天中诞生的，当时大家想要为以太坊上的开放金融应用运动起个名字，最后决定用 DeFi 来称呼开放的金融应用。DeFi 指的是所有通过区块链技术提供金融服务的去中心化应用程序的总称，可以理解为是区块链技术、数字资产与金融服务的结合。DeFi 致力于应用全新的技术模式，通过区块链技术，创造全新的 Web3 金融系统，促进传统服务提供商和市场结构的替代方案，以提高现有金融市场的效率，打破传统金融的弊端。要理解 DeFi，可以从六个方面着手：稳定币、交易所、信贷、衍生品、保险和资产管理。传统金融主要依靠金融中介机构进行金融及服务的运营，而 DeFi 更强调在开放、透明的环境中运行。同其他 Web3 应用类似，DeFi 仍处于早期阶段，

① 参考自 https://www.ecb.europa.eu/pub/financial-stability/macroprudential-bulletin/focus/2022/html/ecb.mpbu202207_focus1.en.html。

尽管它具备创新能力，但是也存在不容忽视的问题。在初期阶段，无论是行业，还是社会和用户都要意识到 DeFi 带来的巨大创新机会与面临的挑战。

一、DeFi 与传统金融的区别

DeFi 提供的金融服务是去中心化的，也可以理解为将传统金融市场存在的需求映射到了去中心化的区块链上。DeFi 不需要某个特定的金融中介就可以提供服务，因为去中心化平台需要其他服务支持交易，这些服务不需要集中化的金融中介，例如通过 DeFi 平台的接口进行加密资产传输，通过预言机传输信息，通过跨链桥在不同的区块链上进行传输。此外，DeFi 系统是开放的，系统的可组合性与治理结构都与传统金融不同。比如，交易合同由提前设定好的规则和代码自动执行；再比如，可以通过智能合约，对保证金进行强制执行，而不再需要借款人的信用风险评估。

二、DeFi 的特性

第一，DeFi 不需要托管。传统金融是基于托管模式的，并且托管机构需要获得用户的信任。例如，银行需要为客户保管资金，股票存放在托管账户内。但是，DeFi 用户随时可以控制自己的资金，不需要受信任的第三方即可完成。第二，所有人都可以参与 DeFi，不需要任何门槛和额外的申请。第三，DeFi 的代码是公开、开源的，任何人和机构都可以查看 DeFi 的代码，比如验证 DeFi 的代码是否安全，是否与项目对外披露的信息一致，等等。第四，DeFi是具备可组合性的，将不同的应用程序组合在一起以创建新的应用程序，这种可以任意组合的模式，能够迭代出更新的金融产品。但是也要注意，在不同应用程序中运行数字资产会增加系统的复杂性。

第二节 从金融科技到 DeFi 的发展

随着科技的发展，金融服务不再是独立的业务，而是逐渐演化为“科技 + 商业”模式的金融产品。19世纪60年代，高瓦泥·凯斯利（Giovanni Caselli）发明了传真电报机。早期对银行交易中的签名验证需要电报发送和接收信号，但是当时25个字的纸需要将近两分钟才能传送完毕。1887年，爱德华·贝拉米（Edward Bellamy）在小说《回顾》（*Looking Backward*）中首次描述了信用卡购物的理念。1919年，经济学家凯恩斯（Keynes）在《〈凡尔赛和约〉的经济后果》（*The Economic Consequences of the Peace*）中，首次提到了金融和技术之间的联系。1958年，美国运通（American Express）创建了全球首个信用卡网络。1967年，巴克莱银行在英国首次投入应用一款自动取款机，增加了一个六位数的密码，为未来更加快捷方便的金融服务奠定了基础。1983年，苏格兰银行开始提供网上银行服务，由于网上银行在英国取得了成功，很多美国银行在20世纪90年代末左右，也建立了自己的网上银行。而到了移动支付时期，从支付宝等的创新到比特币的出现和去中心化金融的诞生，很多人认为比特币是世界上首个 DeFi 应用，因为比特币的稀缺性和开放性被写入代码本身，用户可以拥有和控制价值，这确实属于金融领域的创新。DeFi 建立在开源技术的新兴金融体系中，通过智能合约将金融治理规则条例写进代码中，用代码保证了智能合约作为金融中介机构的角色，而不需要传统的金融中介实体机构完成这些交易。DeFi 的开源和可组合性，将使得金融科技公司不再专注于连接单一的基础设施，通过 DeFi 的合理创新，可以探索企业与客户的关系，将支付、保险、借贷等去中心化应用集成一体。尤其是，NFT 为数字资产提供了标记和确认所有权的功能，收据可以直接上链，作为金融机构的销售凭证。用户的链上交易历史可以作为验证用户信用的重要方式，比如机构可以通过用户的链上数据来判断是否可以为该用户提供借贷服务，这些都可以融合到未来的金融服务中去。

第三节　DeFi 生态：可组合的积木

DeFi 的使用需要用户将抵押品锁定在智能合约中，这种锁定抵押品的累计价值被称为总锁定价值，指一个加密通目中用户所抵押的数字资产的总价值。那么，如何理解 DeFi 的组成？

一、DeFi 的组成包括哪些部分

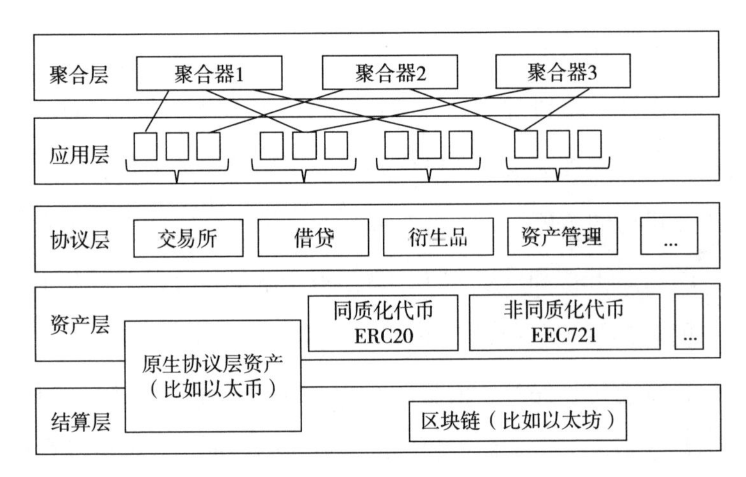

图 6-1 去中心化金融的架构层

资料来源：https://doi.org/10.20955/r.103.153-74

圣路易斯联邦储备银行的学者法比安·舍尔（Fabian Schär）认为，标准 DeFi 技术层主要包括结算层、资产层、协议层、应用层、聚合层五个部分。

第一部分是结算层。结算层是 DeFi 最基本的组成部分，可以对区块链和本地货币进行整合，为资产层、协议层、应用层和聚合层的构建提供基础。

第二部分是资产层。结算层上面的所有资产构成了资产层，包括链上的所有数字资产和 Token。

第三部分是协议层。DeFi 协议是指对发送、接收和格式化数据的规定。协议层则是各种 DeFi 协议，包括用户必须遵循的规范及行业准则，并且协议层具备合作开发和迭代服务功能。协议层对提高 DeFi 的流动性和可扩展性具有重要作用。

第四部分是应用层。应用层主要面向用户服务，其中去中心化应用可以基于协议层为用户提供服务，例如借贷、交易，等等。

第五部分是聚合层。聚合层对结算层、资产层、协议层、应用层进行多样化整合，以简化不同金融工具之间的交易。

二、DeFi 的分类

1. 稳定币

稳定币指的是价值相对保持稳定的加密货币。稳定币也是 Web3 世界交易媒介中的一种，它的出现主要是为高价格波动的加密货币提供替代方案。稳定币通常会与美元这样的货币挂钩，也可以与黄金等其他商品的价格挂钩。稳定币主要想要实现类似法币的稳定价值。大多数加密货币具备高波动性的特质，经常在几个小时内波动超过 10%，尽管对部分交易者来说高波动性是正面特性，但是长期持有加密货币的人并不希望持有一种高波动性资产。任何货币都需要保证它的特定购买力，而稳定币就是用来解决这个问题的。它是将法币与加密世界连接起来的桥梁，具备加密货币可以快速处理交易的特性，又像法币一样价格稳定。稳定币可以与 Web3 世界的智能合约相兼容，也具备可编程性。

稳定币分为三类。第一类是以法定货币支撑的稳定币。这类稳定币包括美元储备，或是以黄金和原油作为抵押品的稳定币，由独立托管方进行管理，需要定期接受审计。2014 年推出的 Tether 是较早推出的稳定币。每存入 1 美元，用户就会收到等值的 1 Tether 币。

第二类是以加密货币为支撑的稳定币。链上稳定币以加密货币作为抵押品，从概念上来看，它和法币支持的稳定币类似，因为它们都有抵押品，只是链上稳定币抵押的是加密货币，而不是法币。支撑链上稳定币的资产都是在区块链上完成的，链上稳定币的价值通常由另外一揽子加密货币进行抵押，稳定币的供应是通过智能合约在链上调节的。

第三类是算法稳定币。它主要指的是用算法来控制稳定币的货币供应，这类稳定币依靠一种模拟中央银行的工作机制来维持其稳定性。货币的供需关系是在区块链上进行调节的，不需要抵押品，但是目前算法稳定币仍处在早期试验阶段，因此也可能会出现一些问题。

2. 保险

DeFi 保险主要指为 DeFi 行业可能遇到的损失而投保的模式。例如，如果某个人或某家公司的资金在 DeFi 平台上，DeFi 有可能被黑客入侵而遭受资金损失。DeFi 保险的存在可以让用户通过支付保险金额，在自己的资金由于意外情况受到损失的时候，获得补偿和保障。一般来说，用户面临的意外包括交易所被黑客攻击、自己参与的 DeFi 协议被攻击、智能合约出现故障、稳定币价格崩溃等。

3. 借贷

传统金融机构如银行，会对借款人进行筛选，评估他们的信用度，从而确保他们的信用。而 DeFi 借贷平台会预先设定好借贷规则，将储蓄者和潜在的借款人对接到智能合约控制的平台上，储户

（即放款人）可以通过把自己的数字资产存入流动性池赚取存款利率，而借款人可以借款，但是需要支付一定利息。整个贷款过程是自动化的。

4. 交易所

目前 Web3 世界中，人们常用的交易场所是中心化交易所。传统的中心化交易所的交易模式以撮合为主。例如，用户 A 以某价格发起购买需求，中心化交易所系统就会去寻找并努力匹配和撮合一个相应的卖单，如果暂时没有可以撮合的卖单，就会先把买单暂存到中心系统。和中心化交易所不同，去中心化交易所的数字资产存放在区块链上，主要通过智能合约来匹配交易双方。一个典型的去中心化交易所的案例是 Uniswap，它建立在以太坊上，具备开源、去中心化的性质，相应的协议代币是 Uniswap（UNI），不属于任何实体。任何用户只要有支持以太坊的加密钱包，都可以使用 Uniswap。2018 年 11 月，Uniswap 推出首个版本的 Uniswap v1，正式上线以太坊主网；Uniswap v2 于 2020 年 5 月上线，对上一个版本进行了技术迭代。2020 年 7 月，Uniswap 的 24 小时交易额突破 1 亿美元。2020 年 9 月，Uniswap 宣布发布治理代币 UNI，持有 UNI 的用户可以对平台的治理提出建议并投票。2021 年 5 月，Uniswap 推出了 Uniswap v3 版本。

5. 资产管理

DeFi 的资产管理主要是指去中心化金融在资产管理领域的应用。例如，基金管理人可以通过自己的策略进行数字资产交易、基金交易策略和业绩公开展示，包括去中心化技术和资产管理的结合，比如去中心化资产管理可以让用户全面了解资产或 Token 持有情况。

第四节 DeFi 的未来和面临的挑战

首先，由于区块链协议无法访问链外数据记录或信息，因此许多区块链技术使用第三方服务访问外部信息。如果第三方提供的信息被破坏或者被攻击，DeFi 协议就会受到影响。其次，由于 DeFi 建立在智能合约的基础上，一旦遇到安全风险，整个应用程序或协议都会被破坏。不过，通过对智能合约的审计可以规避部分缺陷和问题，因为一旦智能合约存在漏洞，就会导致重大的损失。除此之外，与传统金融借贷相比，DeFi 的市场参与者是匿名的，不能靠传统金融机构的信用评分、过往行为调查等方式评估借款人的风险，因此，去中心化借贷需要依赖大量的加密货币抵押品。

不过，DeFi 为 Web3 用户和区块链开发人员提供了探索传统金融之外的新金融模式的机会。通过这些新兴模式，用户可以探索交易和分配数字资产的新方法。同时，DeFi 具备更灵活的用户体验，如果用户不喜欢某个 DeFi 应用的界面，可以使用第三方接口或者建立自己的接口。DeFi 还具备互操作性，DeFi 应用可以像乐高积木一样组合起来，比如稳定币、去中心化交易所和市场预测工具可以组合成全新的去中心化金融产品。DeFi 是全新的开放金融运动，如果今天大家使用的所有金融服务（储蓄、贷款、交易、保险等）都有全新、全球化的 Web3 替代方案，使得世界上所有拥有智能手机和互联网连接的人都可以使用，会是怎样的场景？

第七章

Web3 安全与传统网络安全

传统网络安全是指针对传统体系架构 IT 系统的攻击和防护。历经多年的发展，针对传统网络安全的研究已经相对成熟。区块链安全则属于网络安全领域的新兴话题，有人说区块链本身是安全的，传统攻击根本奈何不了它；也有人认为，区块链领域内出现的安全问题，一点也不少。那么，区块链安全和传统安全到底有什么区别?

区块链在设计上大量采用密码学技术，在业务层、通信层、数据层均使用了加密、签名、哈希等技术，再加上区块链的去中心化设计，使得区块链所承载业务的保密性、完整性、可用性达到了史无前例的高度。但从本质上讲，区块链仍然是一个软件系统，软件可能存在的安全问题，区块链一样存在。即便区块链在底层无懈可击，其上层运行的各种 DApp、Web3 应用仍可能漏洞百出。这就好比地基做得再安全，也不能保障上面的建筑不会出现安全问题。

第一节　传统网络安全的要素和问题①

一、网络安全三大要素的实质

网络安全有三个要素：保密性（confidentiality）、完整性（integrality）、可用性（availability），简称为CIA。熟悉UNIX的读者会比较容易理解一些，在UNIX的哲学里，一切都是文件，而文件的安全，最终落实到读、写、执行（rwx）上。用户对某个文件的访问权限，即是否可读、是否可写、是否可执行，大体上对应了保密性、完整性、可用性。

保密性是指不想让别人知道的就不让别人知道。实现保密性的思路无外乎以下几种：

- 不记录，不留任何书面记录，只将记录留在脑海里，且不露声色。
- 锁起来，不管是物理性还是技术性的锁，实现对访问者的访问控制，只有访问者获得授权才能访问。
- 藏起来，只让获得授权者知道在哪里，其他人不知道在哪里，隐写术也可以归到此类别中。

① 本节由卫剑钒撰写。

- 加密起来，使用编码（code）或者密码（cipher）将其加密，拥有密码本或者密钥才能解密。

完整性指的是如果没有获得授权，对一个东西的任何部分都不能进行添加、减少、更改，如果非授权地做了这些，就破坏了完整性。此外，完整性还有一个比较直观的含义：一致性，即系统数据和真实世界的数据一致，正如完整性的英文 integrity 本身具有“诚实”的含义一样，数据被篡改就肯定破坏了一致性。实现完整性的思路，主要是：

- 暗记：在物品内或物品附近放置不易察觉或难以复原的标记，如果有人动了物品，这些暗记就会发生位移，从而让物品保护者察觉。比如将微末细粉撒在物品周围，或者拍照，或者用记号定位。
- 封印：比如在盒子上贴封条，在信封上加封火漆印，如果发现这些封条或封印被破坏，就说明里面的东西可能被人动过。签章、签名就属于这类方法。
- 全局验证：将物品（或文件）与照片、复印件、拷贝件的每一部分全面对比，看是否有差异，是否有改动的痕迹。
- 哈希验证：前面介绍的哈希算法有一个重要特性：任何部分有改动，哈希值都会发生改变。可以用哈希的这个特点验证一个数字文件是否被改动。

可用性相对比较好理解，比如系统瘫痪了、迟钝了，数据不可用了，都是可用性出了问题。凡是系统提供的服务“没法用”“不起作用”“不好使”，那就是可用性出了问题。

信息系统要保障的就是以上这三个要素。通常用来保障 CIA 的做法，就是认证、授权、访问控制、校验、加密、检测、备份、隔离、多副本，等等。这些工作如果没有做好，就会产生种种问题和漏洞，如果发现，就赶紧修补。当然，最重要的还是在设计之初就考虑充分安全性，比起事后发现再弥补，代价要小得多。

二、传统网络安全的问题在哪里

网络安全漏洞有很多种，它们的共同特点是：攻击者的行为使得软硬件的行为超出了系统设计者的预期，产生了负面效果。

接下来列举一些网络安全被攻击的例子，帮助读者理解系统的 CIA 特性是怎么被破坏的。

（1）SQL 注入

SQL 注入指的是在页面输入栏中或者在 URL 等处，黑客没有按照程序员预期的内容输入正常数据，而是夹杂了 SQL 关键字，程序在处理输入数据时用到了 SQL，并把输入内容作为 SQL 语句的参数。这样，SQL 语句可能就会执行黑客巧妙插入的 SQL 内容，使得黑客可以执行程序员预期外的数据库操作。

如果黑客写入了系统预期外的数据，就破坏了系统的完整性。

如果黑客通过 SQL 语句拖了库[1]，就进一步破坏了系统的保密性。

（2）缓冲区溢出

缓冲区是内存中存放数据的地方，通常都会有一个预设的大小。在将用户输入的数据放到内存中时，如果不做好检查，就可能超出内存预先设定的空间，发生缓冲区溢出。由于程序的运行代码也在内存中，如果黑客设计得足够精巧，就可以通过数据溢出覆盖掉原先的代码，使计算机最终执行了黑客的代码。

缓冲区溢出和 SQL 注入有异曲同工之妙，黑客利用输入数据的机会，写入了可执行代码，而受害主机居然执行了它！

后来，为了抑制此类攻击，CPU 厂商提供了数据执行保护（Data Execution Protect，简称 DEP）功能，在内存页标志了是否可执行。操作系统如果利用这个功能，就能在很大程度上防范此类攻击。此外，操作系统推出 ASLR（地址随机化）技术，通过对堆、栈、共享库映射等线性区布局的随机化，增加攻击者预测目的地址的难度。不过，使用这两项技术不代表攻击者就无法绕过。

（3）文件上传漏洞攻击

假如某个网站为用户提供了上传“.jpg”格式的照片的入口，由于未做检查，黑客成功上传了“.jsp”文件，然后黑客找到该上传文件的 URL，就可以执行他写好的脚本，这个脚本完全可以是一个木马。和前面两种攻击类似，由于没有严格检查程序，黑客钻了空

① 拖库是黑客术语，指数据库被非法下载。

子，写入了设计者预期之外的文件，运行了设计者预期外的程序。

（4）中间人劫持

劫持分为很多种，比如 TCP 劫持、HTTP 劫持、DNS（域名系统）劫持、证书劫持、密钥协商劫持，等等。它们的共同特点是：用户 A 以为自己在和用户 B 交互，用户 B 以为自己在和用户 A 交互，但实际上，他们都是和中间的攻击者 C 交互。用户 A 和用户 B 的所有内容都经过了攻击者 C，攻击者 C 不仅看得见用户 A、B 之间通信的内容，还可以修改通信内容。这种攻击至少破坏了用户 A、B 之间通信的保密性，如果用户 C 还修改了数据，就破坏了完整性。

（5）口令暴力破解

如果用户口令比较弱，黑客尝试多次之后，可能破解出口令并进入系统。虽然有人认为这可能是用户的问题，但一般而言，现代的应用系统都应对用户所设口令的强度进行强制要求。黑客一旦得手，系统的完整性就会遭到破坏（系统接受黑客就表明一致性失效），并可能造成进一步的破坏，比如黑客进入后看到了不该看的东西，保密性就被破坏。

（6）越权

在某个网站里，用户 A 和用户 B 都是普通用户，按理说他们只能操纵自己的个人信息，如果用户 A 通过某种黑客手法，可以操纵用户 B 的个人信息，这就是平行越权；如果用户 A 是普通用户，用户 B 是管理员，用户 A 能通过某种黑客方法，执行用户 B 才能执行的操作，这就是垂直越权。越权漏洞通常是由权限校验逻辑不够严谨导致的。

（7）高峰期网站瘫痪

网站发布爆炸性新闻时，有大量网友涌入围观，导致该网站瘫痪或者响应很慢。这就是典型的系统可用性问题，说明网站在容量弹性设计上存在不足。

（8）自然灾害导致系统数据丢失

2015 年，谷歌位于比利时的数据中心遭遇了 4 次闪电袭击，导致磁盘受损。虽然谷歌对这些磁盘进行了紧急修复，但部分数据仍然永久丢失。谷歌特别强调，丢失的数据非常少，只占数据中心的 0.000001%。即便如此，一些谷歌用户永远失去了自己的部分个人数据。这是典型的数据可用性失效，至少说明系统设计者没有做好容灾备份。

第二节 区块链解决的安全问题

区块链相比于传统网络系统的最大区别在于：一是使用了大量的密码技术，二是使用了去中心化的结构。前者使得保密性和完整性大为增强，后者使得可用性大为增强。

早期的互联网世界，无论是IP协议、HTTP协议，还是FTP协议、TELNET协议，都很少使用密码学技术，因为互联网当时处于早期，主要目的是互联互通，而且主要在高校和科研机构之间使用，并没有太多精力和心思去考虑恶意攻击。程序员在这方面总是心思纯净的，总以为别人都是可以信任的，总认为没有人“那么无聊”。后来他们才发现，现实世界充满了攻击、破坏、仿冒和入侵，程序员不得不引入各种安全技术，密码学也因此被引入，SSL、SSH、HTTPS、IPSec等新一代的协议纷纷出现。但这些大都处于传输层，主要是给传输数据加密的。再往上，就到了业务层面或用户层面，比如office文档口令加密、winrar文件加密、truecrypt全盘加密，以及网银中的U盾、动态口令卡等，这些就是用户看得见、用得着的密码学技术了。

区块链在设计之初就内置了加密算法，这使得：

第一，区块通过哈希链接起来，从第一个区块直到最后一个区块，都可以很容易地验证区块是否正确，这保证了所有区块数据的完整性。

第二，伪造区块的哈希并不容易，只有符合特定难度的哈希，才会被认可，伪造这样的哈希需要付出大量的计算，以及和挖矿相匹敌的算力。

第三，每个用户都有一个私钥，用私钥对应的公钥生成一个可以公开的地址。攻击者无法通过暴力破解的方法获得私钥。

第四，用户体系建立在公钥体制之上，对用户的认证、签名，以及对称加密密钥的建立（如果需要）都变得极为容易和便利。

第五，区块中的每个交易都要附上签名才能被接受。攻击者没有私钥，便无法伪造签名，因此无法伪造交易；同时，有了签名，用户无法抵赖自己发出过的交易。

可以看出，区块链对哈希和公钥体制的内置采用，直接提供了密码学级别的完整性、保密性。而密码学技术经过近一个世纪的发展，已经建立起相当坚实的基础，现代密码学的一些公开算法提供了全球顶尖级别的安全保障。

除了密码学，去中心化架构也给区块链带来了巨大的安全性收益。首先，多一个节点，就多一个运行副本。比特币系统在全球有近 10 000 个节点提供服务，这使得比特币系统一直保持着稳定运行，没有任何人能使它停摆。因为即便有 8 000 个节点同时失效，还有 2 000 个节点在工作。其次，即便部分节点变节，整个系统仍可正常工作。比特币系统的稳健性并不建立在某个操作系统或某种数据库的安全之上，而是建立在其独特的区块式数据结构之上，即便部分节点失陷或故意作恶，系统也是有纠错能力的，根据前文关于区块链原理的介绍就可以知道。最后，去中心化的区块链系统不依赖于某个人或某个机构。只要你愿意下载一份软件（代码都是开源的），你就可以加入比特币或以太坊，或是任何一个公链。你不用征求任何人的意见，也不会因为任何人的失踪或退出而担心这个软件的前途，你只是根据你自己的判断、兴趣和利益运行它，也就是说，没有某个人或某个机构可以控制它。这就大大增强了可用性。

虽然区块链技术大大提升了安全性，但并不能确保没有问题。区块链虽然在设计上使用了大量密码学算法，但如果设计或编码不慎，就可能会出现严重或不严重的漏洞。即便区块链本身经过千锤百炼，提供了让人完全放心的安全性，但区块链的智能合约也不能保证安全，因为智能合约代码的编写者可以是任何人，他未必有经验，未必能写出安全的代码，这一点和传统网络安全没有任何不同。

第三节　区块链安全经典案例：922 亿个比特币[①]

熟悉比特币的人都知道，比特币（BTC）只有 2 100 万个，但是有一次，某个区块内居然出现大约 1 845 亿个 BTC（后文在表示比特币计数单位时，多用 BTC），这让人大吃一惊。当时，中本聪和他的伙伴们立刻作出紧急响应，发布了新的补丁，作废了有问题的区块，以一种非常规方式解决了问题。

现在我们具体看一下是怎么回事，并从技术上做简要分析。

一、一个“奇怪”问题的发现

比特币系统于世界标准时间 2009 年 1 月 3 日产生了第一个区块，之后便按照平均每 10 分钟一个区块的速度持续输出。然而，当系统输出第 74 638 个区块时（世界标准时间为 2010 年 8 月 15 日），有人发现了不对劲，此人是比特币前核心开发人员杰夫·加尔齐克

① 本节由卫剑钒撰写。

（Jeff Garzik），当时，他已经创立了一家区块链公司。

他在比特币社区论坛（bitcointalk.org）里公布了这个“奇怪”的问题。帖子标题是“Strange block 74 638”（奇怪的第 74 638 块），世界标准时间是 2010 年 8 月 15 日 18 时 08 分 49 秒，北美中部夏令时间为 8 月 15 日 13 时 08 分，北京时间为 8 月 16 日 02 时 08 分。由于发现和解决这个问题的人主要都在北美，下面的叙述都使用北美中部夏令时间。

他在帖子里写道：“第 74 638 块的输出值很奇怪啊，居然是 92 233 720 368.542 770 39 个 BTC！我怀疑这个数是 UINT64_MAX？”然后附上了这个区块的主要信息（注释部分为笔者所加）。

```
{
  // 本区块的 hash 值
   "hash" : "0000000000790ab3f22ec756ad43b6ab569abf0bddeb
97c67a6f7b1470a7ec1c",
  // 上个区块的 hash 值，位于本区块头中
   "prev_block" : "0000000000606865e679308edf079991764d88e
8122ca9250aef5386962b6e84",
  // 时间戳，为北京时间 2010-08-16 01:05:57 AM
  "time" : 1281891957,
  ......
  // 本区块中的交易列表。本区块一共有两个交易
  "tx" : [
    {
```

```
    // 交易 1 的 hash 值。注：本交易是 coinbase 交易，即奖励矿工的
交易
     "hash" : "012cd8f8910355da9dd214627a31acfeb61ac66e
13560255bfd87d3e9c50e1ca",
     ......
    // 交易 1 的输入信息
    "in" : [
     {
       // 交易 1 的 UTXO 引用，因为是 Coinbase 交易，所以引用交易的
hash 为 0
       "prev_out" : {
        "hash" : "0000000000000000000000000000000000000000
000000000000000000000000",
        "n" : 4294967295
       },
       "coinbase" : "040e80001c028f00"
     }
    ],
    // 交易 1 的输出信息
    "out" : [
     {
       // 交易 1 的输出值：50.51，即矿工得到奖励为 50.51 个 BTC，50 个
是系统奖励，0.51 是交易费
       "value" : 50.51000000,
```

```
      "scriptPubKey" : ……
    }
  ]
},

{
// 交易 2 的 hash。注：该交易有 1 个输入，两个输出
  "hash" : "1d5e512a9723cbef373b970eb52f1e9598ad67e7408077a
82fdac194b65333c9",
  ……
  // 交易 2 的输入信息
  "in" : [
    {
      // 交易 2 引用的 UTXO
      "prev_out" : {
        "hash" : "237fe8348fc77ace11049931058abb034c99698c7fe
99b1cc022b1365a705d39",
        "n" : 0
      },
      "scriptSig" : ……
    }
  ],
  // 交易 2 的输出信息
  "out" : [
```

```
        {
          // 交易 2 的输出 1
          "value" : 92233720368.54277039,
            "scriptPubKey" : "OP_DUP OP_HASH160 0xB7A73EB128D7
EA3D388DB12418302A1CBAD5E890 OP_EQUALVERIFY OP_CHEC
KSIG"
        },
        {
          // 交易 2 的输出 2
          "value" : 92233720368.54277039,
          "scriptPubKey" : "OP_DUP OP_HASH160 0x151275508C66F8
9DEC2C5F43B6F9CBE0B5C4722C OP_EQUALVERIFY OP_CHEC
KSIG"
        }
      ]
    }
  ],
  ……
}
```

很明显，交易 2 的输出太离谱了，金额居然是 92 233 720 368.542 770 39 个 BTC！而且有两个！加起来就是 1 845 亿个 BTC！（四舍五入）

前文已经提到过，比特币一共才 2 100 万个。所以，这究竟是怎么回事？为了让更多人看懂这个故事，笔者在这里简单科普一下：比特币的区块里面，除了区块头，就是交易列表。第一个交易为 coinbase 交易，用来奖励挖出区块的矿工，包括固定奖励和交易手续费，早期每挖出一个区块的固定奖励是 50 个 BTC。之后每个交易都有输入和输出两部分，输入就是转账来源（钱从哪来），输出就是转账目的地（钱到哪去）。每个交易的输入和输出可以是多个，输入之和减去输出之和就是给矿工的手续费。

20 分钟后，ID 为 theymos 的用户证实了这一问题。此人给出的输出值更为准确，即 92 233 720 368.542 758 08。

这里再科普一下，很多人以为比特币是不可分割的，1 个就是 1 个。其实不然，比特币是可以再细分的，比如 0.1 个、0.01 个、0.000 78 个，最多可以细分到小数点后 8 位。正如人民币的最小单位是“分”（小数点后 2 位），比特币的最小单位是“聪”（小数点后 8 位），一个比特币就是一亿个聪。

我们已经知道，对于某个交易，发送金额（即输入之和）减去接收金额（即输出之和）就是矿工可获得的手续费，比如输入为 10 个 BTC，输出为 9.9 个 BTC，那么发送者自愿交 0.1 个 BTC 的手续费。手续费是用户自己设置的，手续费越高，矿工就会越快让交易上区块链。

那这个“奇怪”交易的输入是多少呢？查一下这个输入的哈希就可以发现，输入所指向的历史交易，是在世界标准时间 2010 年 8 月 14 日 23 时 05 分 17 秒发生的（事件发生前一天晚上），在第 74 421 个区块中，这个交易的输出是两个：一个是 0.5BTC，一个是 235BTC。

在比特币系统中，每个交易的每个输入都指明了比特币的来源，这个来源必然是以前某个交易的某个输出，而且还是未花费的输出，即 UTXO，一旦被花费了，就花光了其中的金额，这个 UTXO 就不复存在。

我们研究的这个奇怪交易所引用的 UTXO，正是前一天晚上那个交易的第 1 个输出（n = 0），即 0.5BTC。至此可以断定，比特币程序肯定出问题了，因为程序必然会做这样的校验：输入总和 > 输出总和。那么，0.5 > 92 233 720 368.54 + 92 233 720 368.54 ?

二、正数 + 正数 = 负数?

杰夫在帖子里问道："922 亿是 UINT64_MAX 吗？"很快有答复者说："这是 2^63/10^8，所以这更像是 INT64_MAX，而不是 UINT64_MAX。"INT64 指的是 64 位整数（long long int），UINT64 指的是无符号整数 64 位（unsigned long long int），MAX 就是最大值的意思。对于一个有符号的整数来说，首位为 1 的话，就是负数；首位为 0，就是正数。在比特币程序中，INT64 用来表示比特币金额，单位是聪，从最小值到最大值，就是从 –9 223 372 036 854 775 808 聪到 9 223 372 036 854 775 807 聪（虽然负值对比特币没有意义）。

这样，事情就比较明朗了，大概率是程序员写程序的时候，忽略了两个很大的整数加起来，会溢出成一个负数。当时的比特币代码，检查了每个交易的每个输出是不是负数，但是却忘了检查输出的总和是不是负数。

14 时 34 分，ID 为 Ifm 的用户给出了准确的分析：

输出 1 的值：9 223 372 036 854 275 808 (7fffffffff85ee0)

输出 2 的值：9 223 372 036 854 275 808 (7fffffffff85ee0)

这两个值加起来，对于有符号数来说，就是 –1 000 000。

关于这一点，笔者写了个 C 程序验证了一下：

```
#include <stdio.h>
typedef long long INT64;
int main()
{
  INT64 i1, i2;
  i1 = i2 = 9223372036854275808;
  printf( "%lld + %lld = %lld \n", i1 , i2, i1 + i2);
  return 0;
}
程序输出结果为：
9223372036854275808 + 9223372036854275808 = −1000000
```

这就是 100 万个聪，即 –0.01 个 BTC。

这样就完全对得上了。输入为 0.5BTC，输出为 –0.01BTC。由于“手续费 = 输入 – 输出”，所以手续费为：0.5 –（–0.01）= 0.51。该块挖出来的奖励是 50BTC，加上手续费，总值为 50.51BTC，和前面看到的正好一致。

三、如何修补这个漏洞

正常的第 74 637 块产出于 8 月 15 日 11 时 34 分；那个“奇怪”的 74 638 块产出于 12 时 05 分；杰夫发帖子说“奇怪”的时候，已经是 13 时 08 分了。

15 时 39 分，加文 · 安德森（Gavin Andresen）给出了第一个补丁。他说：“我做了极少的测试，这个修补看来可以工作，当然还会有更好的补丁……你需要重新下载坏块之前的部分区块，删除 blkindex.dat 和 blk0001.dat 文件。”

15 时 59 分，中本聪作出回应：“我做了初步的修改，大家看看对吗？这不是全部，我还要做更多的改动，很快会上传 SVN。”那时，比特币的源码在 SourceForge 提供的 SVN 上维护。

16时40分，中本聪往SVN代码库上传了第一个官方补丁。18时48 分，中本聪发布了 v0.3.10 补丁，完美修复了该问题，不再需要删除数据库文件，而是在程序中自动识别和拒绝错误的第 74 638 块。而矿工们在 18 时 53 分，产出了正确的 74 638 块。自此，这场危机解除。所以，在现在的比特币区块链上，已经看不到那个奇怪的块了。

比特币的源码一开始是在 SourceForge 上维护的。自 2011 年 9 月 13 日，比特币的开发库迁移到了 https://github.com/bitcoin/bitcoin/。我们在 github 上可以查看中本聪对 v0.3.10 的改动，改动中最核心的部分位于该版本中的 main.h，如图 7–2 所示。

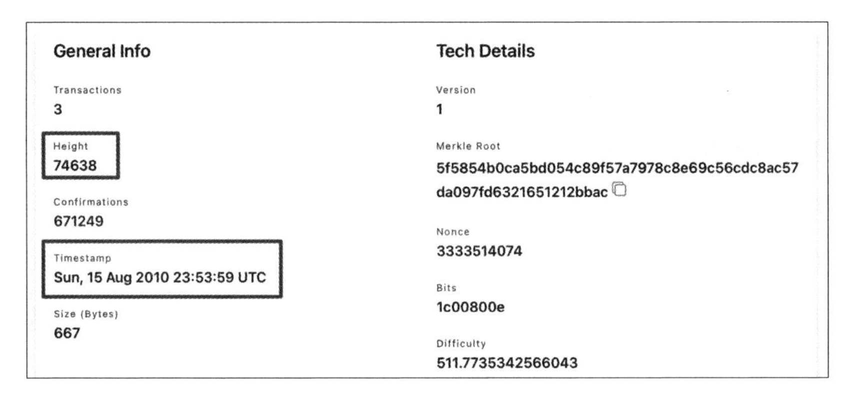

图 7-1　正常的比特币第 74638 区块

```
        @@ -18,6 +18,7 @@ static const unsigned int MAX_SIZE = 0x02000000;
18   18     static const unsigned int MAX_BLOCK_SIZE = 1000000;
19   19     static const int64 COIN = 100000000;   每个币有10^8个聪
20   20     static const int64 CENT = 1000000;
     21   + static const int64 MAX_MONEY = 21000000 * COIN;   总共2 100万个币
21   22     static const int COINBASE_MATURITY = 100;
22   23
23   24     static const CBigNum bnProofOfWorkLimit(~uint256(0) >> 32);
        @@ -471,10 +472,18 @@ class CTransaction
471  472            if (vin.empty() || vout.empty())
472  473                return error("CTransaction::CheckTransaction() : vin or vout empty");
473  474
474       -         // Check for negative values
     475  +         // Check for negative or overflow output values
     476  +         int64 nValueOut = 0;
475  477            foreach(const CTxOut& txout, vout)
     478  +         {
476  479                if (txout.nValue < 0)
477  480                    return error("CTransaction::CheckTransaction() : txout.nValue negative");
     481  +             if (txout.nValue > MAX_MONEY)   检查每个输出的值不能大于2100万
     482  +                 return error("CTransaction::CheckTransaction() : txout.nValue too high");
     483  +             nValueOut += txout.nValue;
     484  +             if (nValueOut > MAX_MONEY)   检查输出的总和不能大于2100万
     485  +                 return error("CTransaction::CheckTransaction() : txout total too high");
     486  +         }
478  487
479  488            if (IsCoinBase())
480  489            {
```

图 7-2　比特币 v0.3.10 改动的核心部分

注意第 19 行定义了一个币有多少聪，第 21 行定义了整个系统有多少个 BTC。在交易检查（CheckTransaction）函数的定义中，遍历交易序列时，加入了两个检查：每个输出的值不能大于比特币总数；该交易所有输出值的和不能大于比特币总数。虽然这种改法并没有直接处理溢出这种可能，但由于每个输出的值不能大于比特币总数，事实上也就不可能溢出了。

四、此事件带来的启示

我们常说，区块链是建立在共识之上的。推崇区块链的人又常说："代码即法律。"（Code is law.）还有人喜欢说："一切都由代码说了算。"（Everything was done by the code.）在我看来，代码是共识，但最终，人心是共识。如果代码出现问题，人们肯定不会袖手旁观，必然是修改代码。所以，现在的比特币未必是未来的比特币，正如现在的以太坊早已不是以前的以太坊。

比特币的总量是 2 100 万个，但我们已经看到，这只不过是一行代码的事。如果官方都认为 2 100 万个比特币不够用，他们就会更改那行代码。这会发生吗？在目前看来，大概率不会发生。但以后的事情，谁也说不准。

第四节　The DAO 被盗的启示①

说起以太坊安全，就绕不过 The DAO 被盗事件。从这件事中，我们可以看到技术的较量、人性的较量、理念的较量，其中有很多情况是人类历史上从未遇到过的。

---

① 本节由卫剑钒撰写。

一、人们为什么会对 DAO 感兴趣

区块链爱好者都有这样一个梦想：大家使用区块链上的智能合约来运转一个公司，没有老板，没有高层，没有财务，没有管理人员，没有暗箱操作，所有的管理规则都写在智能合约里，所有的投资回报和薪酬发放也写在智能合约里，整个公司是全自动化运营的，没有人能以超然的身份控制它，没有人能改变规则，除非大家投票改变规则。

DAO 还解决了一个非常重要的问题：信任问题。如果大家投钱给一个基金，让它来代理大家的投资并定期分红，怎么能信任它不卷钱跑路呢？怎么能信任它不贪污舞弊呢？但运行在以太坊上的 DAO，只要代码没有问题，就肯定按照预定逻辑正常执行，肯定不会有猫腻。

加入一个以太坊上的 DAO，投资者并不是把钱打给 DAO，而是用以太币（以下多用 ETH 表示）换取 DAO 中的 Token。有了 Token，就可以对 DAO 中的提议（比如投资某个项目）进行投票，Token 越多，投票的分量越重（有 100 个 Token 就是 100 票）。然后，投资回报也根据 Token 进行分红，谁的 Token 多，谁得到的回报就多。这是不是很完美？

二、关于 The DAO 及其工作原理

The DAO 是 Slock.it 公司按照 DAO 的理念做的一个基金。The DAO 的创建人克里斯托夫·延奇（Christoph Jentzsch）同时是 Slock.it

公司的创始人，自2014年以来，他一直是以太坊项目的首席测试员，他深信区块链技术的长期愿景。

Slock.it公司成立于2015年，总部位于德国。Slock.it公司的目标是将智能合约嵌入物联网设备中，让任何人都可以无须通过中间商，直接出租、出售或共享物品。当时共享经济的概念非常火热，Slock.it公司融合了区块链、物联网和共享经济的概念，在当时是非常先进的。

2015年11月，延奇在伦敦举行的以太坊开发者大会上，为与会者演示了如何通过区块链技术出租和打开一把智能门锁。他说："我们还有一个更酷的东西。"随即，他提出了The DAO的设计和愿景："投资者将用以太币购买The DAO代币；代币将允许他们投票支持他们喜欢的项目。如果他们支持的项目赚钱，则代币持有人分享利润。"这次演讲的反响异常热烈，很多人深受鼓舞。

The DAO的代码主要是延奇写的（当时他32岁），深度参与编码的不过四五个人，经过六个月的紧张编码，2016年4月底，The DAO问世了，延奇认为The DAO能够融资500万美元。

The DAO声称完全透明，正如The DAO所宣扬的那样：一切都由代码完成，任何人都可以看到并进行审计。这也正是The DAO最大的卖点，在当年区块链的风口上，The DAO无疑代表着世界上最先进、最创新、最有前景的未来，所有加密玩家都感到兴奋，他们争先恐后地把自己的ETH打入The DAO换取Token，以期未来的巨大收益，即便等不及未来的分红，至少也可以等Token升值之后在交易所卖掉。

在火热的众筹期间，《纽约时报》于2016年5月21日专门报道了 The DAO，标题是《拥有大量虚拟资本但无资本家的风险基金》。报道称："虽然延奇是 The DAO 的主要作者，但他不会影响 The DAO 的运转，也不掌控 The DAO 里面的 ETH，投资者拥有 The DAO 的 Token，并依据 Token 的多少，对潜在项目进行投票。延奇认为这种结构免除了他对项目可能发生事情的任何法律责任。"

这篇文章很有先见之明地引用了以太坊创始人之一约瑟夫·卢宾（Joseph Lubin）的话："它还不是一个稳定的东西，年轻的、复杂的机器最容易出现预期外的缺陷和漏洞。"但不管怎样，The DAO 是史无前例最成功的众筹，在 27 天内，11 000 多人投资了 1 200 万个以太币（时价 1.5 亿多美元），几乎占到了当时以太坊数量的 14%，远超延奇的预期。

The DAO 发行的代币被称为 The DAO Token（TDT）。The DAO 的筹资阶段（Creation Phase）为 27 天，在这 27 天内，人们发送 ETH 到 The DAO 的合约账户地址上，就可以按比例得到 TDT。在最初的 14 天里，1 个 ETH 可以换 100 个 TDT；然后，在接下来的 10 天里，要想得到 100 个 TDT，每天都需要比前一天多付 0.05 个 ETH；在最后 3 天里，每 100 个 TDT 需要 1.5 个 ETH。筹资阶段的 TDT 不能被转移，之后则可以使用 DAO 提供的 transfer 函数转移给任何以太坊地址。

筹资后期的投资者，由于买 100 个 TDT 的花费超过了 1 个 ETH，超出的部分放在一个名为 extraBalance 的额外金额账户中。这笔钱只有在一定条件下被人提议并投票通过后，才会被转移到 The DAO 的合约账户上。

在 The DAO 里面，"提议"指的是某人提出的将 The DAO 账户中的 ETH 投资到某项目（比如某服务提供商）的建议。比如某个提议可能建议将 100 个 ETH 打给某服装厂，用来生产 10 000 件 T 恤，并声称在一定时间内将获利 200 个 ETH。这个投资回报被称为奖励（reward），这个奖励可能是自动也可能是人工地打回到 The DAO 的奖励账户。

如果要分掉金额奖励，仍然需要一个提议并投票通过。通过之后，这笔金额会转移到奖励账户里，然后，TDT 持有人就可以使用 getMyReward 函数从奖励账户中取回自己应得的奖励份额。

当为一个项目投票的时候，会有人同意，当然也会有人反对。如果投票通过，The DAO 里面的钱就会投出去，当奖励回来时，所有人都可以分钱，投反对票的也可以拿到钱。在投票阶段，支持方和反对方可以展开辩论并投票。任何拥有 TDT 的人都可以投票，投 YES 或者 NO，投票将根据他们持有的 TDT 数量加权统计。投票只能进行一次，不能更改。在投票期（也称辩论期）过后，任何人都无法再次投票。一般类型的提议的投票期是 14 天，还有一种叫作拆分 DAO（split DAO）的提议的投票期是 7 天。

如果投 YES 的 TDT 多于投 NO 的 TDT，而且投 YES 的 TDT 数量达到了总 TDT 数量的某个百分比（仅用于一般类型提议），该提议就算通过。这个百分比是通过一个算法来决定的，大约在 20%~53% 之间，取决于提议金额（amount）的规模。非常大的金额将需要 53% 的法定人数，而较小的金额只需要 20%。

如果投票通过，提议指定的 ETH 金额就会打给提议指定的被投资项目地址（recipient，通常是一个合约地址），等这个项目有了收益，回报 ETH 就会以自动或其他方式打回到奖励账户里。如果

TDT 持有人对一项提议投了票，在投票结束之前，他就不能转移他的 TDT。

为简单起见，以下说 DAO，指的就是 The DAO ；以下说 token，指的就是 TDT ；以下说钱，指的就是 ETH。（除非有必要使用全称）

在 DAO 中，通常大家都在主 DAO 里玩，但如果有人觉得这里不好，他们可以拆分出一个子 DAO。拆分 DAO 本身也是一个提议，这种提议的投票期为 7 天，如果投票通过，就会有一个新的 DAO 产生，并进入筹资期，在这个子 DAO 里面，玩法和主 DAO 是一样的。子 DAO 对于主 DAO，就像子对象对于父对象，它们的结构和方法一模一样，只不过里面的具体值不一样。主 DAO 里面的 Token 和子 DAO 里面的 Token 不能通用，也不能直接转移。

你可能会问，一个主 DAO 不就挺好的吗？为什么要设计这种拆分能力？这其实是给少数派一个机会，让他们可以玩自己的。倒不是说少数派不搞团结，而是要防范多数派作恶，因为在 DAO 的世界里，所有的提议都是靠投票来决定，如果多数派作恶，那么再没有人能干预了。你可能又会问，多数派能做什么恶呢？他们的钱也在里面，他们难道不想投好的项目吗？要知道，所谓投项目，就是把 ETH 转移到一个地址，按照前面所说，如果多数派拥有了超过 53% 的 Token，那么他们发起一个提议，不管少数派怎么反对也没有用。在最好的情况下，多数派硬是投了一个少数派坚决反对的项目；在最坏的情况下，多数派提议把组织里面的所有资金都转移到他们自己控制的地址，这就是明抢少数派的钱。

不过，DAO 还设计了一个 curator 机制来防范这种情况。一个提议必须由 curator 将提议的 recipient 地址加入白名单之后，才能完成 ETH 转账。curator 的唯一责任就是阻止“恶意提案”。

虽然可能性不大，但如果 curator 也作恶呢？所以，少数派必须能有办法保护自己的资金。这就引出了“拆分 DAO”的概念，在少数派下决心不再和那帮多数派一起玩的时候，他们可以执行提交一个拆分 DAO 的提议，同时制定新的 curator（通常就是提议拆分的人）。少数派可以对这个拆分提议投票，不管投票结果如何，都会拆分（因为并不是投项目，所以不限制），每个投 YES 的人，都可以通过执行 splitDAO 函数将他的资金（包括 ETH 和 Token）转移到这个新的 DAO 中，使得多数派无法再花少数派的钱。少数派以前在主 DAO 的历史投资中的奖励（回报），也会打到子 DAO 里面。但子 DAO 里的 Token 不同于主 DAO 里的 Token，二者之间不能直接进行交换。

这个想法源于维塔利克·布特林发表的一篇博客。这种另立门户的做法和开源项目的分叉非常相似。“道不同不相为谋”，DAO 给予了参与者这种自由。

The DAO 的 curator 是一个多签账户（5 out of 11），该账户由 11 个人控制，必须有 5 个人以上（含）签名才能行使 curator 的权力。希望得到 DAO 资助的人，必须请求 curator 将其地址添加到白名单中才能收到资金。笔者从事后之明的角度看，有了多签设计，足够防范多数派作恶了，完全没有必要设计拆分 DAO。拆分 DAO 给 DAO 带来大量的复杂性，这种复杂性最终让 DAO 陷入万劫不复的深渊。

对于 Token 持有者来说，要想拿回 ETH，只能是通过 getMyReward 拿回分红，无法直接取现。如果有人非要取回他的 ETH，他只能通过拆分过程，将他的 ETH 和 Token 从主 DAO 里面转移到子DAO里面（在拆分时，还会将他尚未提取的历史分红直接给他），并成为子 DAO 的 curator，然后在子 DAO 里再提议将 ETH 转走，最好的情况是这个子 DAO 里只有他一个人（因为需要投票通过）。转走 ETH 一共需要“7+27+14”天，即拆分 DAO 需要 7 天的投票期，新 DAO 本身需要 27 天的筹资期，提议将 ETH 支付给自己又需要 14 天的投票期，一切顺利的话，他就可以取走 ETH 了。

如果持有者很着急的话，这个时间还可以再缩短 7 天，他可以在子 DAO 里面发起一次更新合约（newContract）的提议。更新合约是指修改 DAO 的代码，重新部署，然后自动把钱转到新的合约里（这个新的合约可以不受旧 DAO 的限制），这种提议的投票期和拆分 DAO 一样，只需要 7 天。

拆分 DAO 的操作有些麻烦，而且需要一定的技术，如果不想这么麻烦，Token 持有人完全可以把 TDT 发送给交易所账户，然后兑换为 ETH。这相当于 Token 转移了拥有者。

以上就是 The DAO 的大致工作原理。在不了解它的时候，总以为 The DAO 是一个很宏大的设计，现在看来，The DAO 主要是股东们用来投票和分红的。

三、The DAO 被盗

2016 年 5 月 27 日，即众筹结束当天，迪诺・马克（Dino Mark）、弗拉德・赞菲尔（Vlad Zamfir）、埃明・古恩・希拉尔（Emin Gün Sirer）写了论文，分析了 The DAO 存在的若干个漏洞（不含导致 DAO 被盗的递归调用漏洞），并强烈呼吁人们暂停在 DAO 中发起项目提议。而当时，有 50 多个项目提议正在等待 Token 持有者对它们进行投票。

6 月 5 日，以太坊开发人员克里斯蒂安・赖特威斯纳（Christian Reitwiessner）在 Github 上（用户名为 Chriseth）指出了一种对智能合约的攻击模式，即递归调用缺陷（也称重入漏洞），并最终于 6 月 10 日在以太坊基金会的博客上予以发布。

6 月 9 日，区块链基金会创始人彼得・韦森斯（Peter Vessenes）发表博客，指出这个漏洞非常严重（a terrible, terrible attack）。

6 月 12 日，社区成员 Eththrowa 发现，The DAO 存在递归调用漏洞。

很快，几乎是同一天，以太坊前首席文化官、Slock.it 联合创始人、The DAO 创建人之一斯蒂芬・图尔（Stephan Tual）宣布，虽然 The DAO 存在递归调用缺陷，但"由于 DAO 的分红账户里还没有钱，所以没有资金受到威胁"。因为这个漏洞在实施分红时才会被调用，而 DAO 才刚开始，一个项目都没有投出去，没有什么回报，更不要说分红了（所有回报都要经过投票才能进入分红账户）。

6 月 14 日，在 Github 上，The DAO 开发者之一莱夫特里斯・卡拉佩萨斯（Lefteris Karapetsas）针对韦森斯提出的问题给出了修复补丁 PR，并得到克里斯托夫・延奇的采纳，形成 DAO1.1，但是还没有部署。因为要部署新合约，也需要在 DAO 中投票，而且需要 53% 以上的票数同意才可以。按照前面的介绍，投票期至少需要 7 天。

6 月 16 日，康奈尔大学的两名研究生在 IC3 的博客上再次提醒 The DAO 要注意递归调用漏洞。

但遗憾的是，这些人虽然都指出 The DAO 有问题，但没有真正发现漏洞到底在哪一行代码，包括并没有部署的 DAO1.1，其实也并没有做出正确修补。

只有埃明·古恩·希拉尔在 6 月 13 日和他学生菲尔·戴安（Phil Daian）邮件交流时，才提及 DAO.sol 的第 666 行可能有问题，但也不是很确定。古恩写道："这可能是个大麻烦。"戴安则回复说："我觉得没问题。"于是，他们没有再追究下去，也没有公开这个怀疑。

2016 年 6 月 17 日，The DAO 遭受攻击，在 6 个小时内，360 万个 ETH（当时价值约为 5 000 万美元）被转移到黑客拆分出来的子 DAO 上。

黑客正是利用 The DAO 代码中的递归调用漏洞，不停地从 The DAO 账户上转移 ETH，那里有将近 1 200 万个 ETH。也就是说，专家们刚刚发现问题，还没有搞明白，攻击者就已经得手了。

古恩其实说对了，就是第 666 行有问题。即便不是第 666 行，那也是第 667 行。

```
664
665         // Burn DAO Tokens
666         Transfer(msg.sender, 0, balances[msg.sender]);
667         withdrawRewardFor(msg.sender); // be nice, and get his rewards
668         totalSupply -= balances[msg.sender];
669         balances[msg.sender] = 0;
670         paidOut[msg.sender] = 0;
671         return true;
672     }
```

图 7-3　埃明·古恩·希拉尔怀疑的第 666 行代码

四、紧急反击

2016 年 6 月 17 日早上，在德国米特韦达，延奇被他的哥哥西蒙电话叫醒，西蒙告诉他 DAO 被黑了。延奇每天早上都很忙碌，因为那时他有 5 个孩子（从 2 岁到 9 岁）需要照料，他和妻子要给他们做早饭并送他们去上学，但这次不同了，延奇匆忙对妻子说："你来管孩子，我今天有紧急的事。"延奇在之后的几周里几乎是全天候工作，Token 持有者纷纷问他该怎么做，他必须要想出办法，让投资者拿回他们的钱。好在攻击者并不能立刻拿走他偷的 ETH，这个子 DAO 刚刚建立，它现在面临的是 27 天的筹资期，在这个阶段，没有任何人可以挪动资金。这就有时间抢救 DAO。

6 月 17 日，维塔利克・布特林在以太坊基金会的博客上发布了"重要更新"声明，称 DAO 受到攻击，他给出一个解决方案：

"我们已经提出了一个软件分叉，这个分叉不需要回滚，不会'反转'任何交易或块，只是让任何试图减少 DAO 合约及其子 DAO 合约账户余额的交易无效。这样，攻击者即便在 27 天后，也无法取走资金。这将给我们采取进一步措施提供充足的时间，包括让代币持有人有能力收回他们的 ETH。"

"矿工和矿池应保持正常运转，如果同意以太坊生态系统的这一道路，待软分叉代码就绪后，下载代码并运行它。DAO 代币持有者和以太坊用户应警惕而冷静，交易所则尽可能恢复 ETH 交易。"[1]

换句话说，这个软分叉方案将在以太坊代码中建立一个黑名单，防止坏人领走他盗取的东西。软分叉只是抛弃指定交易，它不

① 参考自 https://blog.ethereum.org/2016/06/17/critical-update-re-dao-vulnerability/。

改变以太坊上已经发生的交易，也不回滚任何数据，只需要矿工更新软件就可以了（前提是大多数矿工都同意）。其他人如果不更新软件，也不影响正常使用以太坊，升级的节点和未升级的节点是兼容的。

很快，EthCore 的 Parity 客户端在当天就实现了软分叉，以太坊客户端 Geth 则在第二天完成更新。

这篇文章一发布，攻击者就停止了攻击，不再继续盗取资金。攻击者已经攻击了 6 个小时，偷走了 3 641 694 个 ETH，占 The DAO 总资金的 1/3，而 The DAO 里面的 ETH 则占那时所有 ETH 的 15%。

黑客利用两个合约账号调用主 DAO 的 splitDAO 函数，每个地址调用大约 250 次，几乎每次调用都会使 splitDAO 递归执行 30 次，平均每次递归调用大概盗走 7 000 多个 ETH，这样，总共盗走了 360 多万的以太币。

事情刚开始的时候，没有人知道攻击者是怎么做到的，尤其是攻击者为什么能重复发起那么多次攻击，因为执行完一次递归后，他的 Token 就会被清零，但他却执行了 500 多次。在 reddit 上，人们激烈讨论了五六个小时后，终于想明白攻击者是怎么做到的，这才有了后面的白帽子反击。

当天晚上，埃明・古恩・希拉尔指导的研究生戴安写了一篇详细分析攻击者手法的文章。在这篇文章最后，戴安向他的导师喊话："古恩教授，当时我们已经离答案非常近了——但很遗憾还不够。"而古恩则在后来的一次采访中说："如果当时戴安回复邮件确认是漏洞，我就会告诉大家。"

6 月 21 日，DAO 的账户再次出现转移，采用同样的攻击手法，更多的钱进入另外两个子 DAO，分别提走了 727.7 万和 35.3 万个 ETH。人们惊呼，攻击又开始了！

几个小时后，以太坊钱包首席用户体验设计师亚历克斯·范德桑德（Alex Van de Sande）在推特上宣布："DAO 正在安全转移资金，不要惊慌。"由两三个人组成的"罗宾汉小组"（Robin Hood Group）负责做这件事，其中一人是格里夫·格林（Griff Green），来自 Slock.it，同时他也是 The DAO 的主要开发人员之一，正是他第一个将袭击消息转发给延奇的哥哥西蒙的（西蒙也是 Slock.it 的联合创始人）。

虽然人们不清楚这个小组里都有谁，但人们信任桑德，这些白帽子正使用攻击者的手法将剩余资金转移到他们拆分的子 DAO 里。与此相对应，黑客控制的 DAO 被称为"The Dark DAO"，简称"DarkDAO"。但攻击者确实很聪明，他总是跟随新的拆分提议并投票"YES"，他总能进入新拆分出来的 DAO，试图在新 DAO 里再发起 splitDAO 攻击。

另外一组白帽子黑客则试图通过给 DarkDAO 打款以成为 DarkDAO 里面的成员，毕竟 DarkDAO 正处于筹资期！一旦成为 DarkDAO 的一员，他们就可以用同样的攻击手法拆分 DarkDAO。

由于 DAO 存在漏洞，如果不去管它，可能就会不停地发生这样的攻击和反击，DAO 会不断分裂下去，白帽、黑帽不断加入，而且也不知道谁是好人、谁是坏人，DAO 会成为黑客们的乐园，而大部分原始 Token 持有者则可能一无所获。如果 DAO 失败，整个以太坊网络都会遭殃。

第二天，ETH 价格暴跌约 30%，从 20 多美元跌至 13 美元以下。

五、重入漏洞的原理

对于非技术读者而言，了解这个漏洞，只需要理解下面这个场景就可以了。

一名银行储户，同时也是一名黑客，对一台自动取款机开展攻击，他的银行卡里有 10 000 元，他插入卡片，要求自动取款机吐出 10 000 元。

取款机的取款功能是这样设计的：

第一步，读取储户余额；

第二步，等待储户输入取现金额；

第三步，如果取现金额小于或等于余额，则吐钱；

第四步，更新储户余额（即减去取现金额）。

如果黑客有能力在第三步取款机吐钱之后，通过奇怪的方式重新开始第一步，那么他就实现了重入攻击。由于取款机还没有执行第四步，那么黑客的卡上始终有 10 000 元，他就可以一次又一次地取现 10 000 元。

取款机如何修改这个漏洞：

第一步，读取储户余额；

第二步，等待储户输入取现金额；

第三步，如果取现金额小于或等于余额，更新储户余额（即减去取现金额）；

第四步，吐钱；如果吐钱失败，恢复储户余额。

对于懂一些技术的读者而言，可能最想了解的是：在智能合约中，这个递归调用漏洞到底是怎样的？简单地说，递归调用的一个典型例子是：合约 A 的 funcA 函数，调用合约 B 的 funcB 函数，而 funcB 函数又去调用合约 A 的 funcA 函数，如果没有机制使它停下来，那么就会形成一个死循环，两个函数不断地调用对方（即递归、重入），直到最初调用时所带的 gas 耗尽（gas 本来就是为了防止死循环）。

一个重入漏洞导致 ETH 被盗的原理是：有两个智能合约，一个是合约 A（受害合约），一个是合约 B（攻击合约）。合约 A 的 pay 函数让用户可以将其所有存款余额提走。正常情况下，用户调用这个 pay 函数，pay 函数就会通过 call 调用把余额打到调用者的地址。在 Solidity 语言中，如果给一个合约执行 call 调用而不指定函数的话，合约的匿名函数（fallback 函数）就会被调用。攻击者可以写一个合约 B，在合约 B 的 fallback 函数中调用合约 A 的 pay 函数。攻击者用合约 B 调用合约 A 的 pay 函数，合约 A 会用 call 调用打钱给合约 B，这就触发了合约 B 的 fallback 调用 pay 函数，然后合约 A 又打钱，又触发合约 B 调用 pay 函数，循环往复。如果写合约 A 的程序员没有经验，在 pay 函数的实现中先付钱再更新余额，和上文的取款机一样，合约 A 上的资金就会被盗。

下面用最少的代码量来展示一下攻击者是如何攻击 The DAO 的：

合约 A 的片段：

```
function pay() public
{
  \\ 取出调用者的地址
  address addr = msg.sender;
  \\ 获取调用者的余额
  uint amount = balances[addr];
  \\ 将余额打给调用者的地址
  addr.call{value: amount}();
  \\ 将调用者的余额归零
  balances[msg.sender] = 0;
}
```

合约 B 的片段：

```
\\ 计划重入 30 次
unit times = 30;
fallback() external payable
{
  \\ 对重入次数减 1
  times = times - 1;
  \\ 如果仍有次数就再执行一次
  if (times > 0)
    A.pay(); \\ 调用 A 的 pay 函数
}
```

合约 B 先调用 A.pay()，辅以足量的 gas，合约 A 的 addr.call {value: amount}() 就会执行，然后就会触发合约 B 的 fallback()，然后又执行 pay()，这样合约 A 的余额归零那句就始终不能执行，直到执行 30 次后才走到余额归零那句，如果合约 B 本来只有 10 个 ETH，这样就能得到 300 个 ETH（当然前提是合约 A 上有这么多钱）。

修补的方法也不难，一是可以先清零，再发送；二是可以用 send 函数或者 transfer 函数发送金额，这两种调用只会发送 2 300 个 gas，而 call 调用会带上所有剩余的 gas，如果一开始攻击者给的 gas 多，就会导致多次重入；三是可以设置互斥量，也就是加一个变量来判断是不是已经在执行中。这三种方法，用其中一个就可以。

六、黑客是如何攻击 The DAO 的

前面我们讲了漏洞原理，现在我们大致还原一下黑客的具体操作手法，要知道，在事件发生时，所有人都不知道他是怎么做的，人们花了一两天的时间才想明白是怎么回事。

简要来说，黑客发起了一个拆分 DAO 的提议，他自己控制的两个合约账号都投了 YES（虽然也有两个人投了 NO，但是没用，具体见前面的介绍，投票结果并不影响拆分）。拆分 DAO 的提议是第 59 号提议，标题为“lonely, so lonely”，发起于世界标准时间 2016 年 6 月 8 日 05 时 38 分 01 秒。然后，等度过投票期 7 天之后就可以执行拆分了。

攻击者控制的用于攻击的两个合约账户（即攻击合约）分别为：

0xc0ee9db1a9e07ca63e4ff0d5fb6f86bf68d47b89，创建于 6 月 15 日；

0xf835a0247b0063c04ef22006ebe57c5f11977cc4，创建于 6 月 15 日。

黑客控制这两个合约分别执行主 DAO 里的 splitDAO 函数，将自己份额的 ETH 转移到子 DAO，并在子 DAO 里自动获取自己应得的 Token，这个过程也会涉及奖励的转移，而正是针对奖励转移，DAO 使用了能引起递归的 call 调用。攻击者控制的合约里面，肯定在 fallback 函数里再次调用了拆分 DAO。因为还没有奖励金额，所以资金不会受影响，但对攻击者而言根本不是问题，攻击者自己可以往奖励账户里面打一些 ETH。因为，奖励账户并没有任何特殊之处，就是一个普普通通的地址，往里面打钱没有什么限制，而分配奖励时也仅仅是根据这个账号余额来计算的。这充分说明，一个系统的开发者往往不能意识到自己所写的代码的问题，他们的思维容易被系统设计所束缚。

递归调用总有结束的时候，那时，攻击者在主 DAO 中的余额就会被清零，攻击者就没有 Token 了，那么他控制的两个账户怎么能发起 500 次之多的攻击呢？其实并不难，当攻击者在主 DAO 中的余额被清零后，如果他在主 DAO 里的其他账户中还有钱，调用 transfer 给这个攻击地址转账 Token 就好了。但攻击者做得更巧妙，这点钱他都没有花。他仅仅在递归调用快结束时，将攻击账户中的 TDT 余额转给自己控制的另一个账户，然后让递归结束（正如前面示例中通过计次，主动不再调用拆分 DAO），这时，上次调用的拆分 DAO 函数终于可以执行耽搁已久的余额清零了，但攻击账户里的余额已经被转走了。然后，这个余额再转回来，再发起一轮攻击。

七、所谓的“攻击者”发声

2016年6月18日，有人自称是攻击者，并在网站pastebin上发表文章表达了自己的观点：

“我仔细研究了DAO的代码，发现利用拆分功能可以获得额外奖励后，我使用了这个功能，并合法地领到了3 641 694个以太币，我非常感谢DAO的这个奖励。我认为，The DAO的这个功能是为了促进去中心化和鼓励创建‘子DAO’。

有些人把这种‘特性使用’称为‘盗窃’，我感到很失望。我是在很正当地使用智能合约的这一明确编码功能，我的律师事务所已经告诉我，我的行动完全符合美国的刑法和民事法。你们可以再仔细看看The DAO的条款：

‘The DAO的条款完全体现在智能合约代码中，代码部署在以太坊区块链的0xbb9bc244d798123fde783fcc1c72d3bb8c189413地址上。除了代码，任何条款解释、任何文档、任何交流，都不能修改或增加任何额外的义务或承诺。任何对条款的解释和描述，都只是为了便于理解，都不能取代或修改区块链上的The DAO的代码；如果你认为本条款中的描述与The DAO代码的功能之间存在冲突或差异，The DAO的代码拥有最终解释权。’

软分叉或硬分叉相当于扣押我合法和正当获得的以太币，我得到的以太币是智能合约合法赋予我的。搞这样的分叉，将永久地、不可逆转地毁掉所有人的信心，不仅是对以太坊的信心，还是对智能合约和区块链技术的信心。许多以太币持有者将抛弃他们的以太坊，开发人员、研究人员和公司将离开以太坊。任何分叉，不管是软分叉还是硬分叉，都会进一步损害以太坊，破坏其声誉和吸引力。

我保留对任何非法盗窃、冻结或扣押我合法获得的以太坊的帮凶采取法律措施的权利，并已经联系我的律师事务所。这些帮凶将很快收到停止通知。

我希望这次活动成为以太坊社区的一次有价值的学习经历，祝大家好运。”①

文章末尾附上了消息哈希值和签名。很多明眼人看出来这大概是伪造的，那个签名说明不了问题，没有证据表明这个发帖人拥有黑客的私钥。不管怎样，这篇文章写得很有说服力。

古恩在案发当天发表的博客中写道：“DAO 没有自己的规格说明书，没有人知道 DAO 的程序员写代码的时候是怎么想的，如果说‘代码就是最好的文档’，那就无法判断什么是黑客行为，什么不是。攻击者如果不小心丢了钱，我相信开发者会毫不犹豫地挪用他的资金，并说‘程序化的资金新世界就是这样运转的。’而当攻击者拿走钱时，开发者要想保持言行一致，他应该说：‘干得好！’”

八、最终实施的硬分叉

前面说过维塔利克·布特林在 6 月 17 日提出了软分叉方案，方法是抛弃那些减少 DAO 及其子 DAO 余额的交易。80 名矿工在

① 本部分内容截取并翻译自 https://pastebin.com/CcGUBgDG。

软分叉投票的头几天就决定支持，人们认为软分叉似乎很快就可以实现。直到古恩于 2016 年 6 月 26 日发表了一篇文章认为软分叉会有 DoS 漏洞，人们才意识到软分叉不可行。

因为软分叉后，从 DAO 合约账户减少余额的交易将被抛弃，不会出现在区块上，所以矿工无法收取 gas；而这种交易也并不抛出异常，矿工无法通过状态回退而收取 gas。这将导致前所未有的一种交易情况：执行交易，无异常抛出，不计入区块，不收 gas 费。因此，软分叉就很可能会导致矿工干了活但不收交易费。对以太坊不怀好意的攻击者可以因此发送大量垃圾交易，也就是执行耗费大量计算资源但包含减少 DAO 合约账户余额的程序。这相当于可以无成本（不花 gas 费）对以太坊发起 DoS 攻击。

古恩在他的文章中作了详尽的分析，说如果采用其他手段来修补这个 DoS 漏洞，只会让事情变得更糟。于是，社区不得不在 6 月 28 日叫停了软分叉。这充分说明，一种临时性的补救貌似容易，但会带来新的问题。

6 月 18 日，Slock.it 联合创始人斯蒂芬・图尔在他的博客中发表了《分叉路口》（A Fork in the Road）一文，指出："随后的硬分叉，会将 DAO 的 extraBalance 资金和被盗的资金，全部打到一个智能合约中。该智能合约将包含一个单一的函数：withdraw()。这将使每个参与 DAO 的人都有可能提取他们的资金，因为到目前为止，DAO 还没有资金发到外部，所以不会有任何损失。"

和前面所说的软分叉不一样，硬分叉会将 DarkDAO 上的 ETH 强制转到一个新的合约上，这个合约叫作"取现 DAO"（withdraw DAO），它只有一个功能：取现。这需要所有的客户端都更新以太坊软件，如果不更新，就看不到这个改变。因为硬分叉具有一个显著的特征：新软件和升级前软件不兼容。

以太坊有过很多次硬分叉，比如代号为“君士坦丁堡”“圣彼得堡”“柏林”“伦敦”的硬分叉，但这些硬分叉都是为了以太坊的完善和发展。仅仅只有这一次是为了拯救一个项目而硬分叉的，这次硬分叉也是备受争议的一次。以太坊项目方认为，如果他们什么都不做，以太坊网络就会遭受挫折，可能需要数年时间才能恢复；反对硬分叉的人则认为，如果以太坊干预，就树立了一个危险的先例，如果以后有类似的事发生，以太坊是救还是不救？

一名反对者说：“硬分叉是一个有效的选项，但它应该保留给需要紧急修改以太坊协议本身的情况，而不是用于上面运行的项目。以太坊基金会参与并推广 DAO 项目是一个错误，它只会篡夺人们对以太坊作为其他项目基础设施的信任。”另一名反对者则说：“以太坊完全按照预期工作，我认为在软件完全按预期工作时不应该更新。你要承担你投资的风险，如果发生中心化权威救助这样的事，那就是和加密世界对立。从某种程度上来说，这就是雷曼兄弟失败的原因。交易就是交易，如果你为特定玩家改变规则，所有玩家也会想要这种特殊待遇。”

经历多次激烈争吵，以及维塔利克·布特林公开支持后，大多数以太坊社区最终支持硬分叉。

7 月 15 日，克里斯托夫·延奇在 Slock.it 的博客上提出了硬分叉设计规范，并最终形成了 EIP 779。简单地说，就是把主 DAO、所有子 DAO，以及额外账户上的 ETH，都在以太坊节点软件中以硬编码方式，转移到取现合同 withdrawDAO 上。然后主 DAO 的

Token 持有者可以拿走自己的投资。

硬分叉的期限是 7 月 21 日，这是黑客能够转移资金的日期，因为 DarkDAO 筹资期需要 27 天，更新 DarkDAO 合约或再次拆分的投票需要 7 天。以太坊软件的开发团队很快实现了这个规范，给出了升级后的版本，是否采用则要看矿工们的行动了。

2016 年 7 月 20 日，自预先设定好的升级时间（第 1 920 000 区块）开始，能看到大多数矿工和节点都转移到新版本了，硬分叉顺利实现了。然而，旧的以太坊区块链仍然有支持者，这条链并没有断，以太坊形成了两条链，一条是以太坊官方认可的 ETH 链，另一条是以太坊经典链（Ethereum Classic），即 ETC，这两条链直到今天仍然都活跃着，只不过 ETC 的价格要比 ETH 低很多。

2016 年 9 月，Poloniex 和 Kraken 交易平台宣布下架 DAO Token 的交易。The DAO 就这么结束了。

九、黑客是谁，他得到了什么

斯蒂芬·图尔在文章《分叉路口》里写道："我估计，这个世界上能对以太坊和 Solidity 如此了解，而且能在漏洞发布后如此短的时间内完成这种攻击的大约只有 100 人。要知道，这个漏洞是 6 月 9 日公开的，而攻击者发起拆分 DAO 攻击，还需要经过 7 天的投票期。"

斯蒂芬·图尔认为，攻击者一定知道，虽然不一定会有硬分叉，但肯定会有软分叉，他永远不会直接享受他的攻击成果。他要么是为了从市场盈利，要么就是坚决反对 DAO。

“无论哪种方式，攻击者应该是离安全建议者很近的人，安全建议者绝大多数都是我们信任的朋友、同事和顾问，我很确信，我们中至少有一人一定在之前的某次会议或聚会上碰见过攻击者。攻击者最好明白，所有交易所都在追溯过去两周内的交易，这意味着他很可能被追踪并被起诉。”

图尔在另外一次采访中说：“此人是以太坊和 Solidity 语言的绝对专家，他一定是全职 Solidity 程序员，业余爱好者是搞不出这种攻击的。”

在社交媒体上，一些人敏锐地指出，袭击前不久，Bitfinex 上出现了 300 万美元的以太坊空头（short），如果这是攻击者做的，他可以趁此获得近 100 万美元的利润。很多人认为，既然攻击者这么聪明地实现了攻击，他一定会想到这点。

在之后几年内，没有人知道他是谁。虽然很多人详尽地分析了他所控制的账号和交易，但并没有发现什么有用的线索。攻击者用来发起攻击的钱来自 ShapeShift，这是一个加密货币兑换网站，在 2018 年 10 月 1 日之前，ShapeShift 没有任何用户注册流程，这使得追踪十分困难。

硬分叉以后，在以太坊经典链上，攻击者的战利品（364 万 ETC）仍然存在。2016 年夏天，攻击者将他的 ETC 转移到一个新地址上，10 月下旬，他使用 ShapeShift 将 ETC 兑换成 BTC，由于那时 ShapeShift 仍然无须注册，因此即便能看见黑客的活动，也不知道他是谁。

在接下来的两个月里，黑客用此办法获得了 282 枚 BTC。后来，大概是 ShapeShift 经常阻止他的交易，他放弃了套现，留下了 340 万 ETC，当时价值 320 万美元，现在价值超过 1 亿美元。

十、The DAO 被盗事件的教训

2016 年 8 月 24 日，克里斯托夫·延奇在 Slock.it 的官方博客上总结了教训，主要有如下观点。

第一，现在是区块链的早期阶段，智能合约的安全性会随着人们经验的累积而增强。

第二，对“未知的未知”保持敬畏。在写 DAO 的时候，我们和社区没人知道还有这种漏洞。

第三，逐步发布。DAO 在推出时应该慢慢来，可以先偏向中心化一些，然后逐步去中心化。

第四，代码要尽可能简单。DAO 的代码有 663 行（去掉注释和空行），而根据统计，每 1 000 行代码就会有 15~50 个漏洞。

至今，The DAO 在 Github 的项目首页上仍然写着：

“我们正在制作我们开发的免费开源标准 DAO 框架，希望建立一个透明化的组织，其中治理和决策系统在以太坊区块链中是不可改变的，任何人都可以重复使用它。我们社区的数百双眼睛和世界上最受尊敬的审计公司之一 Deja Vu 审查了该代码。”

当然，这段话是 2016 年 4 月 12 日写的。两个月后，The DAO 被盗。

第八章

资本涌入：Web3 市场的叙事经济学

第一节　模因与叙事经济学：共识的力量

历史上有很多例子表明，一个好的故事能造就某种产品或现象的迅速流行。从比特币的出现开始，整个加密文化的发展都与强大的社区及影响力息息相关。而比特币的故事一直是个传奇，它代表了金融危机之后，人们对集中化金融机构的不满，还蕴含着人们对平等的货币体系的向往，而神秘的比特币创始人中本聪，给这个故事本身带来了更多浪漫气息。所有人都好奇到底谁是中本聪，但从未有人见过中本聪本人。

人类天生向往带有神秘感的故事，而过去这些年，一旦有人发表探讨中本聪身份的文章，总会在各大媒体掀起热潮。

在比特币出现之后，加密领域出现了很多奇妙的现象，甚至有些加密货币本身不具备任何价值，仅仅因为有名人的关注和社区关于该类加密货币消息的传播，就迅速流行了起来。

埃里克·S. 雷蒙德（Eric S. Raymond）所著的《大教堂与集市》（*The Cathedral & the Bazaar*）一书中提到了模因和社区的关系。当社区践行出一套有效的方法论之后，通过榜样树立和彼此模仿就可以把社区的方法论进行传播。雷蒙德写《大教堂与集市》的初心，其实想要为黑客文化赋予一种可以在业内传播的叙事语言。他创造了一个叙事框架，把黑客文化和开源用生动的隐喻描述了出来，并且逻辑完备，经得起推敲。这些叙事和黑客文化成为模因工程中的一部分。1997 年，雷蒙德首次发表了《大教堂和集市》的初版论文，迅速受到了人们的热烈欢迎。“大教堂”和“集市”这种非常容易理解且带有比喻性质的比拟，迅速在互联网上传播，让人们一下子就明白了雷蒙德想要表达的文化含义。

一、什么是叙事

诺贝尔经济学奖获得者、耶鲁大学教授罗伯特·希勒（Robert J. Shiller）的著作《叙事经济学》（*Narrative Economics*）提出了“叙事经济学”这个概念。那么，究竟什么是叙事呢？“叙事”的英文是“narrative”，意思是用于呈现、理解某种情况或者一系列事件的方式，用来反映和促进某种特定的观点或价值观。

我们所说的叙事的含义，不仅仅限于讲述和故事。叙事更包括文化、时代背景，以及个体选择相结合的载体，甚至是一种集体共情。例如，流行文化、加密文化等，都是文化的象征，而加密文化的诞生，就处于金融危机的大背景之下，人们对于传统金融模式的反思，形成了个体的新选择。当然，叙事也可以用于解释说明一个社会的某种重要公共信念，而信念一旦形成，就会对每个人的经济行为产生潜移默化的影响。而这些特性，可以使得传播型的叙事，成为关键预测变量。例如社交平台和集体对市场下跌的恐慌情绪、集体批判某种技术，以及对于投资的情绪波动与传染，这些都属于叙事载体的一部分，都影响着用户、创业者、投资人、决策方。[①]

二、模因与文化基因

模因（Meme）这个词最早源于希腊语 Mimema，意思是“模仿”。1976 年，英国进化生物学家理查德·道金斯（Richard Dawkins）在《自私的基因》（*The Selfish Gene*）中首次提到模因。书中“模因”指的是一种生物基因中内置的文化平行体，这种基因与生物自私基因的方式相似，可以为生物的繁衍目的服务。从这个角度理解的话，记忆体可以携带信息，这些信息可以被复制，也可以从一个人传播到另一个人。模因可以用于描述人类文化的传播，可以是一个新兴名词、一则故事、一类信仰、一个观点，等等。

“模因”是以人类基因为核心的文化演进名词，道金斯将模因定义为文化传播单位。包含文化的信息单位需要包括一种思想、某个技能、一个特定的流行语等，当人和人之间对包含文化的信息单位进行传播时，就会对这些信息单位进行复制和传播。传播过程主要通过口耳相传或视觉、网络等方式传播，历史中曾多次出现信息单位迅速传播的效应。

但是随着社会的演进，模因一词的内涵逐渐发生了演进和变化。用户经常无意识地应用模因，而公众也越来越多地通过互联网模因表达观点。当然，模因有正面的，也有负面的，亚当·斯密（Adam Smith）在《国富论》（*The Wealth of Nations*）中提到：“城镇

---

① 罗伯特·希勒．叙事经济学 [M]. 陆殷莉，译．北京：中信出版集团，2020.

居民如果聚集到一起，但是对行业秘密的传播、公司精神的转述和对陌生人的嫉妒心通常会在小圈子里盛行。同业中人，往往很少会聚集在一起，即使是因为娱乐或消遣而聚集，他们谈论的也是对付公众的阴谋，或者筹划如何抬高价格。”①

第二节　从互联网模因到 NFT 模因

一、互联网模因

20 世纪后期，互联网如火如荼地发展，信息传播效率得到了提高。模因这个概念已经不仅仅局限于学术范围，特别是论坛、社交网络等新型交流范式出现之后，模因也代表一种新的互联网交流中的现象。这些模因现象通常以社交媒体、视频、电子邮件、图片等方式在人群中传播。互联网模因是如今网络文化的重要组成部分。

社交网络是网络上的虚拟社区，用户可以在社交媒体上分享和交流。一个典型的例子是“我们是谁”系列表情包在微信上的传播。“我们是谁”系列表情包的漫画原型来自美国女画家艾丽·布罗什（Allie Brosh）在 2010 年创作的漫画形象。2017 年左右，这幅漫画被改编并得到了大量转发。艾丽·布罗什收集了大量生活中尚未完成的想法，并且通过自己对情绪的强感知力，对这些想法进行

① 亚当·斯密 . 国富论［M］. 杨敬年，译 . 西安：陕西人民出版社，2006.

研究，然后思考这些想法和创作的结合。她通过把漫画里的人物简单化，创造出了喜剧般的效果。而这些容易进行个人表达，并且易于再次创作的简单漫画，迅速风靡网络，而后传入中国，变成了广受喜爱的表情包。

2021 年初，有一家叫作游戏驿站（GameStop）的公司刷新了华尔街的认知。这家公司的股票靠着普通投资者在论坛上口耳相传，居然成功抵御了金融机构的做空。具体是怎么回事呢？2020 年，论坛上对 GameStop 的讨论逐渐增多，而一家做空机构发表了对 GameStop 的看空报告，并在推特上表示，现在买 GameStop 股票的人都是冤大头，并且预测 GameStop 的股价很快会跌回去。这条推特马上激怒了很多股票市场的投资者，很多人认为这是金融机构在对普通投资者宣战，于是散户投资者们团结起来，靠着社区的传播和对 GameStop 股价的自发维护，加上“对大金融机构”的反抗意识，形成的故事和叙事效应引起了越来越多人的参与，因为每个人都想成为“普通人战胜华尔街”故事中的主角。

二、模因与市场营销

随着互联网营销的兴起，“模因”已经不再是一个学术名词，它被广泛应用于广告和流行文化中，泛指由人们自由改编的、有趣的在线内容。某个幽默或夸张的模因，有可能和用户产生强烈的互动，通过将情感的信息记忆体与品牌联系起来，在用户参与感越来越重要的今天，用户的情感联系已经成为品牌可持续性和长寿的核心之一。

1. 为什么模因营销有效

模因可以影响消费者的购买决定。2019年，三位研究人员分析了消费者购买行为与互联网模因的相关性，他们发现，模因有助于鼓励消费者的购买行为。美国科技媒体The Verge的艾莉·沃尔普（Allie Volpe）认为，模因可以控制人们的行为，因为迅速传播的概念和内容的核心包含了大家共同或者相关的情感体验。因此，模因可能会重塑消费者对品牌的认知，加强消费者与品牌的互动。

哲学家勒内·吉拉德（Rene Girard）还提出，人类之间对某件物品的渴望会互相传染。这种理论被称为模仿欲望理论，具体地说就是，人们具备从众心理和社会认同的需求。有时候自己想要某件东西，是因为看到其他人拥有了这件东西。因此，各种互联网平台上的推荐、认证就可以引导其他用户去消费。此外，社会认同源于“专家认同”，如果一个产品或者某件东西被知名人士或者业内专家认可，也会在人群中产生影响力。

2. 耐克公司和模因

耐克公司自成立以来，一直将品牌形象和知名运动员联系在一起。耐克的品牌口号“Just Do It”诞生于1988年，不过，当时耐克的联合创始人菲尔·奈特（Phil Knight）对这个口号并不满意，但是口号的设计者丹·威登（Dan Wieden）说服了菲尔·奈特，可以说耐克之后取得的成功和这句品牌口号有很大关系。

耐克的Swoosh品牌标志（耐克小勾的标志）和“Just Do It”

的品牌口号帮助它成为全球巨头，许多杂志认为这个口号非常成功，它非常容易记忆，并且简短、容易传播。因为它将体育和人们的情感联系在了一起，让大家相信自己也可以通过穿戴耐克产品获得成功。从 1988 年至 1998 年，以“Just Do It”口号活动为核心的营销使耐克在北美国内运动鞋业务中的份额从 18% 增加到 43%，全球销售额从 8.77 亿美元增加到 92 亿美元。[①]

3. 米其林公司的故事

大家都听过米其林星级，这个评级主要用于评选全世界最佳餐厅，但是，米其林星级实际上来源于米其林轮胎的营销，米其林轮胎用叙事营销的方法巩固了自己的商业帝国。

1900 年左右，法国汽车工业开始迅猛发展，当时米其林兄弟认为汽车市场太小，业务很难盈利。但是，米其林是一个轮胎品牌，轮胎品牌如何推动汽车行业的发展呢？于是，米其林想出了一个办法：创办一本旅游指南。1900 年是很久远的年代，当时并没有手机地图或者大众点评等软件，所以，人们长途旅行的时候，非常需要高质量的旅行攻略信息。

《米其林指南》第一版做得非常精美，给远途旅游的司机们提供比较完备的信息，包括地图、论坛维修、修车厂列表、餐厅、酒店，等等。《米其林指南》正式发布后广受欢迎，很快扩展到了其他国家和地区，乃至全世界。看起来很普通的旅行指南，实际上也是过去媒体类型的一种。通过这本出版物，米其林轮胎间接增加了

① 参考自 https://en.wikipedia.org/wiki/Just_Do_It。

轮胎销售额，甚至跨界创造了餐厅评级系统。

三、NFT 和模因

模因和加密文化演变、文化传播之间息息相关。NFT 的潜在买家群体决定了 NFT 的潜力和未来可能的价值，很多 NFT 只局限在小众圈子里，而像加密朋克这样的 NFT，不仅吸引了加密文化的狂热爱好者，甚至吸引了加密文化圈以外的人。那么，加密朋克为什么可以让人们愿意以超过几十万美元的价格购买一个在圈外人看起来仅仅是“小图片”的 NFT 呢？2020 年 9 月，最便宜的加密朋克 NFT 的价格只有一两千美元。不过，自从以美国知名亿万富翁马克·库班（Mark Cuban）为代表的一众关键意见领袖（KOL）在推特表明自己是加密朋克 NFT 的持有者之后，它的价值共识就充分提升了。

这时，加密朋克 NFT 隐含的意义就不仅是一些像素画了，由于人们的追捧，拥有一个加密朋克 NFT，就像在加密世界拥有一个高级学位一样，而且这种模因和共识不断被加强。加密朋克和身份象征高度相关，但同传统品牌营销不一样，加密文化倚仗的是社区的力量，社区创造了 NFT 的叙事和共识，所有个体对 NFT 的期待定义了 NFT 的品牌价值。

第三节　风险投资为什么关注 Web3

一、风险投资在 Web3 领域的概况

加密货币的市值在五年内增长了 500%，引起全世界各个机构的关注，人们认为数字资产扮演着非常重要的角色，比特币的诞生代表着重塑金融系统的目标，而 Web3 区块链网络拥有改造当前各类应用场景的潜力，为下一代价值互联网的发展赋能。根据投资机构 Galaxy Digital 的数据，2021 年第四季度，投入整个 Web3 和区块链赛道的风险投资总额为 338 亿美元，是有史以来加密领域风险投资总额的最高水平。2021 年也是一级市场投资交易数量最多的一年，共有 2 018 个 Web3 项目获得了风险投资，获得融资的 Web3 项目数量约为 2020 年的两倍。①

二、风险投资机构是何时开始关注 Web3 的

有些风险投资机构是从早期就开始关注这个赛道的，也就是从比特币刚出现时就开始关注整个加密领域；有些风险投资机构是在 2014 年左右，以太坊刚开始出现、发展的时候，对加密领域进行了

---

① 参考自 https://www.galaxydigital.io/post/2021-crypto-vcs-biggest-year-ever/。

研究，认为这是下一个重要的技术变革范式；还有些风险投资机构是在 2020 年以后开始关注这个领域的。

通过观测当时市场的综合数据，包括 NFT 渗透率、销售量等，风投机构认为 Web3 代表下一代价值互联网，而区块链能够变革资产所有权，重新构建全新的价值交换模式。同时，风投机构判断，加密领域会由离 Web3 用户最近的应用先带动整个产业发展，然后反过来再推动 Web3 底层基础设施的完善。随着上一波加密黄金周期以太坊等应用横空出世，很多 Web3 基建也开始逐步成熟起来。除此之外，随着我们逐步进入数字时代，整个市场对各类数字资产的需求也在呈爆发性增长，例如，各国央行也在开始筹备发行自己的央行数字货币。随着 Web2.0 逐步过渡到 Web3，目前所出现的现象只是长期趋势的开端。

根据研究机构 CB INSIGHTS 的数据，2020 年，全球针对区块链项目的融资为 31 亿美元，而 2021 年，全球在这个领域的投资总额达 252 亿美元，同比提升了 713%。

三、风险投资机构为何关注 Web3

1. Web3 生态的持续发展

自 2009 年以来，加密生态系统一直在迅速发展，已经从单纯的货币创新领域发展到了多个链上金融系统并行的模式，之后又从金融领域的应用扩展到更加多元化的场景，逐步形成了各类不同应用并存的加密网络模式，无论是 DeFi、NFT 还是链游，这些领域的创新和蓬勃发展都引起了业内的关注。除此之外，尽管加密领域一再经历应用高峰期和低潮期，但整体来说，每次在高峰期的时候，开发者活跃度都在不断提升，并且积累了一定的经验，而且技术能力也在持续迭代。

除此之外，在 2017 年的加密市场周期之后，尽管区块链的发展每当遇到熊市就会形成低潮期，但是开发者和创业者并没有停止探索，由此，许多新的协议和业务被建立起来，比如支撑 NFT 应用的合约，而这些基础设施的演化为 2020 年和 2021 年的大规模应用奠定了基础。

Web3 不仅是互联网的全新基础层，也是企业管理、价值创造和所有相关参与者可以平等参与的新范式。通过 Web3，人们不仅可以成为当今主要由技术驱动商业产品的受益方，还可以成为独特的数字资产的建设者和所有者。

2. 线上活动的普及

在新冠肺炎疫情的背景下，在全球宏观经济影响的催化下，线上活动更为频繁，数字世界和物理世界的融合进一步加强，人们的日常生活和办公的在线时长不断增加。在越来越多的公司和个人选择远程办公的情况下，购物、社交、娱乐越来越依靠线上网络，于是，人们的线上数据和平等就更加重要。而 Web2.0 的集中化网络和垄断算法，给依靠线上工作和生活的人们带来了一些限制。

3. 专业机构的涌入

有些投资机构认为，Web3 确实存在着投资机会，特别是越来越多的传统金融机构、对冲基金和风险投资涌入，使得更多优质人才涌入该空间。尽管前几年见证过这种从繁荣到萧条的大周期，但是，更多人还是认为，尽管短期内的波动会很明显，但是加密领域和 Web3 的长期潜力和增长趋势是明确的。有报告显示，全球专业加密对冲基金的数量在持续增加，传统金融机构的参与者也希望从新兴数字资产池中分一杯羹。根据《福布斯》网站报道，全球知名资产管理集团贝莱德（BlackRock）也在进入加密领域，最近与加密货币交易所 Coinbase 合作，推出了相关产品。①

第四节　Web3 的潜力：市场规模与时机

下一代价值互联网代表了一个新的计算范式的转变，很有可能颠覆目前的行业格局。无论是金融领域，还是互联网领域，下个时代的很多公司将会是完全数字原生的，具备独特的激励手段和全新的分配方式。除此之外，也有投资人认为，加密货币可以创造更好的客户体验，重新调整消费者和平台之间的激励，如果 Web3 的发展能够真正覆盖今天人们日常生活所需要的一部分场景，它的市场空间是非常大的。

第一，全球金融服务的整体市场规模在持续上升。根据 Globe Newswire 的数据，全球金融服务的整体市场规模预计将从 2021 年约 233 亿美元增长至 2022 年的 258 亿美元，年复合增长率（CAGR）

① 参考自 https://www.forbes.com/sites/lawrencewintermeyer/2021/08/12/institutional-money-is-pouring-into-the-crypto-market-and-its-only-going-to-grow/?sh=e6c1a8614598。

为 10.8%。预计到 2026 年全球金融服务整体市场规模将达到 373 亿美元左右。[①] 金融服务市场主要包括所有从事金融服务的相关活动，如贷款、资管、保险、支付，等等，如果 Web3 和数字资产的发展可以占据整个金融服务市场的小部分，潜力都不容小觑。

第二，全球游戏行业规模也在持续增长。根据 prnewswire 的数据，2021 年游戏行业的营收约为 2 010 亿美元，预计整个游戏市场从 2022 年到 2028 年的复合年增长率将会达到约 12.1%。[②] 特别是新冠肺炎疫情期间，人们的室内活动增加，对游戏的需求也持续上升。

第三，创作者经济蓬勃发展。根据 signalfire.com 的报道，全世界有超过 5 000 万名创作者；更有一项调查发现，美国约 29% 的孩子长大后想成为 YouTube 网红创作者。

第四，社交网络成为刚需，革新当前市场的业务创新具备一定潜力。根据 Statista 的数据，预计 2022 年，社交网络领域的总收入将达到 464.3 亿美元，预计 2022 年到 2026 年的复合年均增长率为 8.4%，预计到 2026 年市场规模将达到 641.1 亿美元。[③]

除了 Web3 的数字原生应用之外，一旦 Web3 生态系统初具规模，消费者、企业和开发者就可以通过整个系统在 Web3 市场上发展，数字钱包、Web3 基础设施、NFT、开发者工具和各类分析工具都会有不错的应用潜力和发展场景。

---

① 参考自 https://www.reportlinker.com/p06277918/Financial-Services-Global-Market- Report.html?utm_source=GNW。

② 参考自 https://www.prnewswire.com/news-releases/gaming-market-size-worth-usd-435-billion-by-2028--cagr-12-1-zion-market-research-301481456.html。

③ 参考自 https://www.statista.com/outlook/dmo/app/social-networking/worldwide。

一、择时：技术转型应用曲线

很多风险投资机构认为，从创业的角度来看，近年是投资Web3的最佳时机，原因如下。

（1）全世界加密货币采用率在不断上升

鉴于加密货币的统计口径，精确地计算加密货币在人群中的具体应用数字并不容易，但是，由于加密原生要素具有开源、可组合、全球化的特性，基于 Web3 的加密货币采用率比以往技术转变更快。根据 Gemini 估计，约 14% 的美国人口拥有加密货币，而 Chainalysis 的数据显示，全球加密货币的采用指数在 2020 年至 2021 年暴涨了 10 倍。

（2）用户对 Web3 技术的应用正处于关键时间节点

从科技和技术产品应用率的角度来看，科技的发展通常会经历 S 形曲线代替另一个曲线的过程。很多具备变革性技术的用户应用率先是缓慢上升，之后迅猛加速，而后逐渐趋于平稳。在这些范式转变中，很多成功的公司都是在 S 形曲线拐点的初始阶段成立的。例如，风投公司 A16Z 的一份报告显示，无论是个人电脑的使用，还是智能手机的应用，都呈现出 S 形曲线的特点，而这些 S 形曲线都具备一个重要特性：这些新技术的应用，起初增长均较为缓慢，而达到一个临界点后，关于它们的应用就会出现爆发式增长，而后会逐渐趋于稳定。不过，在科技应用呈现出 S 形曲线的特点之前，还会经历一些阶段。例如，首先，可能我们自己认为技术已经成熟，但实际上技术并没有成熟，它们的发展还处于非常早期阶段。其次，也许创造出来的产品还不错，但却无法与市场相匹配，当然，这个阶段会持续强化对产品的研发力度，在这之后，技术的应用很可能呈爆发式增长。[①]

很多今天看来非常有价值的公司是在技术采用阶段的早期成立的。中国和美国都有很多这样的例子，许多最有价值的互联网公司都是在 S 形曲线拐点之前，或者说在拐点之前三至五年内成立的。有时候，还会出现“技术先行”，但是大家并不清楚这个时候能用技术做什么。例如，1994 年 HTML 和 Web 技术刚出现时，尽管人们可以在电脑上使用这些技术，但对于如何进一步操作，以及发挥这些技术的作用等问题是不清楚的。这一点和 Web3 的出现很像，区块链技术先出现，但是还处于探索阶段。

二、关于 Web3 的机会和痛点

目前，Web3 还处于类似互联网早期拨号上网的冲浪阶段。Web3 的普及，以及构建更好的用户体验，需要更多的时间、努力和创新。而管理模式从中心化网络到去中心化网络的迁移和过渡过程中，同样存在很多风险和挑战。例如在 Web3 时代，需要更重视数据和网络安全，在数据储存和传输方面需要同时具备安全和高可用性，还要保证数据处理的分布式。

虽然市场对 Web3 和去中心化计算的未来充满信心，但目前一

① 参考自 https://mp.weixin.qq.com/s/1yP93LYZRH6oh8TeXkZQOw? 。

级市场（指 2021 年至 2022 年初）存在过度繁荣的现象，这就表示风险在上升，因为许多创业公司拿到的融资额和目前市场发展所处的阶段不匹配。需要注意的是，Web3 公司的重大失败可能会引起公众的担忧和倦怠，从而减缓整个行业的进展。预计 Web3 将超越传统互联网时代的模式，与今天的任何互联网产品都不一样，会发展为一个全新的产品类别。上一次互联网革命开始时，人们所能想到的首个使用案例，是将实体产品以互联网的形式展示。例如，先把实体杂志的内容用网站上的电子内容来呈现，之后，基于互联网的电子杂志逐步代替了传统杂志。不过，早期人们所想象的“互联网所创造的产品”与今天我们真正使用的，还是有一定差距的，因为人们很难想象通过真实世界真正应用而迭代发展的互联网产品功能有多么强大。例如，20 世纪 90 年代初的人们，肯定很难想象 2020 年的人们可以用手机 App 打车、点外卖，等等。

不过，我们需要清晰地意识到，Web3 领域存在短期的波动几乎是必然的，更需要用多元化的视角观察。在更大的时间范围内，市场周期的波动会引起更多消费者、开发者和企业家关注 Web3，继而共同推动整个 Web3 领域的发展和完善，但更需要观察的是创业公司的活动情况与用户应用的数据趋势。今天，无论是 Web3 创业公司的数量，还是整体用户和开发者的数量，都比十年前多，这正是行业进步的体现之一。

第九章

开源时代与创作者经济的未来

第一节　开源到底是什么[①]

计算机从业者通常都很熟悉“开源”和“闭源”这两个概念。简单来说，开源软件指的是根据相应的许可证规则，所有人都可以通过互联网查看项目的部分或全部源代码的计算机软件。它甚至允许人们修改代码后自行使用，或者修改后再次发布等。闭源的代码不会对外开放，常见的系统如 MAC、Windows，这些都属于闭源操作系统。

开源为科技作出了重大的贡献，却不一定得到应有的重视。近年来，由于开源软件维护而产生的问题越来越多，重新引发了人们的思考。例如，2020 年，faker.js 和 colors.js（NodeJS 包管理和分发工具 NPM 上的两个知名工具）的作者马拉克・斯奎尔斯（Marak Squires）租的房子遭遇了一场大火，他几乎失去了所有财产。尽管马拉克・斯奎尔斯在推特上发布了求助，告诉大家他已经无家可归，希望有人可以给他一些资助。但是，或许马拉克并没有获得足够生活的资金，于是他在 Github 上公开谴责了免费使用他的开源项目的大公司。2022 年初，马拉克・斯奎尔斯一怒之下，破坏了自己的软件源代码，导致所有人都无法使用它们。再如，2021 年底，基

① 本节由卫剑钒撰写。

于 Java 的日志记录框架 Log4j 出现了漏洞，这是一个开源的、所有人都可以免费使用的框架，但这个漏洞导致基于 Java 的数十亿台设备可能会面临安全风险。尽管这件事引起了业内的争议，但是也引发了我们的思考。

大家最终意识到，今天的互联网和科技巨头的正常运行，以及被很多关键部门广泛应用的软件系统，高度依赖着开源爱好者在业余时间无偿维护、用爱发电的软件。今天的车载操作系统、手机操作系统，甚至探月卫星，几乎都靠 Linux 和安卓这样的开源项目，而这些坚持维护开源项目的工程师付出了很多努力，算得上是真正的无名英雄，但他们却不一定能得到合理的经济回报。

约翰斯·霍普金斯大学的密码学教授马修·格林（Matthew Green）认为，整个行业需要梳理出来具有巨大影响力的开源档案和技术列表，这样才会引起更广泛的关注。谷歌密码学家菲利普·瓦尔索尔达（Filippo Valsorda）认为，发生了这么重大的问题，却只有 3 个 GitHub 志愿者赞助商来修复 Log4j 漏洞，而这些项目可能涉及的业务超过了上百万美金。高度依赖这些不求回报的志愿者是不公平的。尽管类似于 Patreon 这样的众筹软件可以协助表达用户的感激之情，但是这种薪酬结构并不正式，和为专业化维护工作支付专项报酬是无法等同的。

有没有更好的解决方法？通过 Web3 的模式能否解决目前开源软件面临的问题？探究这个问题，我们要先从什么是开源软件谈起。

一、开源的实质在于许可证

一个软件是什么性质，取决于它采用的许可证。所谓许可证，就是一个书面协议，软件作者（或所有者）规定用户有哪些权利和义务，即许可或不许可用户做哪些事。如果你写了一个软件，源码放在 github、gitee 或者互联网任何地方，你可以选择使用一个许可证。如果你对这些许可证都不满意，你也可以自己写一个许可证。如果你发布的软件没有许可证，那么别人就不知道你允许他做什么，不知道他有什么权利。

Windows、微软 Office 用的是商业许可证，源码是不能随意更改的。而开源软件和自由软件绝大多数都是可以修改或出售源码的，但需要注意的是，开源软件的企业版一般都不是开源软件，企业版使用的是商业许可证，是用来赚取商业利益的。通常来说，开源软件的社区版才是开源软件。但并不是说能从网上免费获得源码的软件就是开源软件或自由软件，能拿到源码的只是源码可得（source available）软件。有人统计过，源码可得软件目前大约有 2 600 多种许可证。这些许可证中的绝大多数都不符合“开源”的定义，20 个最常用的许可证覆盖了 98% 的源码可得软件，所以，我们只需要了解这些常用的许可证即可。

根据 OSI（Open Source Initiative，开放源代码促进会）统计，常用的许可证是下面这 9 个，其中使用最多的许可证是前 6 个。

（1）Apache License 2.0 (Apache-2.0)

（2）3-clause BSD license (BSD-3-Clause)

（3）2-clause BSD license (BSD-2-Clause)

（4）GNU General Public License (GPL)

（5）GNU Lesser General Public License (LGPL)

（6）MIT license (MIT)

（7）Mozilla Public License 2.0 (MPL-2.0)

（8）Common Development and Distribution License 1.0 (CDDL-1.0)

（9）Eclipse Public License 2.0 (EPL-2.0)

以 Apache License 2.0 许可证为例。Apache License 2.0 许可证是 ASF（Apache Software Foundation，Apache 软件基金会）在 2004 年发布的，希望通过开源软件开发协作，提供可靠且长久不衰的软件产品。ASF 出品的软件一般都采用 Apache License 2.0 许可证。当然，非 ASF 的项目也可以使用，因为 Apache License 2.0 许可证设计出来是供所有人使用的。

二、开源软件、自由软件、copyleft、CC

1. 开源软件

开源软件的概念是由 OSI 提出的。OSI 成立于 1998 年 2 月，创始人是布鲁斯·佩伦斯（Bruce Perens）和埃里克·S. 雷蒙德，其目标是促进和保护开源软件及开源社区，致力于提高人们对开源软件的认识和采用。开源软件的定义中包含了 OSI 的开源精神，即要提供免费的源码，而且是无差别地提供；要把开源推进到每个国家、每个地区，推进到每个领域、每个行业；要让开源造福社会、造福人类；不歧视、不限制，推崇自由、平等，推动全人类的共同繁荣和进步。

OSI 会审查并批准某个许可证是不是开源许可证。一个软件是不是开源软件，只要看它使用的许可证是不是OSI认可的许可证就可以。只要是使用开源许可证的软件，就是开源软件；只要是OSI认可的许可证，就是开源许可证；只要满足开源定义的许可证，一般都会被OSI认可。

2. 自由软件

自由软件的概念是由FSF（Free Software Foundation，自由软件基金会）提出的。FSF于1985年10月由理查德·斯托曼（Richard Stallman）创立，其主要工作是致力于推广自由软件，促进计算机用户的自由。

斯托曼非常推崇用户自由，他认为软件生产出来就应该给用户源码，就应该让用户有改进软件的自由。在他看来，专有软件（闭源的）是不公正的，是凌驾于用户之上的，专有程序的开发者控制着程序，并对用户产生了一种控制权，用户在试图自己动手修改软件时，由于没有源码，就不得不屈服于专有软件所带来的“枷锁”。如果用户有源码，并且可以修改，就可以自由地自己修改（或让其他人来修改）软件，就不再祈求拥有源代码的公司或程序员来帮他修改，就没有人再处于垄断的地位。

FSF表示，如果一个软件提供了下面这4项自由，它就是自由软件。

自由度0：用户可以按照自己的意愿，自由地运行该软件，不论出自何种目的。

自由度1：用户可以自由地学习该软件，可以按照自己的意愿修改该软件。

自由度2：用户可以自由地分发该软件的拷贝版本，这样就可以帮助他人。

自由度3：用户可以自由地分发该软件修改后的拷贝版本，这样他人就可以从中受益。

自由软件中的“自由”，意味着这些行为（运行、学习、修改、分发）不必事先征得任何人的许可，也不必为此额外支付任何费用。FSF还强调，商业和自由并不矛盾，钱可以收，但用户的自由不可剥夺，源码要给用户。

布鲁斯·佩伦斯曾希望OSI可以向普通人（非软件业人士）介绍自由软件的原则，但是理查德·斯托曼不这样认为，他觉得OSI在理念上和FSF有很大不同，OSI太过实用化，而不是像FSF这样强调自由。但是，在笔者看来，两者其实差不多，顶多是着重点不同：一个强调开放（open），一个强调自由（free）。最终，FSF在官网上承认了这一点：“开源软件和自由软件或多或少是同一类软件，虽然并不是完全相同：开源软件所接受的一些许可证在我们看来限制过多，还有一些我们认可的自由软件它们不认可。但不管怎样，两者的差异是很小的：几乎所有的自由软件都是开源软件，几乎所有的开源软件都是自由软件。”

3. copyleft

Copyleft有很多种译法，包括版权开放、版权属左、左版、著佐权、版权左派等，但没有一种译法被普遍接受和采纳。FSF对

copyleft 的定义是这样的："copyleft 是一种通用的方法，通过它，某个程序成为自由软件，并要求其衍生程序（对该程序进行修改和扩展后产生的程序）也是自由软件。"

从定义来看，copyleft 软件天然是一个自由软件，但它和自由软件是两个概念，它比自由软件多了一项对用户的要求，即 copyleft 许可证要求修改后的作品也必须以 copyleft 许可证发布。这就是人们常说的"传染"（比较好的说法是"互惠"），也就是说你加了代码，也必须要将这些代码贡献出来。

Copyleft 和 copyright（版权，亦称著作权）是相反的两个概念。Copyright 是指作者对其作品所拥有的权利。从字面上看，copyright 尤其关注 copy 的权利（right），比如一个软件卖给用户后，除非作者同意，用户是不能随意复制的，即我们常看到的"All rights reserved"（保留所有权利）。Copyleft 则相反。理查德·斯托曼曾说过 copyleft 一词的由来："1984 年或 1985 年，唐·霍普金斯给我写了一封信。他在信封上写了一些很有趣的话，其中包括：copyleft —— all rights reversed（不保留任何权利）。于是，我就用 copyleft 一词来命名当时我正考虑的软件发行概念。"在斯托曼的哲学理念中，信息资产就像数学公式、定理一样，应该是公有的、开放的，应该让任何人都可以使用和改进。他说："商业软件通过版权剥夺了用户的自由，我们使用版权来给予他们自由。"

但这并不意味着 copyleft 不涉及版权，只不过作者基本上只保留了署名权，以及要求保持软件自由，其他所有权利都已开放。比较著名的 copyleft 许可证包括 GPL、LGPL、AGPL、Watcom-1.0、GFDL、CC-BY-SA。

4. CC

CC（Creative Commons，知识共享）的创始人是劳伦斯·莱斯格（Lawrence Lessig），他认为美国人在版权问题上存在两极化问题：一方面，他们重视自由，鼓励共享；另一方面，他们采取极端保护主义的版权法律架构，保护知识的垄断。“保留所有权利”和“不保留任何权利”都是比较极端的做法，莱斯格试图走出一条灵活的、有弹性的中间路线，让作者根据自己的偏好，选择保护“部分权利”。

他于 2001 年创立了 CC，开展 CC 的维护和推广。目前，CC 的版本为 4.0 版本（2013 年发布）。不过，CC 一般不用于软件，也不宜用于软件，它通常用于文字、图像、音乐、视频等。CC 有 4 个选项可以选择和组合，这 4 个选项分别是：BY（署名）、NC（非商业性使用）、ND（禁止演绎）、SA（相同方式共享）。

BY：我允许你们分发我的作品，但要署我的名字。

NC：不能商用（如果确实想商用可以来找我谈合作）。

ND：不许演绎，也不能修改。

SA：如果你演绎了、修改了，你必须按照本选项组合来共享你的修改（比如某组合是 BY-SA-NC，再分发时也必须是 BY-SA-NC）。

注意，ND 和 SA 是不能组合在一起的，因为 ND 不允许修改，SA 允许修改。一般情况下，有 6 种 CC 组合可供使用：CC BY、CC BY-NC、CC BY-ND、CC BY-NC-ND、CC BY-SA、CC BY-NC-SA。在 FSF 看来，由于 NC、ND 不允许商用或演绎，所以含有它们的组合不是自由的。因此，这 6 种组合中只有 CC BY 和 CC BY-SA

是自由的，其中，CC BY-SA 更是 copyleft 的（FSF 批准的是 4.0 版本）。

除了上面这 6 种 CC，还有一种特殊的 CC 叫作 CC0，此时，作者放弃了一切版权，作品落入公用领域（Public Domain），任何人只要不违法，都可以随意使用此作品（同样，CC0 不建议用于软件）。虽然公用领域的作品大多没有许可证，但如果你明确说明此作品落入公用领域（比如用 unlicense、CC0，甚至是 WTFPL 来说明），那是非常好的做法。一般认为，公用领域的软件是自由的，部分是开源的。

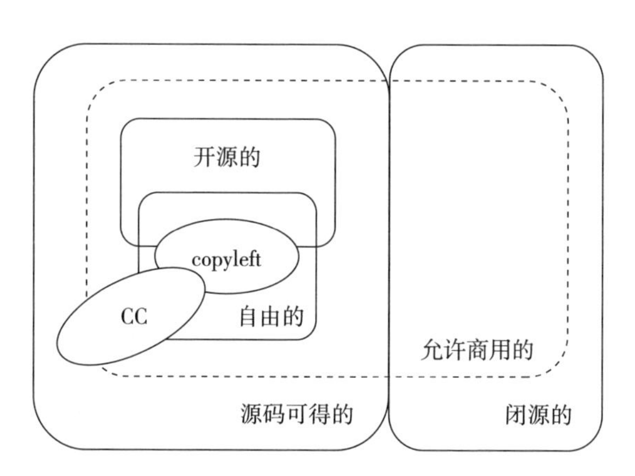

图 9-1　开源、CC、自由软件，以及商用软件和闭源软件之间的关系

注：本图只表示包含关系，图形大小不表示规模信息。

如图 9-1 所示，软件分为提供源码的软件和不提供源码的软件。在提供源码的软件里，有的是开源软件，有的是自由软件，其余的只能叫作源码可得软件。开源软件中的大部分软件都是自由软件，而自由软件中有一类软件是 copyleft 的。开源软件和自由软件都允许被商用。开源软件强调开放，自由软件强调自由，两者其实差不多，因为开源软件给予人们运行、复制、修改、再发布的自由，这正是自由软件也要给予人们的权利。copyleft 是自由软件的一种，它要求软件自由地世代相传。CC 通常用于文字、图像、影视、音乐等，根据其选项，有些允许商用，有些不允许；有些是自由的，有些是不自由的，其中一种组合是 copyleft 的。

第二节　时代的发展与基于 Web3 的开源重构

开源软件对软件开发非常重要，Linux 等操作系统就是建立在开源的基础上。开源不仅是工程术语，更蕴含着开发交流和共同参与的价值观，在代码世界中，全世界团结一致，以合作和解决问题为首要目标。开源文化重新塑造了人类和技术的关系，所有人都可以通过开源获益。

互联网发展壮大到今天，离不开开源的贡献。互联网的很多重要项目，其底层都是由开源项目组成的，很多开源项目都成为不可或缺的基础设施。对项目组织和用户来说，开源意味着建立信任。在去中心化的网络中，用户可以直接看到项目代码，就像传统公司签署合同之前的法务审查一样，开源 Web3 项目和用户之间建立了信任，这一点和 Web3 的核心精神是一致的。另外，对于建立社区联系来说，开源可以为更多开发者和社区提供互动机会，通过对代码的反馈和功能报告，每个人都可以参与到 Web3 项目的迭代过程当中。

开源领域聚集着大家的智慧，也涌现出很多优秀的公司。但是，由于很多开源项目的创建和维护是开发者和工程师无偿贡献和维护的，这就产生一系列问题，如果缺乏经济激励，真正有价值的项目便无法发挥潜力。Web3 时代强调了数字所有权的重要性，也产生了全新的生产关系和激励方法，那么，是否可以用 Web3 的方式来重新协调开源软件的数字所有权呢？例如，用 DAO 建立开源社区，然后用 Token 和基于 DAO 的运营所产生的收入激励开发者和开源软件的贡献者。使用开源软件的企业和赞助商，可以向开源社区的 DAO 贡献 Token。根据智能合约的社区前置规则和约定，Token 会流入开源贡献者手里。并且，开发者贡献的版本需要不断迭代升级，否则 Token 的价值就会降低，还有可能会被其他人通过给开源软件创建一个复制的代码仓库来分支（Fork），然后改写一版更优质的版本。

Web3 中的 Token 化可以帮助开源项目建立公平的报酬制度，从根本上改变开源项目的应用和利益分配模式。那么，基于 Web3 的去中心化系统，是否可以本着平等、透明的原则，根据开源开发者对整个生态系统的贡献，给予他们激励和回报呢？

十多年前，热爱画画的迈克·温克尔曼（Mike Winkelmann，人们多称他为 Beeple）开始每天坚持创作一幅数字艺术作品，而这个数字艺术系列就是《每一天：最初的 5 000 天》(*Everydays: The First 5 000 Days*)，包括 5 000 多幅艺术作品。计算机专业出身的 Beeple 只是热爱画画，并没有专业的艺术背景，但是他坚持画了将近 14 年。就在 2021 年，他的画作为 NFT 在佳士得拍卖会以 6 930 万美元的价格售出。作为一个艺术创作者，这样的拍卖纪录让他获得了很多关注。

属于创作者的时代真正到来了吗？大家经常提到的创作者经济又是什么呢？在 Web3 时代，以艺术家、音乐家、游戏开发者等个体为中心的模式出现了，通过 NFT 这样的形式，独立创作者可以直接和粉丝交互，在没有中介的情况下进行合作。在 Web3 时代，很多创造者通过新型的信息传输模式和价值转移范式，获得了独立的收入来源，形成了新的经济范式。那么，创作者经济的来龙去脉又是怎样的？

第三节　从用户生成资本到创作者经济的演变

一、创作者经济诞生的背景

在互联网出现以前，人们接收信息的渠道通常是电视台、广播电台、报纸和书籍，对普通人来说，创作并向公众展示作品的门槛是比较高的。尽管自古以来就有艺术家、作家、画家等以创意为核心的职业，但对互联网发明之前的多数创作者来说，单纯用创意来谋生是非常难的，只有那些具备人气和粉丝的大名鼎鼎的职业作家、演员等创作者，才能完全通过自己的作品和知名度谋生。Web2.0 时代，社交媒体平台得到了发展，改变了这一切。在 Web2.0 时代，人们可以在 B 站、抖音这样的平台找到自己喜欢的知识博主，可以去小红书学习如何化妆，也可以去 YouTube 或者 Instagram 欣赏数字艺术家的图片和自制喜剧表演短片。互联网的社交媒体及自媒体平台无处不在，渗透到人们生活的方方面面，彻底打破了以前只有知名人士才可以经常在电视台露脸的状况。无论任何人，只要有一部可以拍摄照片及视频的手机，或者有一台可以敲字的电脑，就可以把自己的创作上传到网络上。也就是在互联网从Web1.0过渡到Web2.0的时候，人们发现自己可以在线进行表达，还可以同别人互动，而创作者经济也由此逐步发展壮大。

除此之外，新冠肺炎疫情的暴发改变了消费者和商家的交互方式。线下购物渐渐减少，线下音乐舞台和演出现场暂停，而人们对直播电商、线上演唱会的接受程度越来越高。过去十几年，移动互联网和智能手机的普及给用户流畅地观看视频创造了条件。不仅如此，以前企业会选择传统媒体进行宣发和营销，而现在企业更喜欢通过TikTok、YouTube等在线视频平台进行品牌宣传，这样一来，品牌可以直接同自己的受众群体接触。

二、什么是创作者经济

创作者通常指的是创建并把内容传递给系列受众群体的人，创作的内容主要包括文章、博客、音乐、视频、电子书籍、游戏等。创作者经济是指作家、画家、艺术家等依靠自己的知识和技能，得到一定数量的（粉丝）关注，以此来赚钱的经济模式，也可以理解为独立内容创作者通过互联网和客户建立联系的新型经济模式。

从某个角度而言，创作者还是基于信息的创业者，通过内容创作与用户沟通，而喜欢这些内容的用户可以加入创作者的作品社区，付费来支持自己喜欢的创作者。创作者不仅仅是个人，还是可以进行创作传播的超级个体。创作者就像企业中的创业公司一样，围绕这些创作者形成的新型经济模式就是创作者经济。今天，成功的内容创作者在粉丝眼中就像偶像明星一样，但是创作者和明星不同的地方在于，很多粉丝通常是通过创作者发布的作品，见证了他们的成长，因此，这种关系更为深刻。内容平台中的固有属性，如点赞、评论和订阅，也促进了创作者和粉丝之间的互动，很多创作者开辟了自己的粉丝群，本质上是在为自己的内容工作。

三、从用户生成资本到创作者经济的发展

社交代币初创公司Roll的首席执行官布莱德利·迈尔斯（Bradley Miles）在2021年的一篇文章中提到，过去20年的互联网兴起发展得益于用户生成内容（User Generated Content），创作者本身在互联网的体系中扮演着越来越重要的角色。2000年的社交工具开启了以论坛帖子、博客模式的消息传递方式，而后像Myspace、百度贴吧这样的社区形成，之后，类似微博、推特这样的平台出现，意味着信息传播的范围更广了。随着4G等高速网络的普及，短视频开始增长，B站、TikTok、YouTube、Twitch崛起，内容创作者希望把自己的内容货币化。在2010年中后期，Patreon和Substack这类平台开始解决内容货币化的问题，也就是允许用户直接向最喜欢的创作者支付某些赞助费。①

创作者经济反映了一种新兴的文化现象，这种文化现象是由艺

① 参考自https://messari.io/article/the-rise-of-user-generated-capital-bridging-the-creator-economy-and-decentralized-finance。

术家、作家、画家等创作者推动的。在这种文化的形成过程中，传统互联网垄断平台的占比很小，这种文化现象及用户对付费的优质内容的需求，又推动了新兴平台的发展。目前，内容的消费和制作方式发生了重大变化。随着许多科技公司竞相创建可行的商业模式来将他们的平台货币化，创造者经济正在变得更加强大。从品牌营销的角度来看，创作者经济意味着新的模式，很多品牌会选择同知名创作者合作，通过内容创作来打造品牌的知名度，这种个性化方式可以和受众建立更深的情感联系。

第四节　创作者经济案例

创作者可以在平台上同粉丝共享内容，收取订阅费用，也可以选择与品牌合作，收取广告费。创作者经济系统主要包括以下几个参与方：创作者、内容消费者、其他利益方。

首先是创作者。有的创作者是博主（网红），例如视频平台上粉丝众多的美妆博主、学习博主、动漫博主等，主要通过分享自己的专业信息获得大家的关注；有的创作者是目前已经比较知名的明星或演员，通过在各种平台上分享自己的日常、视频等引发大家的关注；还有的创作者是知识类博主，主要通过分享知识，以及教学、行业分析等获得关注。创造者经济强调的是人们对个体的关注，也宣告了个人影响力时代即将到来，比起喜欢公司，人们更喜欢关注鲜活的个体。

其次是内容消费者。基于不同的兴趣爱好，内容消费者会关注自己喜欢的内容，继而关注到相应的创作者。其他利益方包括 Web2.0 时代服务创作者的平台等。

那么，有哪些 Web2.0 时代的典型创作者经济平台呢？

一、Patreon：会员制的艺术内容变现平台

Patreon 公司成立于 2013 年，总部位于美国旧金山，其目标是通过粉丝每月向创作者付费和订阅内容，为创作者提供变现方式。Patreon 在 2020 年 9 月的估值达到了 12 亿美元，跃居独角兽行列。Patreon 的业务模型是通过建立一个内容创作者与粉丝联系起来的平台，使创作者不仅可以赚更多的钱，每个月都会得到来自粉丝的“赞助费用”，还可以和粉丝建立联系，而粉丝也可以根据赞助金额，得到创作者发行的相应奖励和专属纪念品。

Patreon 是典型的 Web2.0 时代的创作者经济平台。通过 Patreon，创作者可以在平台上获得收益，同时也可以得到来自 Patreon 的专业营销指导、粉丝运营指导、定制周边等。2022 年 1 月，根据 The Information 的报道，在新冠肺炎疫情暴发期间，线下直播和视频需求飙升，Patreon 呈现出强健的增长，不到一年时间平台线上众筹资金就超过了 2.45 亿美元。截至 2021 年 12 月底，Patreon 上的创作者通过订阅模式总共赚取的收益达 35 亿美元，而截至 2020 年 11 月，这个数字是 20 亿美元。从 2013 年成立到 2019 年这六年间，Patreon 的创作者总共获得了 10 亿美元的订阅营收，而仅仅几年时间，这个数字就迅速翻倍。目前，Patreon 也在探索如何将自己的业

务与 Web3 结合，计划组建团队，为创作者提供更多功能。

二、Clubhouse

Clubhouse 是一个社交语言聊天的 App，其功能包括实时的虚拟房间，用户可以在其中通过音频进行交流，还可以通过创建房间来安排对话。2020 年 3 月，Clubhouse 正式发布 iOS 版本。2020 年 5 月，Clubhouse 获得了知名风险投资公司 A16Z 的 1 200 万美元 A 轮投资。在疫情暴发初期，人们足不出户，为 Clubhouse 的普及创造了环境。2020 年 12 月，Clubhouse 的用户数量达到了 60 万。

三、Substack

Substack 成立于 2017 年，总部位于美国加利福尼亚州，是一个在线创作平台。创作者可以在 Substack 上将自己创作的文章托管、分发给订阅用户，还可以自己设定付费价格。订阅可以是月度的或年度的，创作者可以通过平台直接向订阅者发送订阅的文章和信息。截至 2021 年 11 月，有超过 50 万付费用户使用 Substack，订阅数量超过 100 万。Substack 会从订阅收入中收取 10% 的费用，这种订阅模式可以激励创作者为用户提供更多的优质内容，而不是靠广告赚钱。

第五节　用 Web3 驱动创作者经济

到了 Web3 时代，区块链技术和 NFT 等新兴产物出现，这会为创作者经济带来哪些可能性？

Web3 重塑创作者收益模式

1. 区块链版权

区块链的智能合约可以重新定义作品的所有权，也可以约定创作者向粉丝交付作品的具体信息。创作者和用户之间的所有交互记录都可以记录在区块链上，同时，区块链的不可篡改性还可以保障创作者的著作权，大大减少创作者被平台拖欠稿费的情况，因为智能合约可以对交付时间和转账时间进行约定。

对于内容来说，点赞、关注和订阅本质上就是平台中“货币”的象征，因为这些要素会决定创作者的知名度和货币化程度。Web2.0 平台固有的算法会操控创作者被看到的概率，并且这些算法还会不断变化。

是否可以在 Web3 中重塑创作者货币化的方式呢？过去我们反复见证了平台在其规模扩大后，会违背初心，甚至做出伤害创作者的行为。社交媒体中的“媒体”主要指人们在互联网上使用的大众交流方式。在互联网快速发展的这 20 年，社交媒体迅速发展的主要动机来自用户产生的内容。而 Web2.0 时代社交媒体中的“关注、喜欢、订阅”，都属于内容层面的“货币”。因为一个创作者是否能创造价值，主要是由关注数量、喜欢数量、订阅数量来界定的，而这些在 Web2.0 时代并不真正属于用户。Web3 和区块链给创作者和社区成员带来了新的机会，创作者经济会从用户产生内容的货币化逐步过渡到用户创造资本。

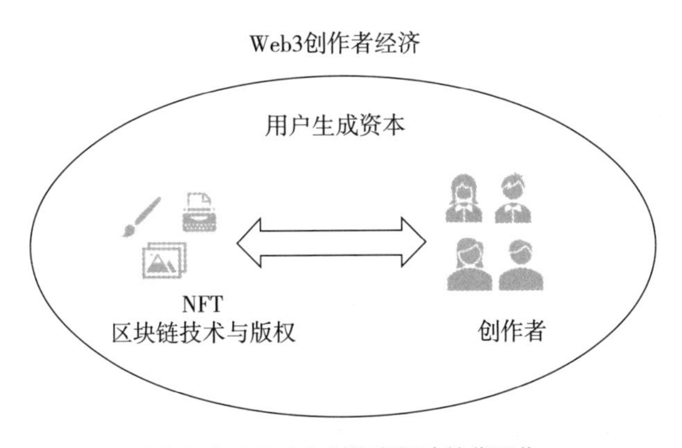

图 9-2　Web3 创作者经济的货币化

Web3 的数据资产归个人所有的模式可以更好地激励创作者，创作者可以对自己创作的内容拥有更完善的所有权。随着 Web3 的发展，创作者可以脱离之前的垄断性平台，通过 NFT 这样的新技术，将自己的作品直接面向粉丝销售。Web3 时代的创作者和平台都会越来越趋向平等化。

2. DAO 和创作者经济

随着 DAO 这样的组织模型出现，创作者可以建立针对粉丝和某个主题的 DAO。对于社交媒体来说，个体能够获得更多关注。在电影或电视剧中，我们对主要演员或导演的关注，总是多于对幕后角色的关注；对于一首流行音乐来说，我们关注歌手总会多于关注词曲作者。DAO 的去中心化和社区模式能够为独立创作者提供更大的交互空间。

通过 DAO 模式，粉丝不仅可以支持自己喜欢的创作者，甚至还可以从投资创作者的未来中获取收益。Web3 时代的视频平台不会再根据用户之前的爱好不断推荐相似的内容，Web3 时代的激励结构会完全改变，通过 Token 和 NFT，创作者具备了更多所有权。Web3 可以将控制权重新还给创作者，Web3 平台的作用会弱化，创作者可以逐步脱离中心化公司的控制，直接面对粉丝，和粉丝形成更紧密的联系。

创作者经济和 Web3 的结合可以为创作者创造更多全新的工作和货币化方式，加密经济天生自带的去中间商模式可以让创作者脱离第三方服务提供商，而 Web3 和创作者经济的结合更代表着一种全新的思维方式，可以让大家通过全新视角看待常见的事物，创作者可以拥有全部的数据、自己的品牌和作品，不会再因为广告驱动而进行内容创作，可以去创作自己真正想要表达的优质内容。

创作者经济本身代表着人们对创作者个体的重视，宏观上还具有工作灵活性、分布式办公等特征，这些和 Web3 的内涵是密切相关的，Web3 的发展会让创作者逐渐从被平台管理，向着拥有平台“所有权”的方向发展。因为在当前模式下，任何创作者都无法带走自己在单一平台的粉丝，而未来，通过 NFT 的方式，创作者可以拥有自己的内容，NFT 可以验证内容的真实性。创作者围绕粉丝可以成立 DAO，还可以给关注者发放相应的 Token，进行社区治理。

尽管目前 Web3 世界的创作者经济仍处于萌芽阶段，未来的发展方向也尚未确定，但是 Web3 精神带来的技术发展，对创作者的未来会有很大的影响。倘若 Web3 的世界真正到来，创作者可以真正走入完全属于自己的世界，而不再需要依赖如今的多数平台。

第十章

Web3 的监管与可持续加密协议

在任何创新领域快速发展的早期阶段，通常都会呈现出“混沌”状态，无论是互联网，还是金融、技术等创新领域均是如此。尽管Web3和加密领域带来了巨大的创新，但是也伴随着风险。全世界的监管和政策制定机构需要担负起保护普通用户的责任，维护创新与监管的平衡。

数据显示，2017年，首次代币发行（ICO）筹集的金额高达56亿美元，其中只有48%是成功的。[①] 印度加密庞氏骗局GainBitCoin承诺投资者可以获得10%的回报，而实质上是打着投资的旗号诈骗，涉案金额高达34亿美元。2022年11月初，估值320亿美元的加密货币交易所FTX宣布破产，受到影响的用户不计其数，究其原因主要在于企业的内部控制与管理出现了严重问题。对各主要国家和地区的监管部门来说，一方面要承认创新可以给经济和社会带来价值，另一方面更需要深入地理解创新现象的本质，审慎地平衡创新与监管。

从创新的角度来看，2018年5月25日，欧盟出台的《通用数据保护条例》（General Data Protection Regulation）正式生效，旨在

---

① 参考自https://www.mdpi.com/1911-8074/12/3/126/htm。

加强对消费者和用户数据隐私的保护。《通用数据保护条例》取代了欧洲之前长达20年左右的数据保护规则，协调了各欧盟成员国的数据隐私法律，也改变了企业等组织处理数据的方法。而《通用数据保护条例》也从侧面说明了保护用户数据隐私权的重要性，与Web3希望数据重归用户所有的创新思想也有共通之处。但是，各种加密货币项目的暴雷，也需要监管机构负起新的责任。

第一节　从AML、CFT到平衡创新与监管的关系

加密资产刚出现时，全球监管机构的核心关切在于加密资产存在洗钱和恐怖主义融资风险。2013年，美国财政部金融犯罪执法网络（FinCEN）首次发布关于加密资产反洗钱（AML）和反恐怖主义融资（CFT）的指导意见，反洗钱金融行动特别工作组（FATF）也强调了要重视反洗钱和反恐怖主义融资的监管工作，之后，各主要国家和地区都加强了反洗钱和反恐怖主义融资的要求。随着反洗钱和反恐怖主义融资的成熟，在目前阶段，全世界主要国家和地区逐步把工作重心过渡到保护普通用户、确保市场平稳运行上，各国开始根据自己国家和地区的实际情况，平衡创新与监管的关系。2021年12月，美国货币监理署（OCC）发布了《半年风险展望》，该报告指出了加密资产存在的潜在风险，提出美国正在制定关于确保流动性和抵押品透明的意见。2021年12月，英格兰银行发布的金融稳定报告也提出需要对加密资产进行监管，以维护金融市场的

诚信和公平。

2021 年 8 月，美国证券交易委员会对 Coinschedule 网站进行了调查，认为其违反了美国证券交易委员会的披露要求。英国的广告监督机构裁定，认为有加密公司的宣传方式误导了消费者投资加密货币。那么，在加密领域，主要负责加密监管的国际机构与组织有哪些？各主要国家和地区对加密领域的态度是怎样的呢？

（1）反洗钱金融行动特别工作组

反洗钱金融行动特别工作组成立于 1989 年，位于法国巴黎，核心任务是预防洗钱并协调反洗钱国际行动，其成员遍布各大洲主要金融中心。2015 年，反洗钱金融行动特别工作组发布了《基于风险的加密货币方法指南》（Guidance for a Risk-Based Approach to Virtual Currencies）。这份文件是为监管加密货币而发布的措施，该指南建议，需要对虚拟货币交易所颁发许可证，虚拟货币交易所需要和其他金融机构一样，受到同等规范与监督。2021 年 10 月，反洗钱金融行动特别工作组发布了关于虚拟资产的最新指南，指出所有政策制定方需要共同协调监管框架，确保可以有完全一致的框架，保证整个金融生态系统的安全和可持续发展。

（2）国际清算银行

国际清算银行（BIS）成立于 1930 年，总部位于瑞士巴塞尔，最初成立是为了处理第一次世界大战后德国战争赔款问题，后来逐步演变为一家各国中央银行进行合作的国际金融机构，二战后逐渐成为经济合作与发展组织成员国之间的结算机构，宗旨也是促进各国中央银行之间的合作，为国际金融业务提供便利，组织各国央行讨论全球金融稳定和加密行业的监管方向。2022 年 3 月 23 日至 3 月 24 日，国际清算银行召开的国际清算银行创新峰会，讨论了新时期的加密监管和技术创新问题，尤其探讨了稳定币和 DeFi 的优势及潜在风险，并就公共部门如何保持金融系统的安全和稳定举行了圆桌会议。

第二节　各个国家和地区的监管态势

一、美国

在美国，负责加密领域和去中心化金融的监管部门包括美国司法部、美国财政部金融犯罪执法网络、美国商品期货交易委员会、美国证券交易委员会、美国财政部海外资产控制办公室。

金融犯罪执法网络隶属于美国财政部，主要负责收集、分析有关金融交易的信息，以打击洗钱、恐怖主义融资和其他金融犯罪。2011 年 7 月，金融犯罪执法网络在货币服务业务中定义了适应虚拟货币的规则。2013 年 3 月，金融犯罪执法网络发布了关于虚拟货币的指南，制定了需要遵守反洗钱 / 恐怖主义融资的规则。

美国财政部海外资产控制办公室直接隶属于美国总统战时和国家紧急情况委员会，经特别立法授权可对美国境内的所有外国资产进行控制和冻结，同时负责在对外经济和贸易制裁事宜上，与美国的欧洲盟国进行紧密合作。美国财政部海外资产控制办公室的使命在于管理和执行所有基于美国国家安全和对外政策的经济和贸易制裁，包括对一切恐怖主义、跨国毒品和麻醉品交易、大规模杀伤性武器扩散行为进行金融领域的制裁。2022 年 8 月 8 日，美国财政部海外资产控制办公室官网显示，将部分与 Tornado Cash 协议或与之相关的以太坊地址进行交互的地址，放入美国特别指定国民名单（SDN List）。根据美国财政部海外资产控制办公室管理的各种制裁计划，出现在名单上的人员会被冻结个人或者相关实体的财产和财产权益。

2021 年 11 月，美国证券交易监督委员会的卡洛琳·A. 克伦肖（Caroline A. Crenshaw）针对 DeFi 的监管提出了以下观点："尽管 DeFi 提供了很多机会，但也给监管者、投资者和金融市场带来了严峻的风险和挑战。首先，只要涉及从投资者那里筹集资金，就需要承担相应的法律义务，而市场上很多 DeFi 项目方并没有审慎地评估项目可能带来的具体风险和严重性，而这些风险全部都被投资者单方面承担。其次，尽管 DeFi 具备一系列优点，如可组合性、不可篡改性等创新优势，但是底层的人性和经济原理是无法改变的，在这一点上，DeFi 和传统金融类似，需要合规和内控措施。最后，基于信息披露不及时和信息不对称的情况，难以保证普通投资者的利益。即便是新时代的创新 Web3 金融市场，也需要共同的行为预期以及可以共同执行合规原则的系统，否则，一旦市场走向带有欺诈、内部交易、信息不对称的负面势头，就会降低所有投资者的信心和参与程度，反过来会再次损伤 Web3 市场的健康发展。"[①]

---

① 参考自 https://www.sec.gov/news/statement/crenshaw-defi-20211109。

2021 年 11 月，美联储、美国联邦存款保险公司和美国货币监理署联合宣布，完成了关于加密资产的“政策冲刺”举措。这些“冲刺”确定和评估了围绕加密资产的关键风险，并对需要进一步澄清的现有银行业法规和指南进行了差距评估。2022 年 3 月 9 日，美国总统拜登签署了关于“确保数字资产的负责任发展”的行政命令，该项文件旨在保护消费者和投资者，确保金融稳定，打击不法活动；同时也要加强美国在全球金融体系中的领导地位，促进数字资产的负责任发展，并探索央行数字货币。2022 年 4 月，美国财政部长珍妮特·耶伦（Janet L. Yellen）发表了针对数字资产的公开演讲。耶伦认为，需要引导数字资产朝着负责任的方向发展，维护金融稳定，避免系统性风险，同时要维护金融服务的安全。因为当金融监管滞后于创新时，遭受最大伤害的往往都是弱势群体。

二、欧洲

2020 年 9 月 24 日，欧盟委员会发布了《加密资产市场监管条例》（MiCA）草案，该草案是欧盟理事会主席和欧洲议会就加密资产市场提案达成的一项临时协议。这项提案涵盖加密资产、稳定币、持有加密资产的交易所加密钱包等领域。《加密资产市场监管条例》草案将会是欧盟数字金融战略的一部分，旨在保证欧盟跟上金融领域的数字革命，欧洲地区的金融服务监管框架要有利于创新，且不能对新兴技术的应用构成障碍。

2022 年 7 月，欧盟出台新规，要求加密货币企业在运营时必须有许可证。除此之外，稳定币发行商需要和银行一样持有储备金，欧洲理事会和议会就《加密资产市场监管条例》提案达成一致，首次将数字资产业务纳入监管框架。《加密资产市场监管条例》将保护消费者，以免普通用户面临与加密资产投资相关的风险和欺诈。根据规定，如果加密资产服务提供商没有保管好投资者的加密资产，将会负法律责任，条例也会对相关主体的市场操纵和内幕交易进行监管。

法国经济财政部长布鲁诺·勒梅尔（Bruno Le Maire）在《加密资产市场监管条例》达成协议的新闻稿中指出："这个快速发展的行业（加密行业）需要整个欧盟范围内的监管。"根据新的 MiCA 规则，如果加密货币服务提供商对投资者的资产没有尽到保护义务，他们将承担责任，并将受到市场操纵和内幕交易的法规的监管。

三、新加坡

2019年1月，新加坡金融管理局出台了《支付服务法案》(Payment Services Act，简称 PS Act)，这项法案的定位是作为支付系统和支付服务提供商的监管框架。法案要求，从事加密相关业务的人需要获得经营许可证。2019 年 12 月，新加坡金融管理局发布了一项面向公众的意见征求书，文件提出将进一步评估和监测稳定币的潜在风险。2021 年和 2022 年，新加坡对《支付服务法案》进行了修订。2022 年初，新加坡金融管理局发布通知，限制加密领域向公众发布广告，不允许加密领域的企业进行公众场合的营销活动，也再次强调了反洗钱和反恐怖主义融资的措施，相应公司需要取得牌照才可以运营。新加坡金融管理局的态度是，保护创新，但是也要意识到加密货币存在风险，不适合个人投资者参与。

2022 年 7 月 4 日，新加坡国会议员向总理提问：“新加坡金融管理局是否打算对加密货币交易平台实施进一步的限制，以保护缺乏经验的投资者进行加密货币交易这种被视为高风险的交易？”

新加坡金融监管局主席尚达曼（Tharman Shanmugaratnam）是这样回答的：“第一，自 2017 年以来，新加坡金融管理局一直明确发出警告，加密货币不适合普通公众和散户投资。因为多数加密货币都会受到投机性价格大幅波动的影响，特别是最近诸多事件，充分说明了这种风险的存在，多种加密货币的价格急剧下降。第二，2022 年 1 月，金管局提出，限制在公共场所推销和宣传加密货币服务，不允许以淡化风险的方式，向公众描述加密货币交易。在新加坡从事加密货币交易的所有数字支付代币服务提供商都应遵守新加坡金融管理局的指导方针。自 2022 年 1 月起，数字支付代币服务提供商已经采取了符合新加坡金融管理局规定的措施，例如，数字支付代币服务提供商从公共区域移除加密货币自动提款机，从公共交通场所摘下了宣传广告。第三，数字支付代币服务提供商目前受《支付服务法案》监管，这项监管法案主要针对洗钱和恐怖主义融资风险。但《支付服务法案》也授权新加坡金融管理局对数字支付代币服务提供商采取额外措施，以确保更好地保护消费者，并维护新加坡金融管理局对保护金融稳定、维持货币政策的角色。第四，新加坡金融管理局一直在审慎地考虑，如何引入额外的普通消费者保障措施。这些措施可能包括对散户参与的限制，以及对加密货币交易时使用杠杆的法规。然而，鉴于加密货币市场的无边界性质，需要在全球范围内进行监管协调和合作。在新加坡金融管理局目前正积极参与的各种国际标准制定机构中，正在对这些热点问题进行讨论。最后，新加坡金融管理局重申其警告：加密货币的风险很高，不适合散户和普通公众。人们可能会失去他们投资的大部分资金，如果借钱使用杠杆购买加密货币，则潜在的损失更大。”[①]

新加坡金融管理局的一贯态度是，认可区块链的技术，特别是分布式账本可以对资产的所有权进行记录和验证，交易不可撤销且透明化；认可基于智能合约的标记化作用——这里是说，资产和有价值的物品可以通过区块链智能合约，用数字方式表示；认可密码学对安全性的保证。不过，新加坡金融管理局对风险的认知和管理主要是努力减轻部分活动带来的风险，同时要为创新留出余地。

四、日韩地区

1. 日本

2016 年，日本通过了《资金结算法》，规定虚拟货币属于一种支付形式，以及任何想在日本营业的虚拟货币交易所都需要在日本金融服务机构注册，需要对客户负责。2017 年初，日本金融厅开始对加密货币进行监管。2018 年 4 月，日本虚拟货币交易所行业协会启动。该协会由首批 16 家获得许可的日本虚拟货币交易所组成，将有权制定和执行规则，并设定罚款，最终为首次代币发行制定标准。2018 年 10 月 24 日，日本金融厅宣布，由日本虚拟货币交易所

① 参考自 https://www.mas.gov.sg/news/parliamentary-replies/2022/reply-to-parliamentary-question-on-restrictions-on-cryptocurrency-trading-platforms-to-protect-members-of-public。

行业协会负责对日本加密货币行业进行监管。2019 年 3 月，遵照反洗钱金融行动特别工作组的建议，日本金融厅提出了《支付服务法》的修正案，修正案于 2020 年 5 月 1 日正式生效。。

2022 年 5 月 19 日，日本经济产业省发布了一份关于 Web3 的政策报告。报告主要是关于日本官方针对目前较为复杂的国际和经济局势，提出的有关经济和工业政策的新方向，以及日本官方对 Web3 的一些思考。

第一，日本从本国国情出发，提出了发展 Web3 的需求。受自身地理和资源的限制，日本的网络空间比真实空间具备更大的发展潜力，因为虚拟空间的增长不会受到地理或资源的限制，因此日本开始关注 Web3。第二，日本官方也关注到了全世界包括美国等地区在 Web3 产业方面的变化，认为这个领域有可能改变现有的经济秩序。日本认为 Web3 是一个人人都可以拥有并管理自己数据的新世界，具备可验证、数据唯一性、真实性的特点，能够通过区块链防止篡改。第三，日本经济产业省认为，Web3 有望成为新经济活动的前沿阵地，但监管机构也需要考虑如何应对风险，特别是对金融系统可能造成的冲击。

2. 韩国

2017 年 9 月，韩国全面禁止 ICO。2018 年，韩国起草了一份草案，承认整个加密生态系统。2018 年 7 月，韩国官方承认加密货币交易所是合法实体，并将“区块链产业”分为三个主要细分部分：第一个是软件开发和供应企业，比如以太坊这样的去中心化应用平台；第二个是加密挖矿行业，主要是计算机编程、系统集成和管理；第三个是区块链技术相关的托管服务业，比如加密货币交易所。之后，韩国推出了要在第四次工业革命时代引领金融创新的行动计划，并且将区块链行业添加到了可以享受韩国官方税收优惠的新兴技术列表中。2022 年 7 月，韩国金融服务委员会提出了金融监管改革的必要性，旨在创造全新的竞争环境，通过金融监管改革，建设数字金融创新的基础设施，升级目前金融创新计划，为加密资产和投资等新兴数字部门建立监管框架。

第三节 Web3 的监管趋势和未来

世界各个国家和地区针对 Web3 的监管会呈现怎样的态势？有哪些新趋势是值得关注的？

第一，制定税收法规。目前，全球负责税务的机构都在研究如何打击加密领域的逃税问题。2014 年，美国联邦税务局明确了需要向虚拟货币征收财产性税收。2019 年，在 1040 表格（美国纳税人需要用 1040 表格提交年度所得税申报表）上，已经写明了纳税人需要向美国联邦税务局申报的是否有关于虚拟货币的活动等问题。2022 年 5 月，澳大利亚税务局发表声明，提醒加密货币投资者每次出售数字资产（包括 NFT），都必须向税务局报告资本收益和损失的情况。澳大利亚税务局助理专员蒂姆·洛（Tim Loh）表示，通过税务局数据收集流程，发现确实有澳大利亚人正在购买、出售或交换数字硬币和资产，他们需要履行相应的纳税义务。

第二，重视环境问题。2021 年 11 月，瑞典金融监管局提出部分基于 PoW 的加密挖矿属于能源密集型行业，建议禁止会耗费大量能源的基于 PoW 的加密挖矿。不久后，几位美国国会议员在美国众议院委员会上提出了加密行业对环境可持续发展的影响。

第三，防范勒索软件。来自勒索软件的威胁不会很快消失，事实上，据预测，它在未来几年内只会上升（而且是大幅上升）。根据国际数据公司（IDC）的“2021 年勒索软件研究”，大约 37% 的全球组织表示在 2021 年遭受勒索软件攻击。美国联邦调查局的互联网犯罪投诉中心从 2021 年 1 月到 7 月 31 日报告了 2 084 起勒索软件投诉，比 2020 年同期增长了 62%。①

第四节　Web3 与《加密气候协议》

2021 年 4 月，《加密气候协议》（Crypto Climate Accord）正式推出，这是一项开源的环境倡议，由非营利组织能源网络及基金会 Energy Web、RMI 和创新监管联盟共同发起，成员包括来自区块链、加密货币、能源领域的各个组织。《加密气候协议》的倡议，其实是受《巴黎协定》的启发，致力于将加密货币和金融科技融合，追求环境的可持续发展和数字资产进步的统一，旨在 2030 年让加密领域尽可能利用可再生能源运行，建设可持续的加密基础设施。

① 参考自 https://www.cisa.gov/uscert/ncas/alerts/aa21-243a。

2022 年 3 月 9 日，美国发布了《关于确保负责任地发展数字资产的行政命令》，启动了国家层面的战略，旨在解决包括加密领域在内的数字资产崛起对消费者、经济、国家安全和气候变化的影响。美国的这项行政命令旨在更好地降低与数字资产有关的活动的环境风险，因此文件提出将通过推动负责任的数字资产开发、财务管理和应用，来促进行业发展。

一、加密挖矿为什么会对环境产生影响

根据 Chainalysis 的数据，2021 年，基于区块链的解决方案和加密市场在普通投资者中的渗透率同比增长了 880%。[①] 2021 年 8 月，全球加密货币市值突破 2 万亿美元，但是，如此快速的增长也会带来一个核心问题：技术会消耗大量的能源，可能会威胁到环境，很多人开始担心基于区块链的 Web3 的发展会对环境造成影响。

为什么会这样？区块链中 PoW 带来能源密集型挖矿，挖矿节点通过验证区块链上的交易而获得奖励，这样可以保证交易的安全，创造一个去中心化的交易市场。但是，PoW 模式会让多个验证者去竞争区块链给出的 Token 奖励，比如比特币奖励，为了验证交易，就需要计算机来解决越来越复杂的数学问题，这本质上是让很多节点竞争，看看各个节点到底能以多快的速度解决一个数学问题，速度最快的矿工可以获得比特币奖励。早期，在比较少的人解题的时候，并没有很多消耗。但随着越来越多人入局，数学题会变得越来

① 参考自 https://blog.chainalysis.com/reports/2021-global-crypto-adoption-index/。

越难，这样在去中心化的区块链结构中，各个矿工用大量的耗电量来换取挖矿奖励，也就是说，尽管成千上万台计算机在解决同样的问题，但是最后只有一台计算机可以获得挖矿奖励。这样一来，为了得出计算结果，就对节点的算力有着非常高的要求，因此会消耗大量的电量。

挖矿等行为所消耗的电量可能会对环境造成负面影响。目前市值第一的比特币，每年消耗的总电量超过人口达 4 500 万的阿根廷整个国家的总耗电量，每年向大气中排放的二氧化碳达 65 兆吨，这个数量和希腊全国的年排放量相当 。不过，随着 Web3 和加密领域的进一步发展，未来潜在消耗的能源量会更多。根据美国得克萨斯州电力运营商 ERCOT 的数据，到 2023 年中期，加密矿工可能会增加高达 6 000 兆瓦的能源需求，大致相当于在电网中增加另一个休斯敦城的耗电量。

根据 Digiconomist 的数据，以太坊每年消耗约 112 太瓦时的电力，与荷兰相当，超过菲律宾或巴基斯坦，以太坊上的单笔交易相当于美国普通家庭在 9 天内的用电量。[①] 不过，以太坊目前计划将 PoW 算法升级为 PoS，升级后的以太坊会降低能源消耗。

二、各国家和地区对 ESG 的要求

2021 年 11 月，《联合国气候变化框架公约》第 26 次缔约方会议（COP26）在英国格拉斯哥正式召开，会上设定了 2050 年的“净

① 参考自 https://digiconomist.net/bitcoin-energy-consumptio。

零排放目标”。Web3 和加密行业可以致力于节能减排，围绕利用清洁技术进行创造，更有可能获得对可持续发展感兴趣的用户和投资机构的关注。新能源车企特斯拉宣称，如果加密货币挖矿可以达到 50% 的可再生能源应用率，特斯拉就会接受比特币作为支付方式。特斯拉的声明从侧面反映了当今企业和用户对 ESG 的要求。2022 年 3 月，美国总统拜登签署了确保数字资产负责任创新的行政命令，其中指出尽管加密货币属于全球金融体系中增长的重要部分，但它也是新的影响气候的因素，可能会对环境造成影响。欧盟理事会也在 2022 年 6 月的声明中提出，加密资产市场参与机构需要申报环境和气候足迹的信息。欧洲证券及市场管理局将制定相关的监管技术标准草案，阐明对环境与气候产生不利影响的信息，欧盟委员会必须在两年内提供一份关于加密资产的环境影响的报告。

什么是 ESG？ ESG 是环境（Environmental）、社会责任（Social）、公司治理（Governance）的英文首字母缩写。ESG 理念最早源于社会责任投资（SRI）。自 20 世纪 60 年代起，经济高速增长伴随而来的是环境的严峻负面影响，全球都面临着气候、环境、资源短缺的挑战，各类环保运动也开始兴起。

在全球环境问题日益严峻的情况下，世界各个国家和地区不断充实与保护环境相关的法律法规，各类概念也被引入了对企业环境绩效的考核中。投资者也意识到，企业环境指标也会对企业财务业绩有潜在影响。2006 年，投资机构高盛集团首次提出 ESG 的概念。之后，各个国际组织和投资机构进一步完善了 ESG 的概念和评判框架。因此，ESG 逐步成为投资者对企业价值判断的依据之一。ESG

不同于以往关注企业财务状况和盈利能力的指标，它主要关注企业的社会价值，目标是追求更稳健、更长期的回报。尽管当前尚未形成评价 ESG 的国际统一标准，但很多机构、组织已根据自己的实际业务提出了 ESG 评价框架。尽管框架各有不同，但通常包括环境、社会和治理三个因素。

环境方面：温室气体排放、环境政策、废物污染及管理政策、能源使用及管理、自然资源消耗及管理、生物多样性等。社会方面：性别平衡、员工福利与健康、招聘与发展、社区关系、供应链责任管理、劳动规范、产品责任、管理培训、合规性等。治理方面：公司治理、高管腐败、反不正当竞争、风险管理、税收透明、报告和审计等。在当前坚持可持续发展的背景下，对 ESG 的关注是鼓励公司、组织对有关社会责任（包括环境保护责任）、特殊公司治理事项等方面信息进行披露的要求和需要。

第五节　绿色清洁能源在 Web3 中的作用

一、绿色哈希率与开源软件解决方案

2021 年 7 月，非营利组织 Energy Web 发布了名为“绿色哈希率”（Green Hashrate）的开源应用。通过绿色哈希率，加密矿工可以对挖矿过程中消耗的清洁能源进行 Claim 和验证。

通过绿色哈希率，绿色、环保的矿池可以要求矿工提供可再生

能源的证明，只有矿工可以向投资者或者监管机构提供可再生能源的应用证明，能证明工作流程是满足 ESG 要求的，才可以加入绿色矿池。等到应用成熟之后，可以向重视环境可持续发展的 Web3 投资方和监管机构展示为整个 Web3 网络供电的可再生能源的具体数量。

英国加密货币挖矿公司 Argo Blockchain 和加拿大矿业公司 DMG Blockchain 发起了绿色矿池，通过绿色哈希率应用，实现节能减排的加密采矿承诺。Argo Blockchain 成立于 2017 年，主营业务是加密货币采矿；2019 年在伦敦证券交易所上市；2020 年发布了《2020 年度气候报告》，提出对可持续发展和节能减排的承诺。DMG Blockchain 成立于 2011 年，核心业务是加密挖矿，以及为 B 端公司提供挖矿硬件。同时，两家公司也是《加密气候协议》的签署成员。

绿色哈希率应用的用户主要是哪些呢？目前的主力用户是使用可再生能源发电的矿场，包括水力发电、地热（火山）发电等矿场。当然，程序的应用要考虑以下几点。

第一，对用户信息和位置的隐私保护；

第二，透明度。要披露挖矿过程中可再生能源应用占挖矿总数的百分比，这样就可以为所有行业树立 ESG 的典范；

第三，开源。应用程序的开源不仅可以让人们更广泛地应用绿色矿池，还可以从挖矿扩展到其他领域，方便人们对可再生能源发电或应用进行验证和测算。

二、碳中和采矿

2022 年 6 月，DMG Blockchain 宣布推出世界上首个以碳中和采矿为重点的比特币矿池（Terra Pool），这个矿池的发起方是 DMG Blockchain 和 Argo Blockchain，旨在用清洁的可再生能源运营比特币矿池，实现环境的可持续发展。2022 年 6 月，Terra Pool 已经完成测试阶段，现已正式向公众开放。

1. 比特币矿池

矿池是矿工为了挖掘加密货币区块而进行合作的空间，主要目标是提高挖矿效率，应对以比特币为代表的加密货币挖矿难度增加的现状。矿池出现是因为全球热衷于比特币挖矿的人越来越多，竞争极其激烈，而每天产出的比特币又是固定的，所以，每个人挖到比特币的概率非常低。在这样的情况下，聚集网络上矿工算力的团队出现了，这就是矿池，矿工们可以通过矿池进行集体挖矿，一旦某个矿池团队里的任意一分子获得了单个区块（约价值 25 个比特币），矿池就会按区块中获得的加密货币价值，将比特币分配给矿池内的所有成员。矿池可以把多个采矿公司的计算资源集中起来，汇集多家采矿公司的计算资源，降低收入的波动幅度。

2. 比特币矿池的优势

比特币矿池的优势主要在于：

· 所有矿工都可以设定完全的清洁可再生能源发电目标。

· 比特币矿池挖到的加密货币，由于其绿色属性，可能会得到更高的名义价值。
· 独立第三方机构进行审计，更加透明化。

由于比特币矿池是首个由上市公司运营的公共资金池（DMG Blockchain 和 Argo Blockchain 均为上市公司），因此，它们需要遵循监管机构对上市公司的要求，必须由第三方独立审计公司进行审计。比特币矿池也可以促进清洁能源领军企业之间的合作，包括遵循 ESG 准则的加密货币挖矿，鼓励各方参与者共同制定碳减排策略，把致力于可持续发展的比特币矿工联系起来。

三、其他公司的绿色实践

加拿大区块链公司 Hive 主要通过绿色能源进行加密货币挖矿。Hive 在加拿大和冰岛等地区拥有绿色能源驱动的数据中心设施；在瑞典，Hive 的业务主要由瑞典北部的水电站提供可再生能源，因为瑞典北部的发电主要依靠水力和风力，是 100% 的可再生能源。另一家位于英国的 Zumo 公司也是《加密气候协议》的成员，Zumo 在加入《加密气候协议》后，开始研究可以验证加密货币挖矿的能源是不是可再生能源的方法。

2022 年 11 月 17 日，在埃及举办的《联合国气候变化框架公约》第二十七次缔约方大会上，以太坊基础设施开发公司 ConsenSys 和诸多 Web3 公司一起宣布以太坊气候平台（ECP）的正式创建。以太坊气候平台的使命是激励和资助能够减轻温室气体排放的项目，致力于能够在未来提供长期且积极的环境和社会影响。以太坊气候平台的推出，主要是想要消除以太坊过去对环境造成的影响。2015年以太坊刚推出时，已经投资过一些可持续发展的项目，这些项目承诺，将通过利用 Web3 技术、基础设施、融资和治理协议，努力为降低碳排放量做出贡献。除此之外，以太坊气候平台还将继续支持需要市场验证的新的创新解决方案，包括氢能、零碳电力、供暖等公用事业和全部生态系统服务。①

① 参考自 https://consensys.net/blog/press-release/cop27-leading-technology-companies-launch-ethereum-climate-platform-initiative-to-address-ethereums-former-proof-of-work-carbon-emissions/。

第十一章

Web3 面临的挑战与机遇

第一节 Web3 面临的挑战：商业落地与技术发展

一、存在多少真实需求

技术专栏作者叶夫根尼·莫罗佐夫（Evgeny Morozov）认为，尽管目前 Web3 生态发展非常蓬勃，很多人对其充满热情，但在这个阶段，很多 Web3 项目的商业模式都没有经过时间和市场的有效检验。值得注意的是，Web2.0 真正发扬光大是在 2000 年互联网泡沫破裂之后，首届 Web2.0 大会是在 2004 年召开的，也就是说，Web3 的成熟发展也需要像 Web2.0 一样经历真正的周期，接受更多实践与应用落地的考验。研究金融危机的专家、法学教授希拉里·艾伦（Hilary Allen）也认为，目前的 Web3 行业可能存在泡沫，需要持续观察行业的整体发展。

二、技术的局限性与保护消费者的紧迫性

工程师斯蒂芬·迪尔（Stephen Diehl）认为，从技术上来看，想要实现完全的去中心化互联网，仍会受到计算成本、带宽和存储问题的限制。首先是计算成本问题，区块链网络是无法持续扩展的，因为去中心化网络的实质会让网络变成全球的巨型状态机，而

在大家达成共识的过程中会造成算力的严重浪费，推高成本。其次是带宽问题，因为基于区块链解决方案的维护成本会远高于中心化网络，例如，如果出现一个去中心化的 Facebook 公司，那么到底谁会为这种全球性质的内容储存负责？如果家里老人忘记密码，谁负责帮助他们重置密码？如果所谓的去中心化跨国业务还是建立在中心化数据中心的基础上，那其实是与 Web3 的理念背道而驰的。最后是存储问题，在链上存储数据的成本非常高。尽管目前存储在区块链上的大部分数据都是交易型数据，需要的空间资源相对较小，但是如果想要在链上存储像媒体文件这样的数据的成本是非常高的。

1. 智能合约存在的问题

由于 Web3 的运行高度依赖智能合约，而很多业务场景是非常复杂的，比如很多真实场景中的法律文书和合同都需要精通业务的领域专家，这对智能合约和代码的要求非常高。并且一旦智能合约部署到真实生产环境中，就没办法更改。因此，智能合约代码中的一点点错误都可能导致巨大的损失。

2. 用户体验亟待提升

Web2.0 可以迅速普及的一个重要原因就是用户界面容易上手，各种应用和网站的界面很容易就可以让不同年龄层的人学会使用。但是，目前这个阶段，很多 Web3 应用体验还稍显欠缺，比如注册加密钱包、设置节点，对熟悉网络和有一定学习能力的人来说，是可以接受的；但是，对加密钱包、区块链浏览器没有认知的群体来说，就比较复杂，这些问题会影响 Web3 应用的大规模采用。另外，还需要更多的用户教育和普及，比如进行安全培训、手把手地普及如何安装加密钱包等，这些都需要时间。

3. DeFi 存在的问题与消费者保护

DeFi 同样面临着挑战。根据研究机构 Elliptic 的数据，2021 年，DeFi 领域因为诈骗和不透明损失的金额超 100 亿美元。[①] 因为世界各国暂时还未对 DeFi 达成一致，因此很多 DeFi 领域变成了欺诈和犯罪的温床。并且，由于用户通常会在流动性最强的交易所执行交易订单，这样的话，如果交易所形成头部效应，头部交易所的权力就会逐渐变大，占主导地位的交易所可以收取高昂的费用，并且通过收购来维护自己的市场地位。这其实就和当初想倡导的去中心化背道而驰了。此外，还存在运营风险，在很多交易所和 DeFi 项目中，经常会发生不慎导致的严重停机，这就会导致客户资金的巨大损失。例如 2018 年 1 月 10 日，当时知名的加密货币交易所 Kraken 突然关闭了官方网站，声明显示正在进行维护和升级网站的工作。但是，这样的网站崩溃非常容易影响客户的信心和使用体验。而在当时，Kraken 的官网上并没有任何客服电话，这引起了用户的抱怨。如果用户有什么紧急的事情，就会因为突然停机而无法运行这些应用。除此之外，只有涉及金融领域，保护普通用户的意义就更为重大，而目前很多交易平台存在不少问题。例如，当用户和平台出现纠纷，或者用户需要退款时，还没有完全规范的流程来保护普通用户的权益。

---

① 参考自 https://www.elliptic.co/resources/defi-risk-regulation-and-the-rise-of-decrime。

4. 安全风险

由于黑客攻击和内部控制不严格而造成的 Web3 安全风险也值得高度关注，这甚至会影响未来整个行业的发展。最大的交易所 Mt.Gox 曾经因被攻击而损失了约 744 000 个比特币，当时约 4.6 亿美元（现在市值达上百亿美元）。2014 年 2 月 24 日，Mt.Gox 暂停交易并下线，之后申请了破产。类似的案例数不胜数，2018 年 1 月，日本交易所 Coincheck 被黑客入侵，损失了约 5.34 亿美元，受到影响的用户高达 26 万。2021 年，由于内部控制不严格，土耳其交易所 Thodex 的创始人卷走了交易所的数十亿资产。2022 年 10 月 12 日，Solana 生态的交易平台 Mango 遭遇黑客攻击，损失达 1.15 亿美元。

潜在的安全隐患无疑会影响整个 Web3 生态的发展。根据漏洞赏金平台 Immunefi 的数据，2022 年第二季度，整个 Web3 生态系统因安全和内部控制隐患总共损失约 6.7 亿美金，同比增长约 1.5 倍，其中有 96.9% 的损失是由黑客攻击带来的。[①] Web3 应用受到攻击的形式包括钓鱼邮件、窃取加密密钥等。而在用户端，由于用户必须对自己的密钥负责，没有任何平台能够像 Web2.0 平台一样具备客服和找回密码的选项，因此 Web3 用户的密钥一旦丢了，就很难挽回，这也是影响 Web3 用户体验的重要问题。

① 参考自 https://e27.co/immunefi-raises-us5-5m-to-build-the-most-elite-emergency-response-team-in-the-industry-20211026/2.https://immunefi.com/。

三、愿景与落差：Web3 能否实现真正的去中心化

去中心化的理念确实是好的，Web3 试图解决当前产业利益分配格局失衡的问题，希望给更多中小企业带来创新的机会。消除 Web2.0 时代的算法滥用，包括歧视推荐、歧视定价、算法控制，通过收集和利用用户的个人信息来进行差别对待的情况，让互联网数据权属和价值表达更加清晰。

不过，1996 年前后，当时的技术先驱也把数字技术的诞生当作创造公平世界的助推器。然而，如果我们从科技发展的历史来看，伴随着网络效应的科技发展总会不可避免地走向垄断。早期个人电脑的出现，初心也是希望可以让所有人都可以用上具有计算能力的设备，但是，后期也催生了很多计算机领域的垄断企业。而移动互联网时代，尽管邮件协议和互联网协议是所有人共享的知识成果，但还是造就了垄断性的社交网络巨头，像 Facebook 这样的社区性平台存在“赢家通吃”效应，因为越多的用户加入社区，整个网络的价值就越大，这也导致了很多公司选择“烧钱”占领市场，要努力让自己成为市场的头部公司。

那么，Web3 领域会脱离这样的历史循环吗?

我们认为，Web3 愿景的重要之处在于，它的提出给大家带来了能够使用技术探索未来和改变当前世界的方向。而对于“去中心化”概念的理解也存在于不同维度，当前的“去中心化”，实质上是对极端垄断的优化过程，也存在过渡期。

第二节　如何看待 Web3 中的“泡沫”

2014 年，Web3 这个概念首次出现在人们面前，再到现在，它的发展至今仍处于早期阶段。但是，Web3 能否从概念性质的尝试，逐步发展成为各种可以真正满足大多数人需求的应用生态，还需要很多努力与各方面的合作。

如何保证 Web3 发展过程中真正的平等和公正？如何平衡创新和监管之间的关系？通过哪种机制可以收集实践中的反馈，持续迭代对 Web3 的认识和理解，并将这些认识和理解抽象成具备一致性的共识，应用到更复杂的系统中？针对 Web3 发展的未来，大家应该如何合作，扮演的角色又应该是怎样的呢？

一、如何看待 Web3 中的“泡沫”

1. 技术存在叠加效应

从互联网迭代的过程可以发现，早期技术的出现并不一定能马上发明出改变世界的应用，而这些技术单点汇集在一起，彼此组合，却创造出很多伟大的产品。例如，TCP/IP 协议是 20 世纪 70 年代首次出现的，而 DNS 是 1985 年发明的，HTTP 的发明时间是 1989 年，而直到 1993 年世界上最早的浏览器推出，这些技术才真正结合在一起，创造出了伟大的产品。

浏览器的出现本质上是为用户提供全新的互联网入口，并且造就了很多不同的新网站，这些网站承载着创业者和投资人的梦想。网站数量的迅速增长导致了“泡沫”，但是这种增长也带动了大量电信基础设施的投资。例如，在互联网泡沫时期，出现了成千上万的中小型互联网创业公司，这些公司需要快速的互联网连接和不间断的操作来部署系统，但是对资源有限的小公司来说，安装大型互联网数据中心是很不切实际的，因此许多公司开始建造非常大的设施，也就是互联网数据中心。尽管后期互联网泡沫破裂导致很多公司破产，但是建立起来的互联网基础设施，为后来广泛应用的互联网发展奠定了基础。

2. 各方面需要扮演的角色

目前，我们对 Web3 的定义角度主要是为了研究新一代网络技术中所有权的结构和关系。人们正在围绕这些技术，探索同这些技术进行交互的全新途径，并且需要不断迭代和更新技术，来响应不断出现的新需求。

第一，通过区块链，可以针对目前的需求和痛点重新进行业务改造。第二，良好的数字资产构建，特别是应用 NFT 来进行数字确权和数据跨界流通、保护 IP、发展创作者市场，是推动我国 IP 文化“走出去”的重要手段。第三，基于区块链的本身特性，可以进行不可篡改的记录保存，比如碳足迹等，这些也对未来 Web3 时代的可持续发展战略提供了思路。

Web3 不仅仅是技术现象，更是经济和社会文化现象，很难预测未来它会沿着怎样的轨迹发展，但是我们可以笃信的是，科技浪潮总会伴随着创新和泡沫，伴随着成功与失败，伴随着喜悦与希望。2000年左右，人们勇于探索互联网，创造和带来了一些全新的应用，这对今天的互联网发展仍然有着很大的启发。Web3代表的是人们对更加具有协同性数字平台的向往，全新的文化和社区也会伴随着创业者、弄潮儿的尝试接连出现。

目前的Web3想要发展，需要强化国际合作，增加各界讨论交流的频率，并通过实践进行迭代和反馈。我们需要了解不同背景的人对这项技术运用的场景，以及如何让它能够在全球范围内，以一种合作共赢的模式来发展，这是需要持续去思考的重要角度。

无论是在个人电脑刚出现的20世纪末，还是在2004年首届Web2.0大会，早期的科技发展确实一直伴随着各式各样的批判和怀疑，当然，这些发展也带来了创新和进步。我们需要意识到的是，要时刻辩证地去理解所有行业的优势和劣势，以及它们在不同发展阶段的主要特征和驱动力量。企业的发展总会经历周期，而真正能长远发展的企业，一定是那些为市场和用户创造真正价值的企业。

二、平衡技术、经济、法律的去中心化

如何理解去中心化？实际上，去中心化的实质意义在于和中心化相比的相对性，也就是在去中心化的过程中，有多少决策权会从中心化管理机制分出去。当然，是否选择去中心化的模式，和业务场景、组织类别、要完成任务的目标都有关系，也许有些系统就适合中心化，而有些系统更适合去中心化，但是今天讨论的Web3，

是希望我们可以在区块链技术和智能合约的基础上创造一个新的且可以解决问题的去中心化 Web3 系统。

首先，技术去中心化指的是以安全的模式构建 Web3 系统，区块链本身的特性提供了去中心化的技术基础，也就是分布式账本和分布式数据库。智能合约给 Web3 的系统提供了可编程性，因而构建了去信任的系统，其他 Web3 的产品和服务可以在此基础上构建。其次，经济去中心化指的是 Web3 和公链内部的数字资产，推动了生态系统内部的交易模式、服务交换、财富积累的新模式。以 Token 和 NFT 这类可以作为系统内部财产权属进行价值流动的要素可以推动 Web3 内部交易模式的去中心化。最后，法律去中心化指的是 Web3 的业务合规，例如税收、所有权、知识产权、业务运行，以及各主要国家和地区对区块链业务的要求和规定，这些对 Web3 的发展非常重要，决定了人们在不同地区如何对待数字资产的方式。

第三节　Web3 的未来，什么最重要

一、制定通用标准

无论是 Web1.0 还是 Web2.0，都有 ICAAN（互联网名称与数字地址分配机构）、IETF（互联网工程任务组）这样的机构负责制定标准。互联网需要基于一致的标准通信协议进行连接。在今天的互联网上，存在很多标准化机构，旨在为互联网的发展做出决策，进

行研究。特别是当参与者越来越多并且需要彼此合作时，制定标准就更为重要，只有制定了通用的标准，人们才可以有统一的规则和共识继续建设互联网，这对Web3来说也是一样的。

二、技术需要持续迭代

有观点认为，Web3没有杀手级应用，从效率上无法和Web2.0相比。但是，Web3的优越性在于：提供数字资产的安全性，提供Token功能。尽管很多人认为当前的区块链技术存在一些问题，比如基于PoW带来的能源消耗量大、目前的交易速度不够快，但是从实践上来看，技术配置是一系列设计的选择，其中可以选择速度（块的大小）、安全性（共识协议）和存储上的杠杆，这样并不会影响商业场景的应用。例如，爱沙尼亚的健康记录仍然在“链下”数据库中（不存储在区块链上），但区块链用于识别、连接和监控这些健康记录。这些权衡意味着区块链的性能在现阶段可能不如传统数据库，但随着技术的快速发展（例如新型芯片的研发等），这些限制正在减少。

一切经济交易的基础都是信任，各方在传统交易模式下，极度缺乏信任，可选择的解决方法就是依靠受信任的中介机构支持交易。传统金融活动的支付、交易、结算流程中，金融中介负责记录和更新参与者的余额数据。但是，中介机构并不是永远值得信任，从积极的角度来看，Web3和区块链技术在一个去中心化的系统中重新建立了信用，即使没有可信的中介机构，各个参与方也可以进行交易和协作。分布式账本技术不仅可以缓解信任，还可以降低交易成本，而众筹模式的创业让更多创业者能够更容易获得风险投资，这也意味着公众对创业项目和这种潜在的回报非常感兴趣，这种受欢迎的现象充分反映了各行各业对数字资产的兴趣。各主要国家和地区需要与创业者之间密切合作，理论与实践结合，通过市场调研、收集建议等方式，努力构建可以将投资者保护和投资相结合的 Web3 生态系统。

同理，如果区块链相关技术能够在合规的情况下健康发展，将有助于看重长期价值的企业家和工程师共同参与建设，推动 Web3 的发展。人类生产力和保护力不断增强，也会推动人们所拥有资产和权益的增长。

Web2.0 提供了生产力，Web3 提供了保护力，将密码学的威力赋予普通大众，让人们可以保护自己的数字资产。密码学最早是国家级别的能力，之后成为各商业公司的能力，现在成为每个用户的能力，这正是一种去中心化。

尽管目前我们离科幻小说家描述的漫无边际的数字世界还有很远的距离，但是疫情的暴发的确让人们更熟悉了“数字状态”中的自己。相比前几年，现在的人们更多会沉浸于游戏和虚拟视频，而越来越多的会议也选择在线上进行，人们也越来越接受线上音乐会、拍卖会等新的形式。这也意味着，数字世界的身份和数字世界的财产被大众接受的概率越来越高。

当然，Web3 刚刚揭开序幕，存在有趣的地方，存在真实解决问题的应用，也同样存在高风险和不切实际的地方。未来难以预测，重要的是我们可以在这个过程中去观察、去探索、去见证。

参考文献

［1］ Axios. Report: NFT sales exceeded $17B in 2021 [EB/OL].（2022–03–10）[2022–08–10]. https://www.axios.com/2022/03/10/nft–sales–17b–2021–report.

［2］ CERN. CERN 2019 WorldWideWeb Rebuild [EB/OL].（2019–02–10）[2022–08–10]. https://worldwideweb.cern.ch.

［3］ Website Builders. What Is Web1.0? A History Lesson About The Early Stages Of The World Wide Web [EB/OL].（2019–02–10）[2022–08–13]. https://websitebuilders.com/how–to/glossary/web1/.

［4］ Netvalley. Al Gore's Pileup on the Information Superhighway[EB/OL]. [2022–08–13]. https://www.netvalley.com/silicon_valley/Al_Gore_Pileup_on_the_Information_Superhighway.html.

［5］ Wikipedia.Information Superhighway[EB/OL]. [2022–08–15]. https://en.wikipedia.org/wiki/Information_superhighway.

［6］ HowToGeek. Remembering GeoCities, the 1990s Precursor to Social Media[EB/OL].（2021–08–24）[2022–08–15]. https://www.howtogeek.com/692445/remembering–geocities–the–1990s–precursor–to–social–media.

［7］ DiNucci, Darcy. "Fragmented Future" . Print Magazine. April 1999, 53 (4):

221–222.

[8] 于立 . 互联网经济学与竞争政策 [M]. 北京：商务印书馆，2020.

[9] Statista. Advertising revenue of Google from 2001 to 2021[EB/OL].（2022–02–02）[2022–08–15]. https://www.statista.com/statistics/266249/advertising-revenue-of-google.

[10] Clintonwhitehouse5. The Clinton Presidency: Unleashing the New Economy—Expanding Access to Technology[EB/OL]. [2022–08–16]. https://clintonwhitehouse5.archives.gov/WH/Accomplishments/eightyears–09.html.

[11] Matt Fortnow，Quharrison Terry. The NFT HANDBOOK. Wiley, 2022.

[12] LeewayHertz. THE HOWEY TEST: REGULATING THE BLOCKCHAIN TOKENS[EB/OL].（2019–08–09）[2022–08–16]. https://www.leewayhertz.com/howey-test/.

[13] Ren & Heinrich. Your Guide To Researching Tokenomics[EB/OL]. (2021–12–25)[2022–08–01]. https://medium.com/the-capital/your-guide-to-researching-tokenomics-931c3e3b84c.

[14] Thetie. Understanding Token Economics[EB/OL].（2021–07–06）[2022–08–18]. https://research.thetie.io/token-economics/.

[15] Thomas Euler. The Token Classification Framework: A multi-dimensional tool for understanding and classifying crypto tokens[EB/OL].（2018–01–18）[2022–08–17]. http://www.untitled-inc.com/the-token-classification-framework-a-multi-dimensional-tool-for-understanding-and-classifying-crypto-tokens/.

[16] 刘巍然 – 学酥 . 如何评价 2017 年 2 月 23 日谷歌宣布实现了 SHA-1 碰撞？ [EB/OL].（2017–02–04）[2021–06–13]. https://www.zhihu.com/

question/19743262/answer/289095984.

[17] Preethi Kasireddy. How does Ethereum work, anyway?[EB/OL].（2017-09-27）[2022-05-01]. https://preethikasireddy.medium.com/how-does-ethereum-work-anyway-22d1df506369.

[18] Kseniya Lifanova. Creating a contract with a smart contract[EB/OL].（2019-03-13）[2022-05-10]. https://medium.com/upstate-interactive/creating-a-contract-with-a-smart-contract-bdb67c5c8595.

[19] 区块链斜杠青年. 以太坊 MPT 原理，你最值得看的一篇 [EB/OL].（2018-04-18）[2022-05-10]. https://blog.csdn.net/ITleaks/article/details/79992072.

[20] 诸葛小小花. 15、以太坊中的状态树 [EB/OL].（2022-02-27）[2022-05-01]. https://www.jianshu.com/p/8c9a1c20b5ad.

[21] 虞双齐. 以太坊技术与实现：交易入队列 [EB/OL].（2020-09-05）[2022-05-01]. https://learnblockchain.cn/books/geth/part2/txpool/txaddtx.html.

[22] 王欣，史钦锋，程杰. 深入理解以太坊 [M]. 北京：机械工业出版社，2019.

[23] Ethereum. Ethereum Whitepaper[EB/OL]. [2022-05-01]. https://ethereum.org/en/whitepaper.

[24] Lucas Saldanha. Ethereum Yellow Paper Walkthrough: Merkle Trees[EB/OL].（2018-12-21）[2022-05-01]. https://dzone.com/articles/ethereum-yellow-paper-walkthrough-27.

[25] glowd. 以太坊基本数据结构分析 [EB/OL].（2020-11-23）[2022-05-01]. https://blog.csdn.net/zengqiang1/article/details/109726500.

[26] 辉哥.【深度知识】以太坊区块数据结构及以太坊的 4 棵数 [EB/OL].

（2020–01–27）[2022–05–01]. https://learnblockchain.cn/article/472.

[27] 开发者七哥 . 以太坊交易回执 –Receipt[EB/OL].（2019–12–31）[2022–05–01]. https://learnblockchain.cn/article/324.

[28] Tiny 熊 . 理解以太坊上的事件日志 [EB/OL].（2020–12–11）[2022–05–01]. https://learnblockchain.cn/article/1870.

[29] weixin_43343144.【非常重要】solidity 之 Indexed 属性【web3 或 ethers 类事件过滤时，solidity 事件定义必须添加的属性】[EB/OL].（2019–06–12）[2022–05–01]. https://blog.csdn.net/weixin_43343144/article/details/91502148.

[30] Elan Halpern. Deep Dive into eth_getLogs[EB/OL].（2020–10–13）[2022–05–01]. https://medium.com/alchemy–api/deep–dive–into–eth–getlogs–5faf6a66fd81.

[31] 不加糖不加奶 . ETH– 以太坊的交易树与收据树（区块链技术与应用）[EB/OL].（2021–11–12）[2022–05–01]. https://www.cnblogs.com/klgzyq/p/15544059.html.

[32] ttblack. 以太坊日志的 bloom 过滤器 [EB/OL].（2019–05–07）[2022–05–01]. https://www.jianshu.com/p/a5289b828854.

[33] Zarten. 以太坊中交易树和收据树介绍 [EB/OL].（2020–04–22）[2022–05–01]. https://zhuanlan.zhihu.com/p/134157692.

[34] Zarten. 以太坊中 Ghost 协议详解 [EB/OL].（2020–04–23）[2022–05–01]. https://zhuanlan.zhihu.com/p/135297442.

[35] 不加糖不加奶 . 以太坊难度调整算法 [EB/OL].（2021–11–12）[2022–05–01]. https://www.cnblogs.com/klgzyq/p/15544066.html.

[36] 开发者七哥 . 也许是国内第一篇把以太坊工作量证明从算法层讲清楚

的 [EB/OL].（2020–04–23）[2022–05–01]. https://learnblockchain.cn/article/906.

[37] Zarten. 以太坊中基于 Ethash 共识算法详解 [EB/OL].（2020–04–27）[2022–05–01]. https://zhuanlan.zhihu.com/p/136159331.

[38] 安德烈亚斯 · M. 安东波罗斯，加文 · 伍德 . 精通以太坊：开发智能合约和去中心化应用 [M]. 喻勇，等，译 . 北京：机械工业出版社，2019.

[39] Deribit. Analysis of EIP–1559[EB/OL].（2020–06–10）[2022–02–06]. https://insights.deribit.com/market–research/analysis–of–eip–1559.

[40] Uncommoncore. All you need to know about EIP–1559[EB/OL].（2021–03–08）[2022–02–06]. https://uncommoncore.co/eip–1559.

[41] Ethereum. GAS AND FEES[EB/OL].（2021–09–01）[2022–02–06]. https://ethereum.org/en/developers/docs/gas/.

[42] Preethi Kasireddy. The Architecture of a Web3.0 application[EB/OL].（2021–09–22）[2022–03–01]. https://www.preethikasireddy.com/post/the–architecture–of–a–web–3–0–application.

[43] Moxie. My first impressions of web3[EB/OL].（2022–01–07）[2022–03–01]. https://moxie.org/2022/01/07/web3–first–impressions.html.

[44] Maxdeath. 什么是 Rollup[EB/OL].（2021–04–26）[2022–03–01]. https://zhuanlan.zhihu.com/p/367736563.

[45] https://github.com/wolflflo/evm–opcodes.

[46] Gold Digger. Web3.0 到底是怎样的？ [EB/OL].（2021–12–27）[2022–07–28]. https://www.zhihu.com/question/19603848/answer/ 2287603416?s_r=0&utm_campaign=shareopn&utm_content=group3_Answer&utm_medium=social&utm_oi=1219428200788705280&utm_source=wechat_

session&wechatShare=1&utm_id=0.

[47] Dapper Labs. Google Cloud on Board to Drive Next Wave of Mainstream NFT Adoption on Flow[EB/OL].（2021–09–14）[2022–07–17]. https://www.dapperlabs.com/newsroom/google–cloud–on–board–to–drive–next–wave–of–mainstream–nft–adoption–on–flow.

[48] Coindesk. Amazon Web Services Looks to Drive Crypto Settlement and Custody to the Cloud[EB/OL].（2021–10–30）[2022–07–06]. amazon–web–services–looks–todrive–crypto–settlement–and–custody–to–the–cloud/.

[49] Techcrunch. Meta is pulling the plug on its crypto payments wallet, Novi[EB/OL].（2022–07–04）[2022–08–09]. https://techcrunch.com/2022/07/04/meta–novi–pilot–ends.

[50] SAP. Blockchain as a Megatrend[EB/OL].（2021–12–15）[2022–08–30]. https://news.sap.com/2021/12/blockchain–as–a–megatrend/.

[51] Benedict Evans. Mobile is eating the world[EB/OL].（2016–12–09）[2022–08–15]. https://www.ben–evans.com/benedictevans/2016/12/8/mobile–is–eating–the–world.

[52] Cdixon. The next big thing will start out looking like a toy[EB/OL].（2010–01–03）[2021–10–27]. https://cdixon.org/2010/01/03/the–next–big–thing–will–start–out–looking–like–a–toy.

[53] Larva Labs. CryptoPunks[EB/OL].（2018–01–01）[2021–10–28]. https://www.larvalabs.com/cryptopunks.

[54] 红网 . 一张游戏卡片为何拍卖至 8000 万？我亲身经历了这次拍卖过程播报 [EB/OL].（2021–06–23）[2022–08–18]. https://baijiahao.baidu.com/s?id=1703348948568712941&wfr=spider&for=pc.

[55] Supperrare. Collect digital art[EB/OL].（2021–11–01）[2022–08–30]. https://superrare.com/.

[56] Kyle Chayka. Why Bored Ape Avatars Are Taking Over Twitter[EB/OL].（2021–07–30）[2022–01–31]. https://www.newyorker.com/culture/infinite–scroll/why–bored–ape–avatars–are–taking–over–twitter.

[57] YASHU GOLA. Bored Ape Yacht Club is a huge mainstream hit, but is Wall Street ready for NFTs?[EB/OL].（2022–01–08）[2022–09–30]. https://cointelegraph.com/news/bored–ape–yacht–club–is–a–huge–mainstream–hit–but–is–wall–street–ready–for–nfts.

[58] 马尔科姆·格拉德威尔 . 引爆点：如何制造流行 [M]. 钱清，覃爱冬，译. 北京：中信出版社，2009.

[59] Anna Tong. Luxury fashion brands poised to join the NFT party[EB/OL].（2021–04–05）[2022–08–30]. https://www.voguebusiness.com/technology/luxury–fashion–brands–poised–to–join–the–nft–party.

[60] Starbucks. Starbucks: We're creating the digital Third Place[EB/OL].（2022–05–03）[2022–08–30]. https://stories.starbucks.com/stories/2022/starbucks–creating–the–digital–third–place.

[61] Nairametrics. The number of decentralized autonomous organizations have increased by 700% in 12 months[EB/OL].（2022–06–10）[2022–08–15]. https://nairametrics.com/2022/06/10/the–number–of–daos–have–increased–by–700–in–12–months.

[62] Aaron Wright. The Rise of Decentralized Autonomous Organizations: Opportunities and Challenges[EB/OL].（2021–06–29）[2022–08–14]. https://stanford–jblp.pubpub.org/pub/rise–of–daos/release/1.

[63] Sothebys. The Constitution of the United States[EB/OL].（2021–11–18）[2022–10–18]. https://www.sothebys.com/en/digital–catalogues/the–constitution–of–the–united–states.

[64] Aragon. Govern better, together. Build your DAO now[EB/OL].（2021–07–05）[2022–9–28]. https://aragon.org/.

[65] NILAY PATEL. From a meme to $47 million: ConstitutionDAO, crypto, and the future of crowdfunding[EB/OL].（2021–12–07）[2022–10–12]. https://www.theverge.com/22820563/constitution–meme–47–million–crypto–crowdfunding–blockchain–ethereum–constitution.

[66] Mckinsey. The 2021 McKinsey Global Payments Report[EB/OL].（2021–10–07）[2022–08–28]. https://www.mckinsey.com/industries/financial–services/our–insights/the–2021–mckinsey–global–payments–report.

[67] ECB. Decentralised finance – a new unregulated non–bank system?[EB/OL].（2022–07–11）[2022–08–25]. https://www.ecb.europa.eu/pub/financial–stability/macroprudential–bulletin/focus/2022/html/ecb.mpbu202207_focus1.en.html.

[68] Fabian Schär, "Decentralized Finance: On Blockchain– and Smart Contract–Based Financial Markets," Federal Reserve Bank of St. Louis Review, Second Quarter 2021, pp. 153–74. https://doi.org/10.20955/r.103.153–74.

[69] bitcoinblockexplorer. Block 74638[EB/OL].（2010–08–15）[2022–08–05]. https://bitcoinblockexplorers.com/block/000000000069e1affe7161ab4bcbeacebb4ddf155b50e807f42de971b688a09b.

[70] Nathaniel Popper. A Venture Fund With Plenty of Virtual Capital, but No Capitalist[EB/OL].（2016–05–21）[2022–08–10]. https://www.nytimes.

com/2016/05/22/business/dealbook/crypto–ether–bitcoin–currency.html?_r=1.

［71］ Jordi Baylina. Understanding the DAO accounting[EB/OL].（2018–06–23）[2022–08–10]. https://github.com/blockchainsllc/DAO/wiki/Understanding–the–DAO–accounting.

［72］ Vitalik Buterin. The Subjectivity / Exploitability Tradeoff[EB/OL].（2015–02–14）[2022–08–14]. https://blog.ethereum.org/2015/02/14/subjectivity–exploitability–tradeoff.

［73］ Dino Mark, Vlad Zamfir, Emin Gün Sirer. A Call for a Temporary Moratorium on The DAO[EB/OL].（2016–05–27）[2022–08–10]. https://hackingdistributed.com/2016/05/27/dao–call–for–moratorium/.

［74］ Christian Reitwiessner. Smart Contract Security[EB/OL].（2016–06–10）[2022–08–10]. https://blog.ethereum.org/2016/06/10/smart–contract–security/.

［75］ Vitalik Buterin. CRITICAL UPDATE Re: DAO Vulnerability [EB/OL].（2016–06–17）[2022–08–11]. https://blog.ethereum.org/2016/06/17/critical–update–re–dao–vulnerability.

［76］ A GUEST. An Open Letter[EB/OL].（2016–06–18）[2022–08–10]. https://pastebin.com/CcGUBgDG.

［77］ Stephan Tual. A Fork in the Road[EB/OL].（2016–06–19）[2022–08–11]. https://medium.com/ursium–blog/a–fork–in–the–road–c3c267b9ff31.

［78］ Christoph Jentzsch. The History of the DAO and Lessons Learned[EB/OL].（2016–08–24）[2022–08–11]. https://blog.slock.it/the–history–of–the–dao–and–lessons–learned–d06740f8cfa5.

[79] 罗伯特·希勒．叙事经济学 [M]. 陆殷莉，译．北京：中信出版集团，2020.

[80] 亚当·斯密．国富论［M］．杨敬年，译．西安：陕西人民出版社，2006.

[81] Nathaniel Whittemore Home About. Market Narratives Are Marketing: Introducing The Crypto Narrative Index[EB/OL].（2018–08–17）[2022–08–25]. https://tokeneconomy.co/market–narratives–are–marketing–introducing–the–crypto–narrative–index–deeeb49bc909.

[82] Using “Memes” as a Marketing Communication Tool in Connecting with Consumers within the Age of Digital Connectivity Vasile, Sorina; Mototo, Lebogang; Chuchu, Tinashe. International Review of Management and Marketing; MersinVol. 11, Iss. 3, (2021): 30–35.

[83] Competition and Success in the Meme Pool: a Case Study on Quickmeme.com Michele Coscia CID – Harvard Kennedy School 79 JFK St, Cambridge, MA, US, 02139.

[84] Wikipedia. Just Do It[EB/OL].（2015–01–10）[2022–08–25]. https://en.wikipedia.org/wiki/Just_Do_It.

[85] Galaxy Digital. 2021: Crypto VC’s Biggest Year Ever[EB/OL].(2022–01–06) [2022–08–25]. https://www.galaxy.com/research/insights/2021–crypto–vcs–biggest–year–ever.

[86] Lawrence Wintermeyer. Institutional Money Is Pouring Into The Crypto Market And Its Only Going To Grow[EB/OL].（2021–08–12）[2022–08–26]. https://www.forbes.com/sites/lawrencewintermeyer/2021/08/12/institutional–money–is–pouring–into–the–crypto–market–and–its–only–going–to–grow.

[87] Reportlinker. Financial Services Global Market Report 2022[EB/OL].（2022–

05–01）[2022–08–27]. https://www.reportlinker.com/p06277918/Financial–Services–Global–Market–Report.html.

[88] Prnewswire. Gaming Market Size Worth USD $435 Billion By 2028 | CAGR 12.1%: Zion Market Research[EB/OL]. (2022–02–14)[2022–08–27]. https://www.prnewswire.com/news–releases/gaming–market–size–worth–usd–435–billion–by–2028––cagr–12–1–zion–market–research–301481456.html.

[89] Statista. Social Networking – Worldwide[EB/OL].（2022–02–01）[2022–08–27]. https://www.statista.com/outlook/dmo/app/social–networking/worldwide.

[90] 真格基金 . 创新发展「S 型曲线」的秘密：从过去窥探未来 [EB/OL].（2018–03–28）[2022–08–29]. https://mp.weixin.qq.com/s/1yP93LYZRH6oh8TeXkZQOw?

[91] OSI. Open Source Licenses by Category[EB/OL].（1999–10–15）[2021–07–19]. https://opensource.org/licenses/category.

[92] GNU 操作系统 . 各类许可证及其评论 [EB/OL].（1999–10–20）[2021–07–19]. https://www.gnu.org/licenses/license–list.html.

[93] GNU 操作系统 . GNU 工程 [EB/OL].（2017–10–10）[2022–07–19]. https://www.gnu.org/gnu/thegnuproject.html.

[94] GNU Operating System. What is Copyleft?[EB/OL].（1985–01–01）[2022–07–19]. https://www.gnu.org/licenses/copyleft.en.html.

[95] Messari. The Rise of User–Generated Capital: Bridging the Creator Economy and Decentralized Finance[EB/OL].（2021–01–29）[2022–08–29]. https://messari.io/report/the–rise–of–user–generated–capital–bridging–the–creator–economy–and–decentralized–finance.

[96] Douglas J. Cumming. Regulation of the Crypto–Economy: Managing Risks, Challenges, and Regulatory Uncertainty[EB/OL].（2019–07–24）[2022–08–29]. https://www.mdpi.com/1911–8074/12/3/126/htm.

[97] Commissioner Caroline A. Crenshaw. Statement on DeFi Risks, Regulations, and Opportunities[EB/OL].（2021–11–09）[2022–08–30]. https://www.sec.gov/news/statement/crenshaw–defi–20211109.

[98] Monetary Authority of Singapore. Reply to Parliamentary Question on restrictions on cryptocurrency trading platforms to protect members of public[EB/OL].（2022–07–04）[2022–09–05]. https://www.mas.gov.sg/news/parliamentary–replies/2022/reply–to–parliamentary–question–on–restrictions–on–cryptocurrency–trading–platforms–to–protect–members–of–public.

[99] CISA. Ransomware Awareness for Holidays and Weekends[EB/OL].（2021–08–31）[2022–08–15]. https://www.cisa.gov/uscert/ncas/alerts/aa21–243a.

[100] Chainalysis. The 2021 Global Crypto Adoption Index: Worldwide Adoption Jumps Over 880% With P2P Platforms Driving Cryptocurrency Usage in Emerging Markets[EB/OL].（2021–10–14）[2022–08–20]. https://blog.chainalysis.com/reports/2021–global–crypto–adoption–index.

[101] MSCI. ESG Ratings & Climate Search Tool[EB/OL].（2020–07–01）[2022–08–26]. https://www.msci.com/our–solutions/esg–investing/esg–ratings–climate–search–tool.

[102] 中国证券报 . 科创板公司注意！2021 年年报披露有变化：完善 ESG 信披、进一步突出科创属性、增强特殊企业信披针对性 [EB/OL].（2022–01–19）[2022–08–26]. https://mp.weixin.qq.com/s?src=11×tamp=

1674977542&ver=4317&signature=QUfayutM0uS gPjJRpuClxOKxrpukw2pDGDGM0gpeRoPoQ0XHoA1Dr*N-CsFF98qEzNLbfJytHxLQCI0xvG1408EKOrB9-rlfC6E3kl9-bJpdKEmUwYE5OZFhCVR4RW0i&new=1.

[103] digiconomist. Bitcoin Energy Consumption Index[EB/OL]. (2017-07-01) [2022-08-15]. https://digiconomist.net/bitcoin-energy-consumption.

[104] ConsenSys. COP27: Leading Technology Companies Launch "Ethereum Climate Platform" Initiative to Address Ethereum's Former Proof of Work Carbon Emissions[EB/OL]. (2022-11-17) [2022-12-01]. https://consensys.net/blog/press-release/cop27-leading-technology-companies-launch-ethereum-climate-platform-initiative-to-address-ethereums-former-proof-of-work-carbon-emissions.

[105] Evgeny Morozov. Web3: A Map in Search of Territory[EB/OL]. (2022-01-13) [2022-08-28]. https://the-crypto-syllabus.com/web3-a-map-in-search-of-territory.

[106] Maxwell Strachan. The Pivot to Web3 Is Going to Get People Hurt[EB/OL]. (2022-06-02) [2022-08-29]. https://www.vice.com/en/article/jgmyzk/the-pivot-to-web3-is-going-to-get-people-hurt.

[107] Stephen Diehl. Web3 is Bullshit[EB/OL]. (2021-12-04) [2022-08-31]. https://www.stephendiehl.com/blog/web3-bullshit.html.

[108] Elliptic. https://www.elliptic.co/resources/defi-risk-regulation-and-the-rise-of-decrime[EB/OL]. (2021-11-18) [2022-08-28]. https://www.elliptic.co/resources/defi-risk-regulation-and-the-rise-of-decrime.

[109] Immunefi. Reports[EB/OL].(2021-01-01)[2022-08-27]. https://immunefi.com.